GUANDEJIAN XIAOGUWEN YIBAIPIAN

官德鉴
小古文 100 篇

李喜盛◎编著

新华出版社

图书在版编目（CIP）数据

官德鉴：小古文100篇 / 李喜盛编著.
-- 北京：新华出版社，2021.11（2025.2重印）
ISBN 978-7-5166-6111-6

Ⅰ.①官… Ⅱ.①李… Ⅲ.①官制-研究-中国-古代
Ⅳ.①D691.42

中国版本图书馆CIP数据核字（2021）第225989号

官德鉴：小古文100篇

编　　著：李喜盛	
责任编辑：徐文贤	封面设计：刘宝龙　王晓鱼
特约编辑：许兼畅　李　颖	

出版发行：新华出版社
地　　址：北京石景山区京原路8号　邮　　编：100040
网　　址：http://www.xinhuapub.com
经　　销：新华书店、新华出版社天猫旗舰店、京东旗舰店及各大网店
购书热线：010-63077122　中国新闻书店购书热线：010-63072012

照　　排：六合方圆	
印　　刷：大厂回族自治县众邦印务有限公司	
成品尺寸：148mm×210mm　1/32	
印　张：11	字　数：256千字
版　次：2021年12月第一版	印　次：2025年2月第二次印刷
书　号：ISBN 978-7-5166-6111-6	
定　价：55.00元	

版权专有，侵权必究。如有质量问题，请与出版社联系调换：010-63077124

目 录

第一章　清　廉

1. 钟离意弃珠玑 / 4
2. 杨震不愧清白吏 / 6
3. 吴隐之饮贪泉而清操逾厉 / 8
4. 胡威父子清慎闻 / 11
5. 顾觊之烧债券 / 13
6. 江革载石离任 / 15
7. 赵轨离任享水钱 / 17
8. 贤母诫子崔玄暐 / 19
9. 傅尧俞三德兼备 / 21
10. 轩輗清操闻天下 / 23
11. 杨继宗不爱钱 / 26
12. 谢杰拒贿有名言 / 30

第二章　公　正

13. 李离引过自杀 / 34
14. 张释之执法 / 36
15. 苏章不以私恩废公法 / 41
16. 苟晞杀弟 / 43
17. 源怀惩贪罢亲故 / 45
18. 高道穆守法犯公主 / 47
19. 寇俊守正不挠 / 48
20. 唐太宗封功臣 / 50
21. 戴胄执法 / 53
22. 狄仁杰抗旨 / 56

第三章　勇　为

23. 朱云折槛 / 62
24. 强项令董宣 / 64

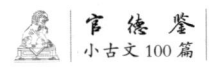

25 古弼果敢犯皇帝 / 67　　26 于烈抗权贵 / 70

27 乐运舆榇斥帝失 / 73　　28 赵绰执法不惜身 / 79

29 李元纮断案 / 82　　　　30 李朝隐抑权贵 / 84

31 张钦闭关 / 86

第四章 宽　厚

32 宽德冠世蔺相如 / 92　　33 宽厚长者刘宠 / 95

34 崔洪荐郤诜 / 98　　　　35 柳述宽荐韦云起 / 100

36 宽厚名臣王旦 / 102　　 37 吕蒙正三德俱高 / 107

38 明仁宗悔过擢弋谦 / 110

第五章 耿　直

39 周昌刚直不屈 / 115　　 40 刘毅斥答晋武帝 / 119

41 高允临危守正直 / 121　 42 诤臣王珪 / 125

43 寇准刚直尽职 / 129　　 44 姚坦辅益王 / 132

45 直臣唐介 / 135

第六章 爱　民

46 吴郡留邓攸 / 142　　　 47 贵乡馆陶争县令 / 144

48 良牧公孙景茂 / 147　　 49 韦丹父子有政声 / 150

50 何易于引舟阁诏 / 154　 51 李允则除三税 / 156

52 王竑救灾 / 159

第七章 惜 才

- 53 鲁仲连论用人之长 / 166
- 54 萧何惜才荐韩信 / 168
- 55 刘邦论所以得天下 / 171
- 56 田延年惜才尹翁归 / 173
- 57 唐太宗三哭杜如晦 / 178
- 58 吕端大事不糊涂 / 182
- 59 明仁宗重西杨 / 186

第八章 纳 谏

- 60 任棠曲谏庞仲达 / 193
- 61 辛毗引裾谏曹丕 / 195
- 62 张玄素谏止修宫殿 / 197
- 63 良臣魏征 / 200
- 64 冯道谏明宗 / 209
- 65 李涛敢谏不惜身 / 211
- 66 雒于仁箴谏万历帝 / 214

第九章 疾 恶

- 67 龚胜辞官自尽 / 222
- 68 韩棱疾恶守正 / 226
- 69 贾秀守正抗乙浑 / 229
- 70 梁毗疾恶斥权臣 / 231
- 71 宋璟抗奸邪 / 235
- 72 陈禾碎帝衣 / 240
- 73 蒋钦斥刘瑾 / 243

第十章 勤 政

- 74 民之"召父"召信臣 / 250
- 75 陶侃勤于吏职 / 253
- 76 高湝清廉勤政 / 255
- 77 勤政良吏苏琼 / 258
- 78 民之慈母辛公义 / 264
- 79 况钟勤政爱民 / 267

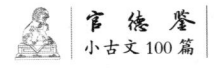

80 王翱公勤廉正 / 270

第十一章 俭 朴

81 羊续清俭去妻子 / 276
82 江统论俭奢 / 279
83 沈庆之"与马成二" / 282
84 长孙道生责子弟 / 284
85 酒训 / 286
86 "独立君"裴侠 / 289
87 杨绾以俭化奢 / 292

第十二章 谦 恭

88 曹参为相 / 298
89 陈平与周勃让相 / 303
90 袁甫不欲高官 / 306
91 文德皇后有贤德 / 308
92 岑文本忧惧升官 / 313
93 富弼使辽辞官 / 315
94 刘基辞相 / 321

第十三章 诚 信

95 周成王桐叶封弟 / 328
96 魏文侯与虞人期猎 / 330
97 张良赴约 / 332
98 郭伋守信 / 334
99 亦直亦诚鲁宗道 / 336
100 方克勤信治济宁 / 340

后记 / 342

第一章

清　廉

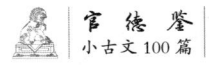

廉洁是一种不求个人私利，不贪财色名位，保持自身清白正洁的品质，这是为官从政最为重要的官德之一。

在一般人看来，廉洁就是指不贪钱财，其实，不贪钱财仅仅是廉洁的一个方面的表现，此外，廉洁还包括不贪图富贵，不贪恋权势职位，不求名望，不近酒色等等。

为官必须具备廉德。为官与为民不同，为民不廉，没有贪的条件，欲贪而不可得。为官则不然，为官有权，必然面临多重诱惑，若无廉德，必逞贪心，侵吞国家资财，贪污受贿，从而成为罪人，最终将会受到法律的制裁，身败名裂。若为官清廉，自觉抵制各种诱惑，金钱、地位、名望、酒色之前，不为所诱，必然得到人民的赞誉和上级领导的赏识，进而为人民和上司所信赖而获重用，前程一片光明。

为官理政，必须有威望，威望的造就有多方面的原因，而廉洁是成就威望的最为重要的原因之一。身无廉德，必有秽行，有秽行则名不正言不顺，名不正言不顺则令不行禁不止，如此，则政务难以推行，必然是为官不称其职，不称职的官员决不能久居其位，必然要被罢免。反之，身有廉德，必能自觉抵制各种诱惑，从而得到人民的敬重和信任，进而树立威望，取得非凡政绩，得到人民的广泛赞誉。

廉德在所有官德中占有极为重要的地位，与公正、俭朴、爱民、疾恶等官德密切联系，相辅相成。大公无私方能廉而不贪，廉洁才能奉公，故廉德与公德相关。为官廉洁，不取不义之财，故生活不敢奢侈，不奢则不需贪财，故曰廉生俭，俭生廉，二德相互依存。爱民则不忍侵盗民财，故能廉而不贪；廉而不贪，方能爱民恤民，故曰，廉德与慈德相生。廉与贪相互排斥，为人廉，必疾贪，贪为恶，疾贪即是疾恶，是以廉德与疾恶相联。

廉则洁，贪则污，洁可就令名，污必致恶声。廉则有德，贪则失德，有德则荣，失德则辱，有令名而荣，千古流芳，著恶声而辱，遗臭万年。贪财图势，享乐一时，一朝因贪而败，一切皆失；廉洁清正，得誉一生，其利广大，享之无穷。

历史上，因廉得福的清官数不胜数，因贪遭祸的官员多如牛毛，那些清官廉吏，理所当然地得到了人民的崇敬和爱戴，那些贪官污吏自然遭到了人民的憎恶和咒骂。同时，廉官往往因廉得福，而获升迁，贪官则大多因贪得祸，丢官罢职，这是史实。每位为官从政者都应从中有所感触，努力学习古代那些清官廉吏身上的清廉美德，吸取贪官污吏的教训，培养自身的廉德，使清廉美德得到发扬光大。

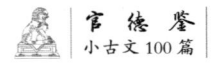

1 钟离意弃珠玑[1]

显宗即位[2]，征为尚书[3]。时交阯太守张恢，坐臧千金，征还伏法[4]，以资物簿入大司农，诏班赐群臣[5]。意得珠玑，悉以委地而不拜赐[6]。帝怪而问其故。对曰："臣闻孔子忍渴于盗泉之水，曾参回车于胜母之闾，恶其名也[7]。此臧秽之宝，诚不敢拜。"帝嗟叹曰："清乎，尚书之言！"乃更以库钱三十万赐意。转为尚书仆射[8]。车驾数幸广成苑[9]，意以为从禽废政[10]，常当车陈谏般乐游田之事[11]，天子即时还宫。

——《后汉书·卷四十一》

◆ 注 释

1. 全书100篇小古文的标题皆由作者根据选文内容提炼。
2. 显宗：即孝明帝刘庄，光武帝第四子，建武十九年为皇太子，公元56年至76年在位。
3. 征为尚书：指征调钟离意为尚书，此文选自《后汉书·卷四十一·钟离意传》，故省其名，钟离意，字子阿，会稽山阴人，初官瑕丘令，迁堂邑令，后征为尚书。尚书：东汉时尚书为少府属官，掌章奏文书，秩六百石。
4. 交阯：汉武帝所置十三刺史部之一，辖境相当于今广东、广西的大部，和越南的北部中部。臧：通"赃"。
5. 以：把。资物：即物资。簿入大司农：即物资归大司农登记入账。大司农：汉代机构，掌钱谷金帛诸货与币，是专管财政的国家机构，设卿一人，秩为中二千石。班赐：分别赐给。
6. 珠玑：泛指珠子。意：即钟离意。悉：全，都。委地：弃于地。不拜赐：不拜谢赐予。
7. 盗泉：故址在今山东泗水县东北，胜母之间：意即名叫"胜母"的胡同，间：

犹今之胡同。恶：音 wù，厌恶。两句意为：孔子因厌恶"盗泉"这一名称而不喝其水，曾参因厌恶"胜母"这一名称而至此回车而不入。曾参：孔子的弟子，以孝称。

8. 嗟叹：感叹，叹息。尚书仆射：官名，尚书令的副手，秩为六百石。
9. 广成苑：汉代皇家园林名，疑在河南临汝一带。
10. 从禽废政：纵情于鸟兽之乐而荒废政事。
11. 当：同"挡"。般乐：即游乐，般：音 pán。游田：游玩田猎等事。

◇赏 析

　　廉洁是做人或为官的极为重要的一种美德，钟离意此德甚高。皇帝用没收的赃物赐群臣，受之以帝命，不为贪赃，亦无损于声名，然而，钟离意注重自身品行的培养，而轻视财宝的诱惑，恐名节被玷污而弃珠玑，惧品行被辱而违帝命，可谓高风亮节，操守非凡了。若修身养德如此，必致德高望重，名佳誉美矣。

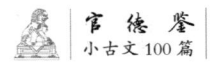

2 杨震不愧清白吏

杨震字伯起,弘农华阴人也。……年五十,乃始仕州郡¹。大将军邓骘闻其贤而辟之²,举茂才,四迁荆州刺史、东莱太守³。当之郡,道经昌邑⁴,故所举荆州茂才王密为昌邑令⁵,谒见,至夜怀金十斤以遗震⁶。震曰:"故人知君,君不知故人,何也?"密曰:"暮夜无知者。"震曰:"天知,神知,我知,子知⁷。何谓无知!"密愧而出。后转涿郡太守⁸。性公廉,不受私谒。子孙常蔬食步行⁹,故旧长者或欲令为开产业¹⁰,震不肯,曰:"使后世称为清白吏子孙,以此遗之,不亦厚乎¹¹!"

——《后汉书·卷五十四》

◆ 注 释

1. 弘农:郡名。华阴:县名,在今陕西东部。始仕州郡:开始在州郡担任官职。
2. 邓骘:字昭伯,大司徒邓禹之孙,和熹邓皇后(和帝之后)之兄,封上蔡侯,永初元年(公元107年)拜为大将军,兄弟俱居权要,邓太后死后,因故被贬,不食而死,邓氏即衰。辟:征召,任以官职。
3. 举茂才:被推举为茂才。四迁:经过四次迁官。荆州:汉代十三刺史部之一,辖境相当于今湖北、湖南两省及河南、贵州、广东、广西一部,东汉治所在汉寿(今湖南常德市东北)。东莱:郡国名,辖境相当于今山东胶莱河以东,岠嵎山以北和乳山河以东地。刺史、太守皆州郡长官名。
4. 当之郡:当去东莱郡的时候,之:动词,去。昌邑:地名,昌邑故城在兖州金乡县西北。
5. 故:以前。昌邑令:昌邑县令。
6. 谒见:拜见。遗:音 wèi,赠送。
7. 子:对对方的尊称,相当于"您"。

8. 涿郡：辖境相当今北京房山以南，河北易县、清苑以东，河间、安平以北，霸州、任丘以西地。
9. 蔬食：菜食无肉。步行：出入无车。
10. 故旧长者：泛指老朋友，老相识且年长者。或：有人，有的。欲：想。令：让。为字后省略"子孙"二字。此句意为：那些亲朋故友们有的想让杨震为子孙开办产业。
11. 清白吏：清廉的官员。遗：留给，送给。厚：丰厚，贵重。后杨震之子杨秉亦以廉洁称。

◇ 赏 析

　　杨震是中国历史上的著名清官，以廉洁著称。他夜拒故人馈赠，未得金而得自身清白，避免了为金自污。子孙蔬食步行，而为人公廉，不受私谒，可见其清公之德益彰矣。尤其是不肯为子孙开产业，决意遗之以清白吏子孙之美名，亦是远识高见。俗人往往遗子孙以钱财，哲人往往遗子孙以才学和美名。杨震清廉，无钱财给后人留下，却有公廉美誉传于后人，此无价之宝也。

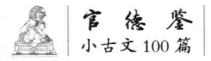

3 吴隐之饮贪泉而清操逾厉

吴隐之,字处默,濮阳鄄城人¹,……虽居清显²,禄赐皆班亲族,冬月无被,尝浣衣³,乃披絮,勤苦同于贫庶。

广州包带山海,珍异所出⁴,一箧之宝,可资数世,然多瘴疫,人情惮焉⁵。唯贫窭不能自立者,求补长史,故前后刺史皆多黩货⁶。朝廷欲革岭南之弊,隆安中,以隐之为龙骧将军、广州刺史、假节,领平越中郎将⁷。未至州二十里,地名石门,有水曰贪泉,饮者怀无厌之欲。隐之既至,语⁸其亲人曰:"不见可欲,使心不乱。越岭丧清,吾知之矣。"乃至泉所,酌而饮之,因赋诗曰:"古人云此水,一歃怀千金。试使夷齐饮,终当不易心⁹。"及在州,清操逾厉,常食不过菜及干鱼而已,帷帐器服皆付外库,时人颇谓其矫,然亦终始不易¹⁰。帐下人进鱼,每剔去骨存肉,隐之觉其用意,罚而黜焉。元兴¹¹初,诏曰:"夫孝行笃于闺门,清节厉乎风霜,实立人之所难,而君子之美致也¹²。龙骧将军、广州刺史吴隐之孝友过人,禄均九族,菲己洁素,俭愈鱼飧¹³。夫处可欲之地,而能不改其操,飨惟错之富,而家人不易其服,革奢务啬,南域改观,朕有嘉焉¹⁴。可进号前将军¹⁵,赐钱五十万、谷千斛。"

——《晋书·卷九十》

◆注 释

1. 濮:音pú。濮阳:郡国名,辖境相当于今河南滑县、濮阳、范县,山东郓城、鄄城等地,晋代治所在濮阳。鄄城:即今山东鄄城。

2. 居清显：官居清白、显赫职务。时吴隐之官任廷尉、秘书监、御史中丞等职，廷尉是朝中主管刑法狱讼的最高长官，秘书监是秘书省最高长官，御史中丞是御史台长官，职掌举劾、司察百官。故曰"居清显"。
3. 禄赐：俸禄和赏赐。班：分给。浣：洗。
4. 包带山海：即临山傍海。珍异所出：奇珍异宝所产产的地方。
5. 箧：音 qiè，箱子，小箱子。资：供养。然：但是。瘴：音 zhàng，能致人疾病之气。惮：怕，惧。
6. 窭：音 jù，贫寒。长史、刺史皆官名。黩：音 dú，贪污。
7. 革：除。弊：指贪风。隆安：东晋安帝司马德宗年号，公元397年至402年。龙骧将军：晋代将军的名号。骧：音 xiāng。假节：即假以符节，假：给。节：古代奉君命外出的凭证。领：兼。平越中郎将：官阶名。
8. 语：音 yù，同"谓"，对人说，相告。
9. 歃：音 shà，本指歃血，即口含血或把动物血滴入酒中饮下，以定誓盟，此指喝一口或一杯。夷、齐：即伯夷、叔齐兄弟二人，商末周初人，二人皆以廉洁不贪著称，初，其父孤竹君决定以叔齐为嗣，孤竹君死后，叔齐以弟让兄，欲使伯夷嗣其父位，而伯夷以父命让弟，二人双双逃走，以让对方。
10. 踰：通"愈"，更加。付：交给。矫：此意为矫饰。易：改变。
11. 元兴：亦安帝年号。
12. 夫：引起议论的发语词。笃：真诚，实在。闺门：家门。厉：严厉、突出。乎：于。清节厉乎风霜：意为风霜使清节更显得突出，明显。致：导致，成就。
13. 菲：音 fěi，微、薄。菲己洁素：意为供养自己甚是微薄，保持自身纯洁。飧：音 sūn，简单的饮食。
14. 飨：音 xiǎng，本意为用饭食待客，泛指请人享受。惟：只，特。错：通"措"，此句意为：特把他安置在富庶之地，可供享受。革奢务啬：革除奢侈，实行俭约。啬：此意为节俭。南域：因广州在南，故称。嘉：嘉奖，褒扬。
15. 进号前将军：即官爵由龙骧将军升为前将军，晋时有左军、右军、前军、后军，谓为四军，各设有将军。

◇赏 析

据传，孔子不饮盗泉之水，曾子不入胜母之闾，恶其名也。而吴隐之则不然，他不惧贪泉之名，不惧其水之害，毅然酌而饮之，

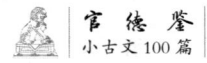

而操守弥坚,廉德益高。显然,人之廉贪多基于习性,而与饮食无关,若其性廉,饮贪泉亦廉;若其性贪,不饮贪泉亦贪。但有人却把自己行劣性贪归咎于世风,以为世风日下,自己置身其中,受其影响而然,此大谬也。黄金埋诸泥坑而不改其质,美玉坠入污池而不易其性,泥坑不能腐黄金而能腐劣铁,污池不能同化美玉却能污染败絮,何也?质使之然也。所以,只要注重修身养德,则能抵御环境影响,用哲学的话说,外因是变化的条件,内因才是变化的根据。

4 胡威父子清慎闻

胡威字伯武，一名貔，淮南寿春人也[1]。父质，以忠清著称，少与乡人蒋济、朱绩俱知名于江淮间，仕魏至征东将军、荆州刺史[2]。威早厉志尚[3]。质之为荆州也，威自京都定省，家贫，无车马僮仆，自驱驴单行[4]。每至客舍，躬放驴，取樵炊爨，食毕，复随侣进道[5]。既至，见父，停厩中十余日。告归，父赐绢一匹为装[6]。威曰："大人清高，不审[7]于何得此绢？"质曰："是吾俸禄之余，以为汝粮耳。"威受之，辞归。质帐下都督先威未发，请假还家，阴资装于百余里，要威为伴，每事佐助[8]。行数百里，威疑而诱问之，既知，乃取所赐绢与都督，谢而遣之。后因他事以白质，质杖都督一百，除吏名[9]。其父子清慎如此。于是名誉著闻[10]。

拜侍御史，历南乡侯、安丰太守，迁徐州刺史。勤于政术，风化大行[11]。

后入朝，武帝语及平生，因叹其父清，谓威曰："卿孰与父清[12]？"对曰："臣不如也。"帝曰："卿父以何为胜耶？"对曰："臣父清恐人知，臣清恐人不知，是臣不及远也。"帝以威言直而婉，谦而顺[13]。累迁监豫州诸军事、右将军[14]、豫州刺史，入为尚书，加奉车都尉[15]。

——《晋书·卷九十》

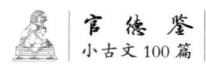

◆注 释

1. 一名:又名。貔:音 pí。寿春:今安徽寿县。
2. 胡威之父名质,少时知名。仕魏:仕宦于曹魏政权。蒋济、朱绩皆人名。征东将军:当时的一种职衔。
3. 厉:通"立"。志尚:即尚志,亦即高尚其志。
4. 为:治,为荆州即治荆州。定省:探望,省:音 xǐng,单行:独行,谓无僮仆之从。
5. 躬:亲身。樵:木柴。爨:音 cuàn,烧火做饭。侣:同路同行者。
6. 厩:音 jiù,马棚。装:行装,路资。
7. 审:详,知。
8. 帐下:意为帐府属下,亦即属下。都督:官职名。先威未发:在胡威未走之前。阴:暗中。资装:备办行装。佐助:帮助。
9. 白:告知。杖:一种刑罚,用棍板打。
10. 清慎:清廉、谨慎,亦即慎于清,特别注重养己之清德。著:明显。
11. 拜:任命。历:经历。迁:升迁。侍御史:官职名。南乡侯:爵位名。政术:即政务。风化:指以道德、礼义教育民众而形成良好的风俗习惯。
12. 卿孰与父清:即卿与父孰清,这是古汉语中的一种特殊句式。
13. 直而婉:即正直又婉转。谦而顺:言不如父为谦,以子尊父为顺。
14. 监豫州诸军事:官职也。右将军:亦官职名。
15. 尚书、奉车都尉:皆是朝官。后胡威官为前将军、青州刺史,以功封平春侯。

◇赏 析

胡威回答晋武帝的提问,言其父"清恐人知",而自己是"清恐人不知",此是胡威以子敬父的谦恭评价,其实,父子为官,并清皆廉,故同得清慎美誉。

不过,胡威所言,却揭示了一个真清还是假清的问题。清欲人知,便不是真清,而是追求清名而已;清恐人知,才是真清,是发自本心的天性而清的流露,这是极为可贵的。

5 顾觊之烧债券[1]

觊之家门雍睦[2],为州乡所重。五子:约、缉、绰、缜、绲。绰私财甚丰,乡里士庶多负其责[3],觊之每禁之不能止。及后为吴郡[4],诱绰曰:"我常不许汝出责,定思贫薄亦不可居[5]。民间与汝交关有几许不尽[6],及我在郡,为汝督之,将来岂可得。凡诸券书皆何在?"绰大喜,悉出诸文券一大厨与觊之,觊之悉焚烧,宣语远近:"负三郎责,皆不须还,凡券书悉烧之矣。"绰懊叹弥日。

——《宋书·卷八十一》

◆ 注 释

1. 顾觊之:字伟仁,吴郡(今江苏苏州)吴人,官至御史中丞、宁朔将军、吏部尚书,曾为山阴令、湘洲刺史、吴郡太守,在官以能称,善于理政,治甚有声,能理繁以约,才干卓然。
2. 雍睦:和睦。
3. 士庶:士人和平民。责:通"债"。
4. 为:为官,治理。吴郡:当时政区,辖境即今江苏和浙江交界一带,治所在苏州。
5. 定思:冷静下来思考。贫薄:贫穷。
6. 交关:意为打交道,此指借其债者。几许:多少。不尽:意为没有收回。

◇ 赏 析

冯谖为孟尝君市义,乃焚其债券,以债赐民,民呼万岁;事隔千年之后,顾觊之亦烧债券,宣告民间,负债者免。这前后二事,均载于史册，可谓相映成辉矣。

有人为官，务谋私利，亲友亦借势图谋资财，这种人损民肥己，为官龌龊，故人民唾弃之。顾觊之则不然，他居官以正，损其子而益于民，捐私财以周济困乏，其清正公廉之德足以垂范于后世，与历史上那些贪官相比，其形象显得更加光辉、伟大。

6 江革载石离任[1]

时武陵王纪在东州[2],颇骄纵,上以臧盾性弱,不能匡正[3],召革慰遣,乃除武陵王长史、会稽郡丞,行府州事[4]。革门生故吏家多在东,闻革应至,并赍持缘道迎候[5]。革曰:"我通不受饷,不容独当故人筐篚[6]。"至镇唯资公俸,食不兼味[7]。郡境殷广,辞讼日数百,革分判辩析,曾无疑滞,人安吏畏,百城震恐[8]。琅邪王骞为山阴令,赃货狼籍,望风自解[9]。府王惮之。每侍晏,言论必以《诗》《书》,王因此耽学好文[10]。典签沈炽文以王所制诗呈武帝[11],帝谓仆射徐勉曰:"革果称职。"乃除都官尚书[12]。将还,赠遗一无所受[13],送故依旧订舫,革并不纳[14],唯乘台所给一舸[15]。舸艚偏欹[16],不得安卧。或请济江徙重物以迮轻艚[17],革既无物,乃于西陵岸取石十余片以实之[18]。其清贫如此。

——《南史·卷六十》

◆ 注 释

1. 江革:字休映,济阳考城(今河南兰考)人,官至御史中丞、尚书右丞、度支尚书、光禄大夫,为人正直、严肃、廉洁,安于清贫。
2. 武陵王纪:即萧纪,梁武帝萧衍第八子,字世询,天监十三年(公元515年)封为武陵王,寻授扬州刺史。东州:据下文可知,当指会稽郡。
3. 上:指皇帝,此指梁武帝萧衍。臧盾:字宣卿,东莞莒(今属山东)人,曾官任御史中丞、领军将军。性弱:性格懦弱。匡正:匡救,纠正。
4. 官为武陵王长史,兼任会稽郡丞,处理府州事务。
5. 赍:音jī,带着,拿着,持意同。缘道:顺着道路,沿着道路。

6. 通：一律，都。饷：馈赠。篚：音fěi，盛物的竹器，与筐近似。
7. 唯资公俸：一切费用都由公给的俸禄供给。食不兼味：每顿饭都只有一个菜。
8. 殷广：富裕而广大。辞讼：诉讼。曾：乃。疑滞：搁置而不处理。百城：泛指会稽所辖地。
9. 琅邪王骞：琅邪人王骞，字思寂。望风自解：闻信即自改过。
10. 府王惮之：府指武陵王府，王指武陵王，惮：畏惧。侍晏：陪侍武陵王和与之饮晏。耽学：酷好学习。
11. 典签：官名，本为处理文书的小吏，南朝时为了监视出任方镇的宗室诸王和各州刺史，常由皇帝派来亲信担任此职，号为"签帅"，实握州镇大权。沈炽文：武康（今属浙江）人，时任典签。武帝：即梁武帝萧衍，南朝梁的开国皇帝，初仕齐，后代齐建梁，公元502年至549年在位。
12. 徐勉：字修仁，东海郯（tán，今属山东）人，官至吏部尚书、右仆射、中书令、侍中，为官勤于职任，廉洁清白。都官尚书：官职名。
13. 赠遗：赠送。遗：音wèi，送。
14. 送故依旧订舫：故指离任的上届州郡长官。依旧意为按照旧的惯例。订舫即预定船只。不纳：不用。
15. 台：即指尚书省，初曰尚书台，故称。舸：船，尚书省接江革入京的船只。
16. 偏欹：倾斜，欹，音qī，同"攲"，倾斜。
17. 或：有人。请：请求。徙：搬，移。迮：音zuò，压。
18. 西陵：地名。片：块也。之：代船。

◇ 赏 析

有的官员致力于谋求私利，还要寻求种种借口，甚而妄图使自己的行为合法化，借以掩盖自己的贪浊之行。而江革之廉，千古罕有逾之者，他不仅不受赠遗，不用州郡订舫相送，而且船小艚轻，人劝以重物压之时，他本可以此为借口，带财物以归，而他竟取岸边十几块石头压船。若无清廉美德，岂肯如此！石头是平常的，品行是高尚的，如果这十几块石头还在的话，那么上面一定还闪烁着清官廉臣的高尚品质和伟大精神的灿烂光辉。

7 赵轨离任享水饯

赵轨,河南洛阳人也。……

高祖受禅,转齐州别驾[1],有能名。其东邻有桑,葚落其家,轨遣人悉拾还其主,诫其诸子曰:"吾非以此求名,意者非机杼之物[2],不愿侵人。汝等宜以为诫。"在州四年,考绩连最[3]。持节使者邰阳公梁子恭状上[4],高祖嘉之,赐物三百段[5],米三百石,征轨入朝。父老相送者,各挥涕曰:"别驾在官,水火不与百姓交[6],是以不敢以壶酒相送。公清若水,请酌一杯水奉饯[7]。"轨受而饮之。既至京师,诏与奇章公牛弘撰定律令格式[8]。

时卫王爽为原州总管[9],上见爽年少,以轨所在有声,授原州总管司马[10]。在道夜行,其左右马逸入田中,暴人禾[11]。轨驻马待明,访禾主酬直而去。原州人吏闻之,莫不改操[12]。

——《隋书·卷七十三》

◆注 释

1. 齐州:北魏皇兴三年(公元469年)改冀州置,治所在历城(今山东济南市)。
   别驾:官名,魏晋以后至隋唐,诸州置别驾,总理众务,职权甚重,论者以为其职居刺史之半。高祖受禅:指隋文帝登基为帝。
2. 葚:桑葚。意者:想,考虑的内容。非机杼之物:喻指非劳动所得之物。
3. 考绩连最:考核政绩连续为第一。
4. 节:重臣出使时作为凭证的信物。邰阳公:是梁子恭的爵位。状上:把赵轨为政的情况奏明皇帝。
5. 物:布帛。段:匹也。
6. 水火不与百姓交:意为在任何情况下不向百姓征敛。

7. 饯：音 jiàn，以酒食供奉行人，饯别。
8. 牛弘：字里仁，安定人，开皇初，封奇章郡公，官至礼部尚书、吏部尚书，上大将军。
9. 卫王爽：字师仁，隋文帝之异母弟，杨坚为帝，封爽为卫王，进位上柱国，官至纳言，年二十五而薨。原州：辖境相当今宁夏固原至甘肃平凉一带，治所在高平城（今宁夏固原）。总管：地方高级军政长官，北周武成元年（公元 559 年）改都督诸州军事为总管，隋代亦如之。
10. 上：指皇上，即杨坚。司马：军府之官，在总管之下，综理一府之事，参与军事计划。
11. 逸：奔跑。暴：此意为践踏。
12. 直：通"值"，酬直即赔钱。操：操守，操行。

◇ 赏　析

　　饯别是古代的一种习俗，即在行人动身上路之前以酒食送别。然而，以水饯别者却是绝无仅有的。齐州父老以赵轨为官清廉，不忍玷污其清操洁守，又欲表达对赵轨的爱戴之情，故以水饯，这是对赵轨清正廉洁的高度评价。诚然，他确实似水一般清洁，小事亦能体现其高尚情操，桑葚不还东邻，主人必然无怨；马践人禾，人亦不知，去而不损其名，然而他秉性公直，清正廉洁，不忍损人利己，竟悉还桑葚，又驻马待明，访知田主，酬直方去。这与那些贪婪污秽，搜刮民财，喝民膏血的贪官污吏相比，确有天壤之别，不可等同视之。

8 贤母诫子崔玄暐

崔玄暐,博陵安平人也[1]。……龙朔中,举明经,累补库部员外郎[2]。其母卢氏尝诫之曰:"吾见姨兄屯田郎中辛玄驭云[3]:'儿子从宦者,有人来云贫乏不能存,此是好消息。若闻赀货充足,衣马轻肥,此恶消息[4]。'吾常重此言,以为确论[5]。比见亲表中仕宦者[6],多将钱物上其父母,父母但知喜悦,竟不问此物从何而来。必是俸禄余资,诚亦善事。如其非理所得,此与盗贼何别?纵无大咎[7],独不内愧于心?孟母不受鱼鲊之馈,盖为此也[8]。汝今坐食俸禄,荣幸已多,若其不能忠清,何以戴天履地[9]?孔子云:'虽日杀三牲之养,犹为不孝。'又曰:'父母惟其疾之忧。'特宜修身洁己[10],勿累吾此意也。"玄暐遵奉母氏教诫,以清谨见称。

——《旧唐书·卷九十一》

◆ 注 释

1. 崔玄暐曾官为天官侍郎(吏部侍郎)、鸾台侍郎(即门下侍郎,门下省在龙朔时改称东台,武则天时曾改称鸾台),凤阁侍郎(即中书侍郎,中书省在龙朔时改称西台,武则天时曾改称凤阁),后因诛张易之有功,擢中书令,封博陵郡公,又晋爵为王。博陵安平:今河北安平。
2. 龙朔:唐高宗李治年号。明经:唐代科举科目之一,主要考试经义,举明经即参加明经科考试而中选开始为官。累补:多次迁官。库部员外郎:兵部属官,掌邦国兵器、仪仗。
3. 屯田郎中:官职名,工部属官,掌天下屯田之政令,凡边防镇守,转运不给,则设屯田。辛玄驭:人名。云:说。

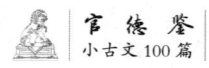

4. 从宦：为官。赀：音 zī，同资。衣马轻肥：即衣轻马肥，衣轻意为衣好，档次高。
5. 确论：十分正确的观点。
6. 比：近来。亲表：指亲戚中近者和远者。
7. 纵无大咎：即使没有大的罪过。
8. 孟子幼时，其母为教育之，有三迁择邻，断织之行，然"鱼鲊之馈"一事，不详其情。而晋代陶侃之母确有其事，《晋书·卷九十六》载："侃少为寻阳县吏，尝监鱼梁，以一坩（容器）鲊（zhǎ）遗母。湛氏（陶侃之母）封鲊及书，责侃曰：'尔为吏，以官物遗我，非惟不能益吾，乃以增吾忧矣。'"鲊，腌鱼。馈：赠送。
9. 戴天履地：顶天立地，意为生天地之间。
10. 牲：指猪、牛、羊等。特：只，特别。宜：应该。

◇赏 析

若为官而贫乏不能自存，必是清廉公正；若赀货充足，衣马轻肥，必是贪官污吏，故辛玄驭论消息之好恶，得理合情。而卢氏重其言，以为确论，确有明达之鉴。且视非理而得钱财者为盗贼，斥贪官之卑劣，讥赃吏之龌龊，尖锐犀利，入骨三分。又能对其子嘱以忠清，责以修身洁己，玄晖遵奉其教，以清谨见称，有母如此，其子安得不清！

卢氏识见深远，非同凡庸，堪称女中英才。

9 傅尧俞三德兼备

尧俞厚重言寡,遇人不设城府,人自不忍欺[1]。论事君前,略无回隐,退与人言,不复有矜异色[2]。初,自谏官补郡[3],众疑法令有未安者,必有所不从,尧俞一切遵之,曰:"君子素其位而行[4],谏官有言责也,为郡知守法而已。"徐前守侵用公钱[5],尧俞至,为偿之,未足而去。后守移文尧俞使偿,久之,考实非尧俞所用,卒不辩[6]。司马光尝谓河南邵雍[7]曰:"清、直、勇三德,人所难兼,吾于钦之见焉[8]。"雍曰:"钦之清而不耀,直而不激,勇而能温[9],是为难尔。"

——《宋史·卷三百四十一》

◆ 注 释

1. 傅尧俞,字钦之,郓州须城(今山东东平)人。遇人不设城府:意为待人坦诚。
2. 略无回隐:一点也不回避,也不隐瞒。矜异色:指得意自夸的神色。
3. 傅尧俞自嘉祐末为监察御史,英宗即位,转殿中侍御史,迁起居舍人,后又迁右司谏,同知谏院,皆为谏官。初,仁宗三子皆早亡,乃养其同祖弟濮安懿王允让(仁宗与允让皆为太宗之孙,仁宗父真宗乃太宗之第三子,允让父商恭靖王元份乃太宗之第四子)之第十三子宗实为皇子,后即位为英宗,英宗即位后,有人建言濮安懿王宜称皇考,引起朝臣议论,这就是所谓濮议。尧俞争不可,俄使契丹,归而吕诲、吕大防、范纯仁皆以谏濮议罢贬,尧俞求去,乃出知和州,徙庐州,"自谏官补郡",即指此也。
4. 君子素其位而行:意为君子的言行要与其职位相符。
5. 傅尧俞曾知徐州,徐前守即尧俞前任。
6. 卒不辩:一直不申辩。
7. 司马光:字君实,陕州夏县(今属山西)人,官至尚书左仆射、门下侍郎,

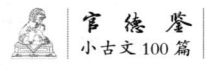

政治上反对王安石变法，史学上著有《资治通鉴》，其为官甚有时望。邵雍：字尧夫，屡授官不赴，后居洛阳，与司马光、吕公著从游甚密。
8. 吾于钦之见焉：意为傅尧俞能够身兼三德，很不一般，我不敢轻视他。
9. 清而不耀：清廉而不炫耀。直而不激：耿直而不偏激。勇而能温：勇敢而不暴躁。

◇**赏 析**

　　清、直、勇乃是三种高尚的官德。任何一位官员，只要三德兼备，就一定会得到人民的爱戴和拥护。其实，司马光的"清、直、勇"三德，人所难兼的观点是不妥当的，历史上，三德兼备者不乏其人，远者不说，仅与傅尧俞同代的就有唐介、包拯等人，都是堪称三德兼备者，故均以美名流传后世。

10 轩輗清操闻天下

　　轩輗，字惟行，鹿邑人[1]。永乐末年进士。授行人司副[2]。宣德六年用荐，改御史[3]。按福建，剔蠹锄奸，风采甚峻[4]。

　　正统元年清军浙江，劾不职官四十余人[5]。五年言："祖宗设御史官，为职綦重。今内外诸司有事，多擅遣御史，非制，请禁之[6]。"立报可。是年，超擢浙江按察使[7]。前使奢汰，輗力矫之[8]。寒暑一青布袍，补缀殆遍，居常蔬食，妻子亲操井臼[9]。与僚属约：三日出俸钱市肉，不得过一斤。僚属多不能堪。故旧至，食惟一豆[10]。或具鸡黍[11]，则人惊以为异。时镇守内臣阮随、布政使孙原贞、杭州知府陈复、仁和知县许璞居官皆廉，一方大治[12]。

　　……

　　天顺元年二月，召拜刑部尚书[13]。数月，引疾乞归。帝召见，问曰："昔浙江廉使考满归，行李仅一簏，乃卿耶[14]？"輗顿首谢。赐白金慰遣之。明年，南京督理粮储缺官，帝问李贤[15]，大臣中谁曾居此职者。贤以輗对，且称其廉。乃命以左都御史往[16]。八年夏以老乞骸骨，不待报径归[17]。抵家趣具浴，欠伸而卒[18]。

　　輗孤峭[19]，遇人无贤否，拒不与接。为按察使，尝饮同僚家，归抚其腹曰："此中有赃物也。"在南都，都御史张纯置酒延客。輗恶其汰，不往[20]。彻馔遗之，亦不纳[21]。……然清操闻天下，与耿九畴齐名，语廉吏必曰轩、耿[22]。

——《明史·卷一百五十八》

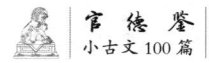

◆ 注 释

1. 鹿邑：县名，今属河南。
2. 行人司：明代官署名，职供奉使，设司正一人，正七品，左右司副各一人，从七品。
3. 宣德六年：公元1431年。宣德：明宣宗年号。用：因。
4. 按：按察。剔：剔除。蠹：害政者，坏人。峻：严峻，严厉。
5. 正统：明英宗朱祁镇年号，正统元年即公元1436年。不职官：不称职之官。
6. 綦：音qí，极，甚。非制：不符合规定。
7. 超擢：破格提拔。按察使：主管一省司法之官。
8. 前使奢汰：上任按察使奢侈无度。奢汰：即过度奢侈。力：尽力。矫：矫正。
9. 操井臼：打水舂米。臼：舂米的石臼。
10. 豆：古代一种盛食物的器皿。
11. 具：备。鸡黍：指招待宾客的饭菜。
12. 内臣：指太监，明代常遣太监镇守地方。布政使：一省长官，从二品。孙原贞：名瑀，德兴（今属江西）人，永乐十三年进士，正统八年迁浙江左布政使，居官清慎，有吏才，后官至兵部尚书。陈复：福建怀安人，知杭州，廉洁无私，后卒于官，轩輗倡僚属助之，乃克殓。许璞：陕西凤翔人，为官清廉。
13. 天顺：亦英宗年号，天顺元年即公元1457年。
14. 籢：音lú，竹箱。乃卿耶：是你吧。
15. 李贤：字原德，邓（今河南邓县）人，宣德八年进士，官至少保，华盖殿大学士。
16. 左都御史：都察院最高长官，正二品。
17. 乞骸骨：要求解职回家养老。不待报径归：不等批准就直接离任回家。
18. 抵家：到家。趣具浴：催促准备洗浴。欠伸而卒：伸伸懒腰便死去。
19. 孤峭：孤指不与人交，峭指严峻，耿直。
20. 南都：即南京。恶其汰：憎恨其奢侈。
21. 彻：通"撤"。遗：音wèi，送。不纳：不受。
22. 耿九畴：字禹范，卢氏（今属河南）人，曾官两淮、陕西、江西、四川，以清廉见称，朝野皆知，官至南京刑部尚书。语：谈，说。

◇ **赏　析**

　　为官逢迁，视其行李，可知廉贪。贪官之迁，因其搜刮，行李必然繁重；轩輗迁官，行李仅一簏，其清可知。他为人俭朴，衣食简约，可见其清俭之德甚高。同僚共饮，本不可厚非，然他却视为受赃，堪称清操绝世。正因其清，故能名闻天下，为时所重，且能受知于皇帝，这都是其清德所致。

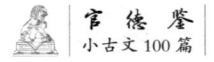

11 杨继宗不爱钱

　　杨继宗,字承芳,阳城人。天顺初进士。授刑部主事。囚多疫死,为时其食饮,令三日一栉沐,全活甚众[1]。又善辨疑狱。河间获盗,遣里民张文、郭礼送京师,盗逸[2]。文谓礼曰:"吾二人并当死。汝母老,鲜兄弟,以我代盗,庶全汝母子命。"礼泣谢,从之。文桎梏诣部,继宗察非盗,竟辨出之[3]。

　　成化初,用王翱荐,擢嘉兴知府[4]。以一仆自随,署斋萧然[5]。性刚廉孤峭,人莫敢犯。而时时集父老问疾苦,为祛除之。大兴社学,民间子弟八岁不就学者,罚其父兄;遇学官以宾礼。师儒竞劝[6],文教大兴。御史孔儒清军,里老多挞死。继宗榜曰:"御史杖人至死者,诣府报名[7]。"儒怒。继宗入见曰:"为治有体。公但剔奸弊,劝惩官吏。若比户稽核,则有司事,非宪体也[8]。"儒不能难,而心甚衔之。濒行,突入府署,发箧视之,敝衣数袭而已。儒惭而去[9]。中官过者,继宗遗以菱芡、历书[10]。中官索钱,继宗即发牒取库金,曰:"金具在,与我印券[11]。"中官咋舌不敢受[12]。入觐,汪直欲见之,不可[13]。宪宗问直:"朝觐官孰廉[14]?"直对曰:"天下不爱钱者,惟杨继宗一人耳。"

　　九载秩满,超迁浙江按察使。数与中官张庆忤。庆兄敏在司礼,每于帝前毁继宗[15]。帝曰:"得非不私一钱之杨继宗乎?"敏惶恐,遗书庆曰:"善遇之,上已知其人矣。"闻母丧,立出。止驿亭下,尽籍廨中器物付有司[16]。惟携一仆、书数卷而还。

　　服除,以右佥都御史巡抚顺天[17]。畿内[18]多权贵庄田,有侵民业者,辄夺还之。按行关塞,武备大饬[19]。星变,应诏陈言,历指中官及文武诸臣贪残状,且请召还中官出镇者。益为权贵所嫉[20]。治中陈翼讦其过,权贵因中之,左迁云南副使[21]。

孝宗立[22],迁湖广按察使。既至,命汲水百斛,洗涤厅事而后视事[23],曰:"吾以除秽也。"居无何,复以佥都御史巡抚云南。三司多旧僚[24],相见欢然。既而出位揖之曰:"明日有公事,诸君幸相谅。"遂劾罢不职者八人。未几卒。

继宗力持风节[25],而居心慈厚,自处必以礼。为知府,谒上官必衣绣服,朝觐谒吏部亦然。或言不可,笑曰:"此朝廷法服也,此而不服,将安用之[26]?"为浙江按察时,仓官十余人坐缺粮系狱,至鬻子女以偿。继宗欲宽之而无由。一日,送月俸至,命量之,则溢原数。较他司亦然。因悟仓吏缺粮之由,将具实以闻。众惧,请于继宗,愿捐俸代偿。由是十人者获释。尝监乡试得二卷,具朝服再拜曰:"二子当大魁天下,吾为朝廷得人贺耳[27]。"及拆卷,王华、李旻也,后果相继为状元。人服其鉴[28]。天启[29]初,谥贞肃。

————《明史·卷一百五十九》

◆ 注 释

1. 时其食饮:按时让犯人吃喝,时:按时,用如动词。栉:音 zhì,梳理头发。沐:音 mù,洗。
2. 逸:逃跑,逃逸。
3. 鲜:少。庶:表希望。部:刑部。
4. 成化:明宪宗年号。王翱:字九皋,盐山(今属河北)人,官至吏部尚书,死后赠太保,谥忠肃。嘉兴:府名,治所在今浙江嘉兴。
5. 署斋萧然:官署寂静,谓其不求声势。
6. 师儒竞劝:师者和文人争着努力。

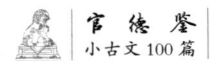

7. 孔儒：人名。清军：清理军籍。里老：里中父老。挞：用鞭子、棍子打。榜：张榜。
8. 剔：除。比户：挨门挨户。稽核：稽察，察核。非宪体：不是御史职责。
9. 濒行：临走。发箧：打开箱子，箧：音 qiè，小箱子。敝：破旧。袭：衣之一身为一袭。
10. 菱芡：音 líng qiàn，两者都是水生植物。
11. 牒：文书。印卷：此指取金的凭证。
12. 咋舌：忍住不言，形容惊异或畏惧，不敢出声。
13. 入觐：地方官进京朝见天子。汪直：太监，成化十三年（公元 1477 年），设西厂，以汪直领之，屡兴大狱，势倾天下，每出入，随从甚众，公卿避道。不可：杨继宗不同意，不见。
14. 朝觐官：即进京朝见皇帝的官员。
15. 忤：冲突，矛盾。司礼：即司礼监，宦官官署名，宦官分为十二监，司礼监乃其一。
16. 籍：登记。廨：官府。付：交给。有司：主管者。
17. 服除：指守孝结束，脱去孝服。右佥都御史：都察院官员，秩为正四品。明代总督、巡抚、提督军务、赞理军务等职往往由都察院选派都御史、副都御史或佥都御史充任。顺天：府名，辖北京周围及临近河北部分地区，治所在大兴、宛平（今北京市）。
18. 畿内：京城周围地区。
19. 饬：音 chì，整顿，修整。
20. 星变：指大自然发生反常现象。明代太监极盛，皇帝常派太监出镇地方，故杨继宗请召还中官。
21. 治中：官名，明代唯京府设治中，参理府事。中：中伤。左迁：降职。副使：提刑按察使司的副长官。
22. 孝宗：即明弘治皇帝，名朱祐樘（chēng）。
23. 汲水：提水，打水。厅事：指处理政务的厅堂。视事：处理政务。
24. 三司：都指挥使司、布政使司、按察使司。
25. 力持风节：极力坚持自己的风范和节操。
26. 衣：穿。法服：规定的服装。
27. 监：监考。乡试：三年一次的在省城举行的考试，考中者为举人。魁：第一，首选。
28. 鉴：明鉴，即指识别力。
29. 天启：明熹宗朱由校年号，1621年至1627年。

◇赏 析

　　杨继宗为官不爱钱，确实是难能可贵的，不愧为古代良吏。
　　爱钱是人的通病，然而，为民爱钱，只要取之有道，则不可非议；而为官则不同，爱钱是为官之大忌。清廉是为官所不可缺少的品德之一，若有爱钱之声，必非清廉之辈，为官不清，必无善政。为官职在治世，治世在于利民，而爱钱旨在利己，利己必然害民。故为政者不可爱钱，爱钱者不可从政。

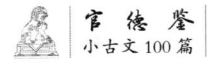

12 谢杰拒贿有名言

　　谢杰,字汉甫,长乐人。万历初进士。除行人[1]。册封琉球,却其馈。其使入谢,仍以金馈,卒言于朝而返之[2]。历两京太常少卿[3]。……累迁顺天府尹。以右副都御史巡抚南赣[4]。属吏被荐者以贿谢,杰曰:"贿而后荐,干戈之盗;荐而后贿,衣冠之盗。"人以为名言。进南京刑部右侍郎。

——《明史·卷二百二十七》

◆注 释

1. 长乐:县名,今属福建。行人:明设行人司,置行人三十七人,职责为奉使差遣。
2. 琉球:即今琉球群岛。却其馈:拒绝其馈赠。卒:最后。返:退还。
3. 历:经历。两京:南京和北京,两京都设太常寺,太常寺是掌管音乐的官署,长官为太常卿,副长官为太常少卿。
4. 顺天府:辖境即今北京市及临近北京的河北等地。南赣:政区名,治赣州(今江西赣州市),辖江西的南安、赣州,广东的韶州,南雄,湖广的郴州,福建的汀州。

◇赏 析

　　知人有才而荐之,为国也,故不需私谢;若为亲故富贵而荐之,害国也,必不可用。先贿而后荐,一方为买官,另一方为卖官,故谢杰喻为干戈之盗;先荐而后贿,貌似为公,实而为私,故谢杰斥为衣冠之盗。谢杰所论,实为至理,故人以为名言,宜矣。

第二章

公 正

公正之德是官德的重要组成部分。所谓公德是指官员以国家和人民利益为重，不计个人得失，克己奉公的品德。凡是受人民爱戴的官员，都必然是公德高尚者。

自古至今，国家设置各级各类官员，目的是为了分职而治，也就是说，设官乃是为了国家的治理，而非为惠私。然而，那些贪官却与这一宗旨背道而驰，他们为官从政，不谋国家之利，不兴人民之益，而是谋求私利，以私害公。结果是国家和人民用其为官，他却侵害人民的利益，这种人有愧于人民，不配身居官位。试想，国家把权力交给他，他却用国家给的权力侵害国家的利益，这种人根本没有公德，不配为官。

为人在世，必须心存公正，为民尚且如此，何况为官？为官与为民不同，为民若无公心，孜孜于追求个人私利，只要不违背道义，不触犯法律，便不可厚非。为官则不然，即使是不违背道义，也不触犯法律，而一意谋求个人私利，也是万万不可的，何况是以权谋私，违法乱纪，自然是罪不可恕。为官有为官的使命，即须大公无私，尽职尽责，这是国家和人民对从事公务和管理工作者的基本要求。既然为官从政，就应以国家和人民的利益为怀为念，若孜孜于谋求私利，哪如弃官经商，弃政从工，去堂堂正正地求财殖货，为何偏要从政谋私？从政而谋私，弃大公，怀私欲，伤政害民，这不就是盗贼行为吗？这与入室为盗何异？

为官怀以公心，尽职尽责，胸无私念，处事公正，不仅利国利民，也利于官员自身，反之，从政怀以私欲，以私害公，不公不正，违法乱纪，不仅祸国殃民，也必害自身。有公心者尽力谋求国家和人民的利益，必然美誉流传，因而往往可以得到重用，是其因利国利民而利于己也。而怀私欲者徇私枉法，以私害公，必然遭到人民的憎恶和声讨，这样的人往往要丢官罢职，是其欲利己而害己,因害民而害己也。所以说,利民则利己,害民则害己,人民的利害与官员自身的利害是密切相关的,每一位从政者都应该正确认识公心与私欲的利与害,克己奉公,求其利,避其害。

公德是为官从政者必须具备的政治品德之一,历史上,身怀公正之德的古代官员大有人在,他们身上那种至公至正的可贵品德是值得后人学习的。

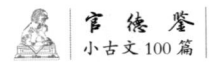

13 李离引过自杀

　　李离者，晋文公之理也¹。过听杀人，自拘当死²。文公曰："官有贵贱，罚有轻重。下吏有过，非子之罪也³。"李离曰："臣居官为长，不与吏让位⁴；受禄为多，不与下分利。今过听杀人，傅其罪下吏，非所闻也⁵。"辞不受令。文公曰："子则自以为有罪，寡人亦有罪邪？"李离曰："理有法，失刑则刑，失死则死⁶。公以臣能听微决疑⁷，故使为理。今过听杀人，罪当死。"遂不受令，伏剑而死⁸。

——《史记·卷一百一十九》

◆注 释

1. 晋文公：姓姬，名重耳，春秋五霸之一，公元前636年至公元前628年在位。理：狱官，即主管刑狱案件的官员。
2. 过听：听信了虚妄不实之词。自拘：自己把自己关押起来。
3. 这是晋文公为李离推卸责任。
4. 居官为长：言身居法官之首。不与吏让位：没有把自己的职位让给下属。吏：指下属。
5. 傅：通"附"，加也，此句意为：把罪责强加给下属，我从来没听说过。
6. 理有法：审理刑狱有个规定，理指司法，法指原则、规定。失刑则刑，失死则死：错误地处死无辜，自己就有死罪。
7. 微：指审理案件时从各种迹象中找到隐藏着的线索。决疑：判断疑案。
8. 伏剑：用剑自杀。

◇ **赏 析**

　　因误听而处人以死,造成枉杀无辜之大错,后果是严重的。虽说主观上并无不良意图,但轻信致人死亡,人死不能复生,这无论如何不能说没有罪责。李离能正视自己的罪过,不因晋文公为其开脱而偷生,终于伏剑而死。其公正之德,足为后世称颂。亦足以引起那种因工作失误而给人民带来损失的人的重视。

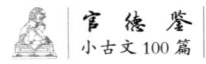

14 张释之执法

张释之字季,南阳堵阳人也[1]。与兄仲同居,以资为骑郎[2],事文帝,十年不得调,亡所知名[3]。释之曰:"久宦减仲之产,不遂[4]。"欲免归。中郎将爰盎知其贤[5],惜其去,乃请释之补谒者[6]。释之既朝毕,因前言便宜事[7]。文帝曰:"卑之,毋甚高论,令今可行也[8]。"于是释之言秦汉之间事,秦所以失,汉所以兴者。文帝称善,拜释之为谒者仆射[9]。

……

顷之,太子与梁王共车入朝[10],不下司马门[11],于是释之追止太子、梁王毋入殿门。遂劾不下公门不敬[12],奏之。薄太后闻之,文帝免冠谢曰[13]:"教儿子不谨。"薄太后使使承诏赦太子、梁王[14],然后得入。文帝由是奇释之,拜为中大夫[15]。

顷之,至中郎将。从行至霸陵[16],上居外临厕[17]。时慎夫人从[18],上指视慎夫人新丰道[19],曰:"此走邯郸道也。"使慎夫人鼓瑟,上自倚瑟而歌[20],意凄怆悲怀,顾谓群臣曰:"嗟乎!以北山石为椁,用紵絮斮陈漆其间[21],岂可动哉!"左右皆曰:"善。"释之前曰:"使其中有可欲,虽固南山犹有隙;使其中亡可欲,虽亡石椁,又何戚焉[22]?"文帝称善。其后,拜释之为廷尉[23]。

顷之,上行出中渭桥[24],有一人从桥下走,乘舆马惊[25]。于是使骑捕之,属廷尉[26]。释之治问。曰:"县人来,闻跸,匿桥下[27]。久,以为行过,既出,见车骑,即走耳。"释之奏当:"此人犯跸,当罚金。"上怒曰:"此人亲惊吾马,马赖和柔,令它马,固不败伤我乎？而廷尉乃当之罚金[28]！"释之曰："法者，天子所与天下公共也。今法如是，更重之[29]，是法不信于民也。且方其时[30]，上使使诛之则已。今已下廷尉，廷尉，天下之平也，一倾，天下用法皆为之轻重，民安所错其手足？唯陛下察之[31]。"上良久曰："廷尉当是也。"

其后人有盗高庙座前玉环，得[32]，文帝怒，下廷尉治。案盗宗庙服御物者为奏，当弃市[33]。上大怒曰："人无道，乃盗先帝器！吾属廷尉者，欲致之族，而君以法奏之，非吾所以共承宗庙意也[34]。"释之免冠顿首谢曰："法如是足也。且罪等，然以逆顺为基[35]。今盗宗庙器而族之，有如万分一，假令愚民取长陵一抔土，陛下且何以加其法乎[36]？"文帝与太后言之，乃许廷尉当。是时，中尉条侯周亚夫与梁相山都侯王恬启见释之持议平[37]，乃结为亲友。张廷尉繇此天下称之。

文帝崩，景帝立，释之恐，称疾[38]。欲免去，惧大诛至；欲见，则未知何如。用王生计，卒见谢，景帝不过也[39]。

王生者，善为黄老言，处士[40]。尝召居廷中[41]，公卿尽会立[42]。王生老人，曰"吾袜解[43]"，顾谓释之："为我结袜[44]！"释之跪而结之，既已，人或让王生："独奈何廷辱张廷尉如此[45]？"王生曰："吾老且贱，自度终亡益于张廷尉。廷尉方天下名臣，吾故聊使结袜，欲以重之[46]。"诸公闻之，贤王生而重释之。

——《汉书·卷五十》

◆ 注　释

1. 颜师古训：堵音者，堵阳：地名，属南阳。
2. 仲：二兄，古代兄弟排行长曰伯，次曰仲，三曰叔，四曰季。资：钱。骑郎：官职名。

3. 调：选，指升迁。亡所知名：没有名气，指官小身微，不为人所知。
4. 宦：指为官。不遂：不显达。
5. 中郎将：官名，统领皇帝的侍卫，隶属光禄勋。爰盎：人名，字丝，安陵人，先后事文景二帝，官至中郎将，为人敢直言。景帝同母弟梁孝王刘武欲因窦太后为景帝嗣君。景帝四年夏四月立皇子刘荣为皇太子，刘彻为胶东王，七年春正月，废皇太子刘荣为临江王，太后欲以梁王得嗣，爰盎反对，劝景帝立子不立弟，因而太后与梁王怀恨爰盎，派人十余次刺杀之，果杀之于安陵郭门外。
6. 谒者：官名，掌管为皇帝传达，引见臣僚等事。谒：音 yè。
7. 朝毕：朝事结束。前言：走到皇帝跟前说。便宜事：应该做的事，便宜：音 biàn yí，便：方便。宜：适宜。
8. 卑之，毋甚高论：意为压低言论的格调，不要高谈阔论。令今可行也：谈现在可以实行的。
9. 谒者仆射：官名，汉制，郎中令所属谒者掌宾赞受事，员额至七十人，其长官称谒者仆射。
10. 顷之：不久。太子：即后来的景帝，时为太子。梁王：即梁孝王刘武，二人皆文帝子，窦皇后所生。共车：同车。
11. 时有宫卫令曰："诸出入殿门公车司马门者皆下，不如令，罚金四两。"
12. 劾：音 hé，弹劾，揭露，上告。
13. 免冠：摘下帽子，认错时的礼节，以示态度诚恳。谢：道歉。
14. 使使承诏赦太子、梁王：派人以诏命赦免太子、梁王，承：带着。
15. 中大夫：官名。
16. 从行：跟从皇帝出行。霸陵：文帝墓，在长安东南，古代帝王多生前即造陵墓，此行乃文帝去视察为自己预造的陵墓，张释之官为中郎将，从行。
17. 颜师古训曰："厕，岸之边侧也"。居外临厕：意为居临墓旁。
18. 慎夫人：文帝妃，邯郸人。从：随，跟。
19. 新丰：地名。新丰道：去新丰的道路。
20. 鼓：弹奏。瑟：一种乐器。倚瑟：按照瑟的曲调节奏。
21. 椁：音 guǒ，棺材外面的大棺，即外棺。紵：即苎麻。斲：音 zhuó，同"斫"，本意为削，此意为抹、擦。
22. 使：假使。有可欲：有值得引起人的欲望的东西，此指随葬品。亡：通"无"。

戚：担忧。
23. 廷尉：官名，汉代九卿之一，掌刑狱。
24. 行出：出行。渭桥：桥名。中：桥中。
25. 乘舆：皇上出行所乘的车。走：跑。
26. 骑：音 jì，一人乘一马曰骑。属：交付。
27. 县人：谓长安县人。跸：音 bì，指帝王出行时开路清道，禁止通行，亦指帝王行止。匿：躲藏。
28. 释之奏当：释之上奏判罪，当：判罪。赖：仗着，依靠。和柔：性情温和柔顺。令它马：如果是别的马。败：指翻车。乃：竟然。
29. 更重之：指对此事处罚过重，超过法律的规定。
30. 且：而且。方其时：当时。
31. 天下之平：天下执法的准则。倾：倾倒，偏歪。安：怎么。错：通"措"，放，置，此意为人民就会无所适从。唯：希望。
32. 高庙：祭祀刘邦的庙宇。得：抓获。
33. 服御：指皇帝所用的东西。弃市：斩杀于市上的刑罚。
34. 吾属廷尉者：我交给廷尉处理的目的，者：表示目的。欲致之族：是想处他以灭族的刑罚，族：灭族，最严重的刑罚，满门抄斩，灭九族。以法：按常法。共：同"恭"。
35. 且罪等：且，况且，罪等，罪过同等。逆顺为基：按顺逆为处罚的基点。
36. 假令：假使。长陵：刘邦的陵墓，在长安北四十里。一抔土：一捧土。此意为：万一有人盗掘长陵又怎么办，因不便说盗掘长陵，故喻为取一捧土，盗墓掘坟乃是大忌，比盗高庙玉环要严重得多，所以，张释之以为，若盗玉环处以灭族，盗长陵就无法定罪处罚了。
37. 中尉：官名，掌管京城治安。条侯：爵位，周亚夫：西汉名将、丞相，太尉周勃的次子。梁相：梁王的相国。山都侯：爵位。启：发现，初次感觉到。平：公平。
38. 称疾：称病不朝。
39. 卒见谢：终于入朝见景帝道歉。不过：不以为过，指景帝前因不下司马门而被张释之追止，弹劾。
40. 为：学习、研究。黄老言：道家学说，黄指黄帝，老即老子，二人为道教始祖。处士：若隐士，即指有才而不为官的人。

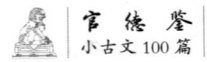

41. 召居廷中：指王生受召来到朝堂上。
42. 尽会立：指公卿相聚在朝堂上。
43. 袜解：袜子开了。
44. 顾：回头。结袜：即系（jì）袜。
45. 既已：系袜结束后。人或让王生：有人责怪王生，让即指责。独：语助词。奈何：为何，何故。廷辱：在大庭广众侮辱。
46. 自度：自我估量，度，音 duó，估量。亡：通"无"。方：当时。故：故意。聊：姑且。欲以重之：想以此使人知他礼贤下士而重敬他。

◇赏 析

　　有人为官理政不顾民情，不顾后果，专察上司之意以取悦之，或唯唯诺诺，一味顺从；或媚上害下，只务迎合。究其根本，是为谋求自身之私利，以为自安之计，既非为国为民，亦非为上司，而常陷上司于恶名之下。

　　而张释之不仅不苟合汉文帝之意，而且勇于纠正文帝过失，据理力争，终使文帝处事亦不失公正，利国利民，又利文帝，使其无昏暴恶名。

　　张释之执法公平，不偏不倚，轻重得宜，堪称优良法官。故天下称之，这是理所当然的。

15 苏章不以私恩废公法

　　章少博学，能属文[1]。安帝时，举贤良方正，对策高第，为议郎[2]。数陈得失[3]，其言甚直。出为武原令[4]，时岁饥，辄开仓廪，活三千余户。顺帝时，迁冀州刺史[5]。故人为清河太守[6]，章行部案其奸臧[7]。乃请太守，为设酒肴，陈平生之好甚欢。太守喜曰："人皆有一天，我独有二天[8]。"章曰："今夕苏孺文与故人饮者，私恩也；明日冀州刺史案事者[9]，公法也。"遂举正其罪[10]。州境知章无私，望风畏肃[11]。换为并州刺史[12]，以摧折权豪[13]，忤旨，坐免。隐身乡里，不交当世。后征为河南尹，不就[14]。时天下日敝[15]，民多悲苦，论者举章有干国才[16]，朝廷不能复用，卒于家。

——《后汉书·卷三十一》

◆注 释

1. 章：指苏章，字孺文，扶风平陵（今陕西咸阳市西北）人，为人刚正公直。少：年少时。博学：学问渊博。属文：作文，撰文。
2. 安帝：即刘祜（hù），公元107年至126年在位。贤良方正：汉代选拔官员的科目之一，汉文帝为了询访政治得失，始诏"举贤良方正能直言极谏者"，中选者则授以官职。对策：皇帝提问，令所选人员临时答对。高第：高等，意为优秀。议郎：官职名，郎官之一种，秩为六百石，隶光禄勋，议郎的地位至东汉时较西汉为高，可参与朝政，职掌顾问应对。
3. 数陈得失：多次陈说政治得失。
4. 武原：县名，治所在今江苏邳州市西北。
5. 顺帝：刘保，公元126年至144年在位。冀州：汉代十三刺史部之一，东汉时治所在高邑（今河北柏乡北），辖境相当今河北省中南部、山东西部、

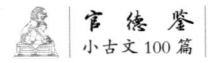

河南北部。刺史：官名，西汉武帝时，分全国为十三部，每部置一刺史，本为监察官，官阶低于郡守，后成为地方军政长官。

6. 故人：旧时之友。清河：汉代郡国名，辖今河北清河、枣强、南宫各一部分，山东临清、夏津、武城及高唐、平原各一部分，治所在甘陵（今临清东）。

7. 行部：到所司冀州部所辖各地巡察。案：查究，考察。奸：指违法行为。臧：同"赃"，贪污受贿。

8. 我独有二天：意为我比别人多一层刺史的保护。

9. 苏孺文：苏章自称其姓字。冀州刺史：亦苏章自指。

10. 举：发，揭发。正：指用法治之。

11. 畏：惧也。肃：严，指政纪严肃。

12. 并州：十三刺史部之一，辖境相当于山西大部，河北、内蒙古各一部分，东汉时治所在晋阳。

13. 摧折：打击。权豪：即豪强。

14. 河南尹：官职名，东汉都洛阳，河南尹为京畿一带地方最高长官。不就：不去，不上任。

15. 日敝：一天天衰败。

16. 有干国才：有治理国家的才干。

◇赏 析

有些人为官做人，不公不正，亲故违法，不论是非而极力庇护之，助其逃避罪责，以私废公，置国法于不顾，背国愧民。

而苏章为官，不徇私情，亲朋有罪，不偏不袒，重国法，轻私情，公是公，私是私，公私分明，不相混淆，私恩服从公法，公法战胜私恩，终致举正故人之罪，真可谓公正平允，无私无愧。这与那些庇护亲友，以私废公的人相比，真可谓天壤之别了。

16 苟晞杀弟

　　苟晞，字道将，河内山阳人也[1]。……进位抚军将军、假节、都督青、兖诸军事，封东平郡侯，邑万户[2]。

　　晞练于官事，文簿盈积，断决如流，人不敢欺[3]。其从母依之，奉养甚厚[4]。从母子求为将，晞距之曰："吾不以王法贷人，将无后悔邪[5]？"固欲之，晞乃以为督护[6]。后犯法，晞杖节斩之，从母叩头请救[7]，不听。既而素服哭之，流涕曰："杀卿者兖州刺史，哭弟者苟道将[8]。"其杖法如此[9]。

——《晋书·卷六十一》

◆ 注　释

1. 河内：郡名，山阳，县名，今属河南。
2. 进位：升职。抚军将军：官职名。假节：参阅《吴隐之饮贪泉而清操逾厉》注7。都督青、兖诸军事：晋时都督诸州军事往往兼任所驻之州刺史，总揽本区军民之政，是地方最高军政长官。故下文苟晞哭弟时自称兖州刺史。青：青州，辖境相当今山东德州、齐河县以东，马颊河以南、济南市、临朐、安丘、高密、莱阳、栖霞、乳山等县以北、以东地和河北吴桥。兖：兖州，辖境即今山东西南部和河南东部。邑万户：封邑万户。
3. 练：熟练，精通。官事：政务。文簿：公文案卷。盈积：堆积。欺：欺骗。
4. 从母：伯母或婶母，从：音 zòng。依之：跟从他，依靠他生活。奉养：供养。
5. 求为将：求任军职。距：通"拒"。贷：饶恕、宽免。将：表推测语气或祈使语气。
6. 固：坚决，一定。督护：官职名。
7. 杖：执持，拿着。节：即符节，皇帝授予外任大臣的信物。请救：请求苟晞，以救其子。

8. 素服：穿素衣以示哀也。涕：泪。兖州刺史：苟晞自指，时苟晞任兖州刺史。
9. 杖法：犹今之所谓执法。

◇赏　析

　　苟晞杀弟，可谓大义灭亲，公正无私矣。

　　兄弟犯法，杖节斩之，是不徇私情。"杀卿者兖州刺史，哭弟者苟道将"一语，体现着极为可贵的崇高的精神和品质，兖州刺史，职也，即居其职，则当行其事，行其事即须公道，不可以私废法，故杀其弟；即哭之，足见其杀弟心痛，至公无私，忍痛执法，可见其公德之高矣。

17 源怀惩贪罢亲故[1]

……

又诏为使持节,加侍中、行台,巡行北边六镇、恒燕朔三州[2],赈给贫乏,兼采风俗,考论殿最,事之得失,皆先决后闻[3]。自京师迁洛,边朔遥远,加连年旱俭,百姓困弊[4]。怀衔命巡抚,存恤有方,便宜运转,有无通济[5]。时后父于劲势倾朝野[6],劲兄于祚与怀宿昔通婚,时为沃野镇将,颇有受纳[7]。怀将入镇,祚郊迎道左[8],怀不与语,即劾祚免官。怀朔镇将元尼须与怀少旧,亦贪秽狼藉[9],置酒请怀,谓怀曰:"命之长短,由卿之口,岂可不相宽贷[10]?"怀曰:"今日之集,乃是源怀与故人饮酒之坐,非鞫狱之所也。明日公庭,始为使人捡镇将罪状之处[11]。"尼须挥泪而已,无以对之。怀既而表劾尼须。其奉公不挠[12],皆此类也。

——《魏书·卷四十一》

◆ 注 释

1. 源怀:初名思礼,后赐名怀,官至侍中、尚书令、骠骑大将军、尚书左仆射,为官公正无私,力黜贪残,不避亲故。
2. 又诏:皇帝又令,此文乃是节选,承上,故用"又"。使:皇帝派出的特命重臣。持节:带着节符,节是皇帝派使臣时,由使臣携带的一种表明身负皇命的信物。侍中:北魏时称为小宰相,职掌机要,权势甚重。行台:在大行政区代表中央的机构称为行台,亦指该机构的最高长官。六镇:北魏初年为防御柔然侵扰,在京都平城(今山西大同市东)以北,阴山南北,自西而东设置沃野(今内蒙古五原北)、怀朔(今固阳西南)、武川(今武川西土城)、抚冥(今四子王旗东南土城子)、柔玄(今兴和台基庙)、怀荒(今河北张

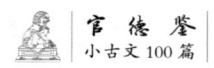

北县境）六个军镇，合称六镇。恒州：辖山西北部及河北、内蒙古与山西交界处，治所在平城。燕：今北京一带。朔：今山西朔县一带。

3. 采风俗：即了解民情。考：考核。论：评定。殿：指政绩最差。最：指政绩最好。先决后闻：先做决定处理，后奏明皇帝。
4. 京师迁洛：北魏始都平城，后迁都洛阳。旱俭：旱灾，歉收。困弊：生活困难。
5. 衔命：奉命。巡抚：巡视，抚恤。便宜：音 biàn yí，方便，适宜。通济：相互救济。
6. 于劲：字钟葵，世宗宣武帝纳其女，即顺皇后，故于劲封为太原郡公，于氏一门累世贵盛。
7. 宿昔：以前。宿昔通婚：即以前两家有婚姻关系。柞即于柞，字万年，曾官振威将军、沃野镇将。颇有受纳：贪污受贿很多。
8. 郊迎：到城外迎接。道左：道路的左边，迎接上司，为示恭敬，在道左迎候。
9. 少旧：幼年时的朋友。狼藉：形容贪污行为严重，乱七八糟。
10. 卿：当时，同辈，地位相等的人亦可称卿。贷：宽恕。
11. 鞫：音 jū，审讯。狱：案件。捡：同"检"。
12. 挠：屈曲。

◇赏 析

　　源怀为官公正，不徇私情，力惩贪秽，勇劾亲故，可谓大义灭亲，公正无私了。亲朋故友，人皆有之，为官者亦然。然而，为官理政，切不可怀以私情，亲友违法，宾朋有罪，当一视同仁，不能有丝毫袒护之意。若为官而私其亲友，理政而偏袒宾朋，必然损政害民，有以权谋私之名，无清直公正之声，而为人民所憎恶。

18 高道穆守法犯公主[1]

仆射尔朱世隆当朝权盛[2],因内见衣冠失仪,道穆便即弹纠[3]。帝姊寿阳公主行犯清路,执赤棒卒呵之不止,道穆令卒棒破其车[4]。公主深以为恨,泣以诉帝[5]。帝谓公主曰:"高中尉清直之人,彼所行者公事,岂可私恨责之也?"道穆后见帝,帝曰:"一日家姊行路相犯,极以为愧。"道穆免冠谢曰:"臣蒙陛下恩,守陛下法,不敢独于公主亏朝廷典章,以此负陛下。"帝曰:"朕以愧卿,卿反谢朕。"

——《魏书·卷七十七》

◆注 释

1. 高道穆,名恭之,渤海蓨(今河北景县)人,官至御史中尉、给事黄门侍郎、尚书右仆射,为人正直,勇于谏诤,无所顾惮。
2. 尔朱世隆:字荣宗,魏庄帝时官为侍中,领军将军,车骑将军、尚书右仆射,封为乐平郡开国公。
3. 内见:到宫中见皇帝。衣冠失仪:即衣冠不整,是为不恭。弹纠:弹劾。
4. 清路:帝王或大官外出,清除道路,驱赶行人,即戒严。犯:冒犯。执赤棒卒:负责清路的兵卒,手持赤棒驱赶行人。棒破其车:用木棒打坏公主的车,棒:用如动词。
5. 帝:即指北魏孝庄帝元子攸,公元528年至530年在位。

◇赏 析

寿阳公主以帝姊之尊,皇族之贵,耍习行蛮,骄横无理,行犯清路,呵之不止。高道穆公正耿直,刚勇无畏,不屈于权势,不阿于尊贵,敢于冒犯公主,力惩骄蛮,守法尽职,堪称大公无私,刚正之臣矣。

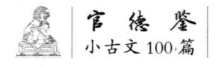

19 寇俊守正不挠[1]

永安初[2],华州民史底与司徒杨椿讼田[3]。长史以下,以椿势贵,皆言椿直[4],欲以田给椿。俊曰:"史底穷民,杨公横夺其地。若欲损不足以给有余,见使雷同,未敢闻命[5]。"遂以地还史底。孝庄帝[6]后知之,嘉俊守正不挠,即拜司马[7],赐帛百匹。其附椿者,咸谴责焉[8]。

——《周书·卷三十七》

◆注 释

1. 寇俊:字祖俊,上谷昌平(今北京昌平)人,官至骠骑大将军、开府仪同三司,他为官正直,处事公允,不阿权贵,清正廉洁,曾官梁州刺史,深为梁人所爱。
2. 永安:北魏孝庄帝年号。
3. 华州:辖今陕西华县、华阴、潼关一带地。司徒:官名,三公之一。杨椿:字延寿,华阴人,仕魏官至光禄大夫、太仆卿、辅国将军、司徒公,后辞官家居华阴。讼田:为田地打官司。
4. 直:有理。
5. 见使雷同:谓处理案件压制贫贱,取悦权势,即不论曲直,一律护强凌弱。未敢闻命:不敢从命。
6. 孝庄帝:即元子攸,公元 528 年至 530 年在位。
7. 嘉:嘉奖,赞赏。不挠:不屈。司马:官名。
8. 咸:都。谴责:批评,斥责。

◇赏 析

史底与杨椿讼田,必是史底受屈,杨椿欺民。贫民不可能无理取闹，妄斗司徒，既敢与之争讼，必是蒙冤受辱，情所激也。此是必然之理，孺子可识，然而奸吏竟昧良知，枉国法，欲以田给司徒，此是媚贵凌贱，违理悖情之为。阿上欺下，趋炎附势，乃是卑劣之行；抑强扶弱，公正不屈，乃是高尚之举。寇俊行端德茂，刚正果敢，不愧为正直之士。

　　孝庄帝嘉奖寇俊，谴责附椿者，亦是明智之为，有褒扬正直，抑制邪恶之功，可扶助公正之风。

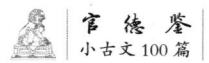

20 唐太宗封功臣

房乔字玄龄，齐州临淄人[1]。……

及太宗入春宫，擢拜太子右庶子，赐绢五千匹。[2]贞观元年，代萧瑀为中书令[3]。论功行赏，以玄龄及长孙无忌、杜如晦、尉迟敬德、侯君集五人第一[4]，进爵邢国公，赐实封千三百户。太宗因谓诸功臣曰："朕叙公等勋效，量定封邑，恐不能尽当，各许自言[5]。"皇从父淮安王神通[6]进曰："义旗初起，臣率兵先至。今房玄龄、杜如晦等刀笔之吏，功居第一，臣窃不服[7]。"上曰："义旗初起，人皆有心。叔父虽率得兵来，未尝身履行阵。山东未定，受委专征，建德南侵，全军陷没[8]。及刘黑闼翻动，叔父望风而破[9]。今计勋行赏，玄龄等有筹谋帷幄、定社稷之功，所以汉之萧何，虽无汗马，指踪推毂，故得功居第一[10]。叔父于国至亲，诚无所爱，必不可缘私，滥与功臣同赏耳[11]。"初，将军丘师利等咸自矜其功，或攘袂指天，以手画地，及见神通理屈，自相谓曰："陛下以至公行赏，不私其亲，吾属何可妄诉[12]？"

——《旧唐书·卷六十六》

◆注 释

1. 房玄龄名乔，齐州临淄（今山东淄博市东北）人。官至中书令、尚书左仆射、太子少师，初封邢国公，后改封魏国公，为人有谋略，为李世民运筹帷幄，辅佐李世民定江山，取帝位，功高一时，乃是历史上著名良相。
2. 及：等到。太宗：即李世民。春宫：亦称东宫，即太子所居之宫。初，武德元年（公元618年），李渊立长子李建成为皇太子，次子李世民封为秦王，武德九年（公元626年），玄武门之变后，李建成已死，李世民乃立为太子，入春宫。太子右庶子：东宫官职，掌书令启奏。

3. 贞观元年：即公元627年。萧瑀字时文，官至民部尚书、尚书右仆射、御史大夫、中书令、太子太保，封宋国公。中书令：中书省最高长官，掌军国之政令，即佐天子而执大政，秩初为正三品，后升为正二品。

4. 长孙无忌：字辅机，河南洛阳人，长孙皇后之兄，以辅太宗功高，封齐国公，历仕高祖李渊、太宗李世民、高宗李治三朝，官至司空、太子太师、侍中、太尉。杜如晦：参阅《唐太宗三哭杜如晦》。尉迟敬德：朔州善阳（今山西朔县）人，以勇力闻名，多有战功，曾从李世民击王世充于东都，王世充骁将单雄信直趋李世民，敬德救之出围，又攻窦建德，讨刘黑闼，战玄武门，官至右武侯大将军，开府仪同三司，封吴国公，图形凌烟阁，死后陪葬昭陵（昭陵是唐太宗陵墓）。侯君集：豳（bīn）州（今陕西与甘肃交界处一带）人，以军功封潞国公，后改封陈国公，官至右卫大将军、兵部尚书、吏部尚书、光禄大夫，曾率兵平定高昌，有功西域，图形凌烟阁，后与太子承乾逆谋，被拘，太宗欲赦之，群臣不应，太宗乃泣而斩之。

5. 叙：按规定的等级次第授官职及按劳绩的大小授奖都称叙。勋效：即勋绩，功绩。量：估量，安排。

6. 淮安王神通：李渊从弟，武德元年封为永康王，又改封淮安王，曾官宗正卿、山东道安抚大使、左武卫大将军、开府仪同三司，贞观四年（公元630年）薨。

7. 义旗初起：指李渊父子太原起兵之初。李神通虽为太宗之叔，然按国法，亦须称臣。刀笔之吏：古时武将对文官的轻蔑说法。窃：私下里，心中暗自。

8. 建德：即窦建德，贝州漳南（今河北故城）人，隋末起兵于漳南，据有河北等地，武德元年，李神通为山东道安抚大使，击宇文化及于魏县，未定，次年九月，窦建德南攻相州，神通不能拒，退奔黎阳，窦建德又攻黎阳，城下，神通等为所俘。

9. 刘黑闼：亦漳南人，与窦建德友善，用为将军。后窦建德兵败，为秦王李世民所俘，至长安，斩于市。刘黑闼乃自匿于漳南，杜门不出。后于武德四年（公元621年）又聚兵而出，自称大将军，故曰翻动，言其匿而复出也。淮南王神通等先后讨之，皆为所败。

10. 所以汉之萧何：把他比为汉代萧何。汗马：喻指乘马征战之功。指踪推縠：意为指明敌军行踪，指挥自军取胜。指：指示，指明。踪：敌军行踪。推：

-51-

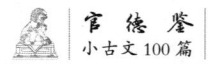

推动，帮助。毂：音 gǔ，本意为车轴上安装辐的圆木，引申为车，推毂即推车前进，比喻助人举事。

11. 诚无所爱：意为赏给"叔父"，什么都不吝惜。缘私：徇私。滥：不当，过分。

12. 丘师利：河南洛阳人，上柱国、谭国公丘和之子。或：有的，有人。攘：音 rǎng，捋、挽。袂：音 mèi，衣袖。攘袂：指捋起衣袖指天，这是愤怒不服的表现。属：类，等，吾属即我们这些人。

◇赏 析

唐太宗以帝王之尊，天子之威，若欲私其亲，赏以官爵，赐以禄位，无所不可，且他人必无怨怼。然而他以功行赏，不私其亲，可见，唐太宗处事公正无私，不论亲疏。以致自矜其功者不敢妄诉，攘袂指天以手画地者息愤而不争，这足以说明，只有处事公正，才可让人信服，才可免除祸乱，息事宁人，这是每一位掌权者都应懂得的道理。

21 戴胄执法

戴胄字玄胤，相州安阳人也[1]。……

贞观元年，迁大理少卿[2]。时吏部尚书长孙无忌尝被召，不解佩刀入东上合[3]。尚书右仆射封德彝议以监门校尉不觉，罪当死；无忌误带入，罚铜二十斤[4]。上从之。胄驳曰："校尉不觉与无忌带入，同为误耳。臣子之于尊极，不得称误，准律云：'供御汤药、饮食、舟船，误不如法者，皆死[5]。'陛下若录其功，非宪司所决[6]；若当据法，罚铜未为得衷[7]。"太宗曰："法者，非朕一人之法，乃天下之法也。何得以无忌国之亲戚，便欲阿之[8]？"更令定议。德彝执议如初，太宗将从其议，胄又曰："校尉缘无忌以致罪，于法当轻。若论其误，则为情一也，而生死顿殊，敢以固请[9]。"上嘉之，竟免校尉之死。

于时朝廷盛开选举，或有诈伪资荫者[10]，帝令其自首，不首者罪至于死。俄有诈伪者事泄，胄据法断流以奏之[11]。帝曰："朕下敕不首者死，今断从流，是示天下以不信。卿欲卖狱[12]乎？"胄曰："陛下当即杀之，非臣所及。既付所司，臣不敢亏法。"帝曰："卿自守法，而令我失信邪？"胄曰："法者，国家所以布大信于天下[13]；言者，当时喜怒之所发耳。陛下发一朝之忿而许杀之，既知不可而置之于法[14]，此乃忍小忿而存大信也。若顺忿违信，臣窃为陛下惜之。"帝曰："法有所失，公能正之，朕何忧也！"胄前后犯颜执法多此类。所论刑狱，皆事无冤滥，随方指擿，言如泉涌[15]。

——《旧唐书·卷七十》

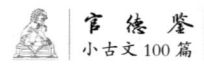

◆注 释

1. 戴胄：曾官大理少卿、尚书左仆射，民部尚书、吏部尚书，为人有干局，性贞正，明习律令。相州安阳：今属河南。
2. 贞观元年：即公元627年。大理少卿：大理寺副长官。
3. 长孙无忌：见本书第51页《唐太宗封功臣》注4。被召：被召入宫。东上合：太宗所居之宫，时有规定，进宫见帝，不准带兵器。
4. 封德彝：名伦，初仕隋，后归唐，官内史侍郎、吏部尚书，中书令、右仆射，封道国公。议：议论，认为。监门校尉：唐设左右监门卫（警卫机构），置监门校尉三百二十人，负责各宫殿门的警卫，设大将军一员（正三品）、将军二员（从三品）、中郎将四人以统之。罚铜：是当时的一种惩罚措施。
5. 尊极：指皇帝。准律：指法律，准是衡量行为的准则，此准则即是律，即法律条文。误不如法者：法指规定、程序和方式。
6. 若录其功：长孙无忌乃是唐太宗的功臣，李世民为帝，其功为大。宪司：执法机构。
7. 得衷：得当，得体。
8. 国之亲戚：太宗之后即文德顺圣皇后，无忌乃是文德皇后之兄，故曰国之亲戚。阿：阿谀，讨好。
9. 缘：由于，因。一：一样，相同。顿殊：若今言截然相反。敢以固请：意为斗胆坚决请求。
10. 选举：选举官员。诈：弄虚作假。伪：假的，不真实的。资：自己的资历。荫：在封建社会，父辈或祖辈有功或居高官，其子孙可得祖、父辈荫庇而为官，谓之荫，唐初选用官吏，顾及资荫，故有冒充假资荫者。
11. 俄：不久。洩：同"泄"。据法断流：依据法律断为流放。
12. 卖狱：出卖法律。
13. 布：布施。大信：朝廷在臣民中的信用。
14. 置之于司：把他交给执法机关。
15. 随方指摘，言如泉涌：戴胄明习律令，此句意为随便指哪，都能对答如流。摘：音zhì，意亦为指。

◇赏 析

戴胄执法公正无私，既不阿权贵，又不轻卑贱。长孙无忌乃是皇亲国戚，又是功臣，权高势重；而监门校尉乃是兵卒，身微名贱，而戴胄能够主持公道，不论权势和地位，一视同仁。这自然是值得称道的。唐太宗以忿废法，将成冤滥，戴胄又敢抗旨违敕，依法而断，且能据理力争，守法不挠，实为难得。他为执法公正而以下干上，以臣犯君，公、勇、直三德俱高，故能辅政济时，亦足为一代名臣。

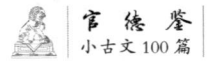

22 狄仁杰抗旨[1]

仁杰,仪凤中为大理丞,周岁断滞狱一万七千人,无冤诉者[2]。时武卫大将军权善才坐误斫昭陵柏树[3],仁杰奏罪当免职。高宗令即诛之,仁杰又奏罪不当死。帝作色曰:"善才斫陵上树,是使我不孝[4],必须杀之。"左右瞩仁杰令出[5],仁杰曰:"臣闻逆龙鳞,忤人主[6],自古以为难,臣愚以为不然。居桀、纣时则难,尧、舜时则易。臣今幸逢尧、舜,不惧比干之诛[7]。昔汉文时有盗高庙玉环,张释之廷诤,罪止弃市[8]。魏文将徙其人,辛毗引裾而谏,亦见纳用[9]。且明主可以理夺[10],忠臣不可以威惧。今陛下不纳臣言,瞑目之后,羞见释之、辛毗于地下。陛下作法,悬之象魏[11],徒流死罪,俱有等差。岂有犯非极刑,即令赐死?法既无常,则万姓何所措其手足?陛下必欲变法[12],请从今日为始。古人云:'假使盗长陵一抔土,陛下何以加之[13]?'今陛下以昭陵一株柏杀一将军,千载之后,谓陛下为何主?此臣所以不敢奉制杀善才,陷陛下于不道[14]。"帝意稍解,善才因而免死。居数日,授仁杰侍御史[15]。

——《旧唐书·卷八十九》

◆ **注 释**

1. 狄仁杰:字怀英,并州太原人,后官至御史大夫、大将军、封燕国公,为人正直敢谏,多所匡救,亦为唐代名臣之一。
2. 仪凤:唐高宗李治年号。大理丞:执法机构大理寺官员。周岁:一周年。滞狱:未能及时处理的遗留案件。

3. 武卫大将军：唐设左右武卫，乃是军事机构，各设大将军一员（正三品）、将军二员（从三品）。权善才：天水略阳（今甘肃秦安）人，高宗朝大臣，著名将领。斫：音 zhuó，砍。昭陵：唐太宗李世民的陵墓。

4. 高宗即李治，乃是李世民之子，故曰："使我不孝"。

5. 瞩：使眼色。令出：叫他出去。

6. 逆龙鳞，忤人主：意为违背皇帝，逆、忤（wǔ）皆违背意。

7. 桀、纣：即夏桀、商纣，皆为历史上著名昏暴之君。尧、舜：皆著名明君。比干：商纣王之叔，因忠谏，被纣王杀死。

8. 参阅本书第 36 页《张释之执法》。

9.《三国志·卷二十五》记载：帝欲徙冀州士家十万户实河南。时连蝗民讥，群司以为不可，而帝意甚盛。毗与朝臣俱求见，帝知其欲谏，作色以见之，皆莫敢言。毗曰："陛下欲徙士家，其计安出？"帝曰："卿谓我徙之非耶？"毗曰："诚以为非也。"帝曰："吾不与卿共议也。"毗曰："陛下不以臣不肖，置之左右，厕之谋议之官，安得不与臣议邪！臣所言非私也，乃社稷之虑也，安得怒臣！"帝不答，起入内；毗随而引其裾，帝遂奋衣不还，良久乃出，曰："佐治，卿持我何太急邪？"毗曰："今徙，既失民心，又无以食也。"帝遂徙其半。

10. 以理夺：用道理说服，夺：改变其观点。

11. 象魏：古代天子、诸侯宫门外的一对高建筑，亦称"阙"或"观"，乃是悬示教令之处。

12. 变法：改变法律。

13. 此亦张释之劝说汉文帝之语，亦见本书第 36 页《张释之执法》。

14. 制：皇帝的命令。不道：即无道。

15. 居数日：过了几天。侍御史：御史台官员，掌纠举百僚，推鞫狱讼。

◇赏 析

　　狄仁杰执法公正，不偏不倚，按律而断，且能力谏高宗，申辩曲直，终于避免冤滥。这足以见其刚正之操，耿直之风，故后世称之为一代名臣，视之为良相，狄仁杰当之无愧。

第三章

勇 为

勇为是一种性格，也是一种品德。一提到勇，人们便自然地想到战场上的拼杀，以为只有战争年代才需要勇气，其实不然，和平年代也需要勇气，尤其是为官从政，坚持正义，抑恶扬善，都需要勇气。

首先，从事管理工作需要勇气。工作中往往有一个承担责任的问题，如果没有勇德，就不敢承担责任，就会胆小怕事，畏首畏尾，前怕狼后怕虎，那么，肯定做不好工作，当然也不可能取得良好业绩。只有勇于承担责任，才能大刀阔斧地开展工作，创造辉煌的业绩。任何工作都不可能完全是坦途，都难免会遇到这样或那样的困难和阻力。如果没有勇德，就会瞻前顾后，谨小慎微，心存顾虑，就会被困难吓倒，面对阻力，颓然退缩，使工作受到损失。只有具备勇德，才能无所畏惧，视当为而敢为，该管的敢管，该做的敢做，不怕困难，冲破阻力，最终取得成就，这自然是需要勇气的。

其次，抵制邪恶需要勇气。为官从政就必须惩恶扬善，惩恶扬善就必须身有勇德。比如抵制腐败，腐败就是邪恶，抵制邪恶就要抵制腐败。仅仅保持自己的清正廉洁而独善其身是远远不够的，面对腐败，不敢斗争，则不是优秀官员。只有立志消除邪恶并付诸实施，才能不负人民所望。而要与邪恶做斗争，没有勇德是万万不可的。

再次，制止错误需要勇气。在同事和上司身上，难免会发生这样或那样的错误，诸如独断专行、推卸责任、破坏团结、争权夺势、工作方法不当、动机不良、不负责任、玩忽职守等错误都是时有发生的。每一位从政和管理者，都应该及时地制止错误。而制止错误，必须有勇气，如果没有勇气，怕得罪人，怕招惹麻烦，坐视错误而不阻止，就不会为人民所信赖。

最后，改正自己的错误也需要勇气。一个人不可能一生中一点错误都不犯，犯错误固然可怕，而更可怕的是不敢承认错误，不敢改正错误。有人不敢正视自己，不敢解剖自己，唯恐承认自己的错误会丢面子，降低个人威信，因而没有勇气承认和改正错误。事实上，犯了错误，能够承认并改正之，不但不会降低威信，反而会得到别人的好评，对自己、对工作是非常有利的。

一位优秀官员，应该是对上能及时提出自己的合理建议，对下能诚恳地听取别人的意见，即上能进谏，下能纳谏，而进谏和纳谏都是需要勇气的。进谏不一定被采纳，不被采纳就要抗争，抗争就难免忤上，故无勇气就不可能极力进谏。纳与自己的决定相违之谏，便是对自己的否定，否定自己更需十足的勇气，若身无勇德，既不能进谏，亦不能纳谏。

历史上，身有勇德，敢作敢为，不畏权势，敢于舍生取义者大有人在，如汉之朱云、董宣，南齐之虞愿，北朝之古弼、于烈、柳庆、乐运，隋之赵绰，唐之李元纮、李朝隐，宋之赵普，明之张钦、海瑞等人都是勇德非凡者，值得学习。

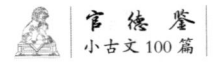

23 朱云折槛[1]

　　至成帝时，丞相故安昌侯张禹以帝师位特进，甚尊重[2]。云上书求见，公卿在前。云曰："今朝廷大臣上不能匡主[3]，下亡以益民，皆尸位素餐[4]，孔子所谓'鄙夫不可与事君'，'苟患失之，亡所不至'者也[5]。臣愿赐尚方斩马剑[6]，断佞臣一人以厉[7]其余。"上问："谁也？"对曰："安昌侯张禹。"上大怒，曰："小臣居下讪上，廷辱师傅，罪死不赦[8]。"御史将云下，云攀殿槛[9]，槛折。云呼曰："臣得下从龙逄、比干游于地下，足矣！未知圣朝何如耳[10]？"御史遂将云去。于是左将军辛庆忌免冠解印绶[11]，叩头殿下曰："此臣素著狂直于世[12]。使其言是，不可诛；其言非，固当容之。臣敢以死争[13]。"庆忌叩头流血。上意解，然后得已[14]。及后当治槛[15]，上曰："勿易！因而辑之，以旌直臣[16]。"

——《汉书·卷六十七》

◆注　释

1. 朱云：字子游，鲁人，汉元帝时为博士，后迁杜陵令，后因故下狱，减死为城旦，废锢不用，终元帝世。折：折断。槛：殿上的栏杆。
2. 成帝：即刘骜（ào），公元前32年至公元前6年在位。张禹：字子文，河内轵（今河南济源）人。汉元帝初元中，立皇太子，诏令禹授太子《论语》。成帝立，赐爵关内侯，河平四年（公元前24年）代王商为丞相，封安昌侯。
3. 匡：救助，纠正。
4. 尸位素餐：尸：主也。素：空也。尸位：不举其事，但主其位而已。素餐：德不称官，空当食禄，即今所谓白吃饭。
5. 鄙夫不可与事君：不可与品行卑劣的人共同侍奉君王。苟患失之，亡所不至：

如怕失其宠禄，则言行僻邪，无所不至了。此二句皆《论语》所载孔子之言。
6. 尚方：少府之属官，作供御器物。故有斩马剑，言剑利可以斩马。
7. 厉：同"励"，此意为警诫。
8. 居下讪上：意即以下犯上，居：处，在。讪：音shàn，毁谤，斥责。廷辱：在朝堂上侮辱，师傅：指皇帝的老师，张禹曾授成帝《论语》，是成帝的老师。不赦：不宽恕，不赦免。
9. 御史：在朝堂侍卫和供皇帝差遣的官员。将：持，拉。攀：用手拉着。殿槛：殿上的栏杆。
10. 龙逢：即关龙逢，桀臣。比干：纣之叔父，二人皆以忠谏而死，故云然。逢：音páng。未知圣朝何如耳：此言成帝杀直臣，其声誉必毁。
11. 左将军：官职名。辛庆忌：字子真，成帝初，官为光禄大夫，左曹中郎将，执金吾，后为左将军。免冠解印绶：意为摘下帽子，取出官印。此是用官职为朱云求情的意思。
12. 素著狂直于世：平时就以又狂又直显称于世。
13. 使：假使。以死争：用生命争取。
14. 上意解：皇帝的怒气消解了。已：罢、休，即放了朱云。
15. 治槛：安装栏杆。
16. 勿易：不要换。因而辑之：结合断的情况修理。旌：表彰。直臣：正直之臣。

◇赏 析

朱云明知张禹乃是成帝之师，为成帝所尊重，竟敢讥之为尸位素餐，斥之为佞臣而欲杀之，以下干上，冒犯权幸，古来不易。尤其是成帝怒其居下讪上，延辱师傅，决议杀之，而他临死不惧，大胆抗争，其为人刚正果敢，实为可嘉。

成帝轻率地欲杀朱云，固非明智之举；然而能够听谏而止，且又不换朱云折断的栏杆，"因而辑之，以旌直臣"可见，成帝亦有美德可赞，知己过而能改，知臣直而能旌，其宽厚之德亦卓然可见矣。

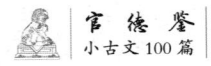

24 强项令董宣[1]

……

后特征为洛阳令[2]。时湖阳公主苍头白日杀人[3],因匿主家,吏不能得[4]。及主出行,而以奴骖乘[5],宣于夏门亭候之,乃驻车叩马[6],以刀画地,大言数主之失,叱奴下车,因格杀之[7]。主即还宫诉帝,帝大怒,召宣,欲箠杀之[8]。宣叩头曰:"愿乞一言而死[9]。"帝曰:"欲何言?"宣曰:"陛下圣德中兴[10],而从奴杀良人,将何以理天下乎?臣不须箠,请得自杀。"即以头击楹,流血被面[11]。帝令小黄门持之,使宣叩头谢主[12],宣不从,强使顿之,宣两手据地,终不肯俯[13]。主曰:"文叔为白衣时,藏亡匿死,吏不敢至门。今为天子,威不能行一令乎[14]?"帝笑曰:"天子不与白衣同。"因敕强项令出[15]。赐钱三十万,宣悉以班诸吏[16]。由是搏击豪强,莫不震栗[17]。京师号为"卧虎"。歌之曰:"枹鼓不鸣董少平[18]。"

在县五年。年七十四,卒于官[19]。诏遣使者临视,唯见布被覆尸,妻子对哭,有大麦数斛、敝车一乘[20]。帝伤之,曰:"董宣廉洁,死乃知之!"以宣尝为二千石,赐艾绶,葬以大夫礼[21]。拜子并为郎中,后官至齐相[22]。

——《后汉书·卷七十七》

◆ 注 释

1.董宣:字少平,陈留(今河南)人。为人刚正勇敢,不阿权贵,然为政稍失于严猛。

2. 此文选自董宣传,董宣先官北海相,又为江夏太守,后又任洛阳令,故曰"后特征为洛阳令"。时大县长官为令,小县长官为长,洛阳是京县,大县,故长官为令,且洛阳令品秩较高,高于他县。
3. 湖阳公主:汉光武帝刘秀的姐姐。苍头:私家所属的奴仆,即家奴。
4. 匿:躲藏。主:湖阳公主。得:捕,捉。两句意为:杀人者藏在公主家中,官吏抓不到他。
5. 及主出行:到公主外出时。以奴骖乘:让杀人者陪乘,即公主让杀人奴与自己同乘一车,古代乘车之法,尊者居左,御者居中,又一人在车之右,以备倾侧,曰骖乘。
6. 夏门亭:地名。候:等候。驻车叩马:意为拦住马,止住车。
7. 以刀画地:用刀在地上画一痕迹,不准公主之车越过。大言数主之失:大声数落公主的过失。叱:呵斥、喝令。格杀:击杀。
8. 主:湖阳公主。棰杀:用鞭子抽打而致之死,棰:音 chuí,鞭打。
9. 乞:请,乞一言而死,请让我说一句话再死。
10. 中兴:刘秀本是汉代皇族,王莽篡汉,他起兵,后削平各地割据势力,统一全国,重建刘汉政权,故曰中兴。
11. 楹:音 yíng,厅堂前部的柱子。流血被面:血流满面,被:音 pī,通"披"。
12. 小黄门:宦官。持:拉,摁,按。谢主:向公主赔罪。
13. 强使顿之:即小黄门按其头,强迫董宣低头赔罪。据地:撑住地。不肯俯:不肯低头。
14. 文叔:即指刘秀。白衣:平民、百姓。藏亡匿死:藏匿朝廷的逃亡者或死罪的罪犯。威不能行一令乎:威严不能制服一个县令吗?
15. 因:因而,接着。敕:命令。强项令:即指董宣,因光武帝使小黄门按其头颈,使之向公主叩头认罪,而董宣硬挺脖颈,拒不叩头,又因董宣时官洛阳令,故光武帝称之强项令,意为硬脖子县令。项:脖颈。强:强硬。
16. 悉:全部、都。班诸吏:把这三十万钱分给各位下属官吏。
17. 豪强:豪绅、恶霸。震栗:震惊恐怖。
18. 枹:音 fú,同"桴",击鼓槌。董少平:即董宣。
19. 卒于官:死于任上。
20. 斛:音 hú,粮食容器,十斗为一斛。敝车一乘:破车一辆。
21. 伤:感伤,悲伤。二千石:汉代官秩的高等级。郡太守多为此品级,董

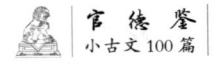

宣曾任江夏太守，故曰尝为二千石。赐艾绶：绶是系印纽的丝带，艾绶，即青绶，是九卿、中二千石、二千石的印绶，有青、白、红三彩，官职级别不同，绶的颜色、规格也不同，公侯、将军为紫绶，二千石为青绶，千石、六百石为黑绶，四百石以下黄绶。

22. 并：董宣之子名。齐相：诸侯国齐国的辅相。郎中：官名。

◇赏　析

　　董宣的可称之处在于他为人勇敢、刚正，不阿权贵，不屈于权势。他以区区县令，竟敢抗公主，违命令，而无所畏惧。为使杀人犯伏诛，尽自己的职责，他能不顾自己的生命，且能大声斥责公主的过失，又敢硬挺脖颈，不向权贵低头，真可谓刚勇非凡，正气浩然。

　　董宣为官，勇敢、公正、俭朴、清廉、耿直、疾恶六德具备，皆可称道。然其持政猛有余而宽不足，乃其为政之失也。

25 古弼果敢犯皇帝[1]

上谷民上书,言苑囿过度,民无田业,乞减太半,以赐贫人[2]。弼览见之,入欲陈奏,遇世祖与给事中刘树棋,志不听事[3]。弼侍坐良久,不获申闻。乃起,于世祖前捽树头,掣下床,以手搏其耳,以拳殴其背曰:"朝廷不治,实尔之罪[4]!"世祖失容放棋曰:"不听奏事,实在朕躬,树何罪?置之[5]!"弼具状以闻[6]。世祖奇弼公直,皆可其所奏,以丐百姓[7]。弼曰:"为臣而逞其志于君前者,非无罪也。"乃诣公车,免冠徒跣,自劾请罪[8]。世祖遣使者召之,及至,世祖曰:"卿其冠履[9]。吾闻筑社之役,蹇蹶而筑之,端冕而事之,神与之福[10]。然则卿有何罪?自今以后,苟利社稷,益国便民者,虽复颠沛造次,卿则为之,无所顾也[11]。"

世祖大阅,将校猎于河西[12]。弼留守,诏以肥马给骑人[13],弼命给弱者。世祖大怒曰:"尖头奴,敢裁量朕也!朕还台,先斩此奴[14]。"弼头尖,世祖常名之曰笔头,是以时人呼为笔公。弼属官惶怖惧诛[15]。弼告之曰:"吾以为事君使畋猎不适盘游[16],其罪小也。不备不虞,使戎寇恣逸[17],其罪大也。今北狄孔炽,南虏未灭,狡焉之志,窥伺边境,是吾忧也[18]。故选肥马备军实,为不虞之远虑。苟使国家有利,吾何避死乎!明主可以理干,此自吾罪,非卿等之咎[19]。"世祖闻而叹曰:"有臣如此,国之宝也!"赐衣一袭[20]马二匹、鹿十头。后车驾畋于山北,大获麋鹿数千头,诏尚书发车牛五百乘以运之。世祖寻[21]谓从者曰:"笔公必不与我,汝辈不如马运之速。"遂还。行百余里而弼表至[22],曰:"今

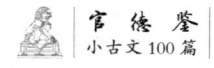

秋谷悬黄，麻菽布野[23]，猪鹿窃食，鸟雁侵费，风波所耗，朝夕参倍[24]。乞赐矜缓[25]，使得收载。"世祖谓左右曰："笔公果如朕所卜[26]，可谓社稷之臣。"

——《魏书·卷二十八》

◆ 注 释

1. 古弼：代（地名，今属山西）人，官至侍中、吏部尚书、尚书令、司徒，封为建兴公，为官敢作敢为。
2. 上谷：郡名，辖境相当今河北西北部。苑囿：古代帝王占用山林供其游玩或打猎，即是苑囿。囿：音 yòu。乞减太半：请减少大半。贫人：即贫民。其时，北魏都平城（今山西大同）。
3. 入：进宫。世祖：即北魏太武帝拓跋焘，公元424年至452年在位。给事中：官名。棋：下棋。志不听事：无心思听奏事。
4. 捽：音 zuó，揪。掣：音 chè，拽、拉。床：座位。搏：揪、拧。殴：打、砸。
5. 失容：变色。置之：放开他。
6. 具状以闻：把上谷民上书的事详细奏明皇帝。
7. 丐：给。
8. 诣：赴，去，到。公车：即公车令，汉设公车司马令，秩六百石，魏晋南北朝沿置，唐废。免冠徒跣：摘掉帽子光着脚，此是认罪的表示。
9. 卿其冠履：冠音 guàn，意为戴上帽子，履意为穿上鞋，其表示祈使。
10. 筑：建设。社：指祭祀土地神的社庙。蹇：音 jiǎn，本指跛足，此指不稳，不正。蹶：音 jué，倒。端冕：庄重、恭敬。此句意为：我听说筑造土地神的社庙时可以简陋些，但祭祀时却要恭敬，严肃，这样，神就会赐福于他。
11. 然则：既然如此，那么。颠沛造次：困顿忙乱。
12. 阅：阅兵，检阅。河西：北朝时河西指今山西吕梁山以西的黄河以西地区。
13. 留守：皇帝外出时委任重臣或王子代理朝政为留守。诏以肥马给骑人：太武帝命令古弼把肥马给骑兵去打猎。
14. 裁量：管制，主宰。台：本指尚书台、御史台等中央机构，因这些机构皆在京城，故此处台代指京城。
15. 属官：下属官员。惶怖惧诛：恐惧而怕被杀。诛：杀。

16. 畋猎：即打猎，畋，音 tián，打猎。盘游：游乐。
17. 虞：估料，不虞，估料不到的，即意外。戎寇：外族入侵者。恣逸：放纵，任意驰骋。
18. 北狄：北面的少数民族。孔：甚。炽：嚣张。南虏：对南方政权的贬称，此指南朝的刘宋政权。
19. 理：道理。干：改变，打动。咎：过错。
20. 袭：衣服的一整套为一袭。
21. 寻：不久，即指发诏令后不久。
22. 表：奏章。
23. 秋谷悬黄：谓谷物已成熟。麻：古代用麻织布，乃是平民的布料。菽：豆类通称。
24. 风波：此指风雨等自然现象。耗：耗费。参倍：叁倍，参通"叁"。
25. 矜缓：意为爱惜谷菽而暂缓畋猎游乐。
26. 卜：估量，推测。

◇赏 析

　　古弼之殴打刘树，实是怨帝不听奏事之故，又敢于违抗诏命，以弱马代肥马，可见他为官刚正果敢，无畏勇为。
　　对于上司，固然应该尊重，但若上司有过，却不能唯命是从，而应勇于抗争，以力求避免损失，若能匡正救失，利国、利民、利上司，亦利自身，此魏征所谓良臣也。

26 于烈抗权贵[1]

世宗即位，宠任如前[2]。咸阳王禧为宰辅，权重当时[3]，曾遣家僮传言于烈曰："须旧羽林虎贲执仗出入，领军可为差遣[4]。"烈曰："天子谅暗，事归宰辅，领军但知典掌宿卫，有诏不敢违，理无私给[5]。"奴惘然而返，传烈言报禧。禧复遣谓烈曰："我是天子儿，天子叔，元辅之命[6]，与诏何异？"烈厉色而答曰："向者亦不道王非是天子儿、叔。若是诏，应遣官人，所由遣私奴索官家羽林[7]，烈头可得，羽林不可得！"禧恶烈刚直，遂议出之[8]，乃授使持节、散骑常侍、征北将军、恒州刺史[9]。烈不愿藩授，频表乞停。辄优答弗许[10]。烈乃谓彭城王勰曰："殿下忘先帝南阳之诏乎？而逼老夫乃至于此[11]。"遂以疾固辞。

世宗以禧等专擅，潜谋废之[12]。会二年正月初祭，三公并致斋于庙[13]，世宗夜召烈子忠谓曰："卿父忠允贞固，社稷之臣。明可早入，当有处分[14]。"忠奉诏而出。质明[15]，烈至，世宗诏曰："诸父慢怠，渐不可任，今欲使卿以兵召之，卿其行乎？"烈对曰："老臣历奉累朝，颇以干勇赐识[16]。今日之事，所不敢辞。"乃将直阁已下六十余人，宣旨召咸阳王禧、彭城王勰、北海王祥，卫送至于帝前[17]。诸公各稽首归政[18]。以烈为散骑常侍、车骑大将军、领军，进爵为侯，增邑三百户，并前五百户[19]。自是长直禁中，机密大事，皆所参焉[20]。

——《魏书·卷三十一》

◆注 释

1. 于烈：代（今属山西）人，为人耿直刚正，不阿权贵，果勇敢为。
2. 世宗：即北魏宣武帝元恪，公元500年至516年在位。宠任如前：此指于烈而言，孝文帝元宏时，于烈深受信用，宣武帝元恪亦信任之，故曰宠任如前。
3. 咸阳王禧：字永寿，献文帝的儿子，孝文帝元宏的弟弟，孝文帝有六个弟弟，即元禧、元干、元雍、元羽、元勰、元详，太和二十三年（公元499年），孝文帝崩，其次子恪即位，是为世宗宣武帝，年仅十六，而其叔父咸阳王禧、北海王详、彭城王勰三人把持朝政，势倾天下。宰辅：辅佐皇帝，主宰朝政的重臣。
4. 家僮：家奴。羽林是皇帝的卫队，虎贲是卫队中的勇士。仗：仪仗。领军：此指于烈，时于烈官任领军将军，是负责皇宫保卫的要职官员。
5. 谅暗：古读 liàng ān，意为天子居丧，时孝文帝新崩，世宗即位而居丧。典掌：掌管，负责。宿卫：保卫，保安。有诏不敢违，理无私给：意为没有皇帝诏命，不敢私自差遣禁卫军。
6. 元辅：即首辅，第一位的辅臣。
7. 向者：以前。索：求，要。
8. 恶：音 wù，恨，憎。出之：从朝中排挤出去。
9. 使：官名。节：符，出外任职的重臣所持的代表朝廷的信物。咸阳王禧欲令于烈以散骑常侍、征北将军衔任恒州刺史。恒州：北魏太和十七年（公元493年）改司州置，治所在平城（今山西大同市西北），辖境相当今山西北部内长城以北，河北蔚县、阳原和内蒙古与山西临近的南部地区。
10. 此句意为：于烈不愿接受藩镇职务，几次上表请求改变任命，都未得允许。优答：鼓励其任职的答复。弗许：不答应其请求。
11. 彭城王勰：字彦和，献文帝六子，初封始平王，后改封彭城王。南阳之诏：内容不详。
12. 潜谋：暗中谋划。
13. 会：赶上，遇到。二年：即景明二年（公元501年）。初祭：宗庙祭祀。三公并致斋于庙：三公向宗庙献斋，此是一种礼仪。
14. 忠允贞固：忠诚坚贞。处分：差遣。
15. 质明：天亮时。
16. 颇以干勇赐识：颇：很，干勇：果敢勇猛，赐识：得到赏识。

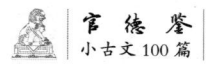

17. 将：率领。直阁：皇宫卫士中在殿阁值班者。卫送：实为押送。
18. 诸公：即指三王，时三王位居三公。稽首：跪拜叩头。归政：把大权交归皇帝。
19. 散骑常侍：是皇帝的亲近职官。车骑大将军：是地位极高的军职。领军：皇宫卫戍部队长官，亦为皇帝亲信重臣。进爵为侯：此前孝文帝封于烈为聊城县开国子，食邑二百户，进爵即升其爵位。
20. 长直禁中：长期在皇宫内值班。直：通"值"。禁中即皇宫内。参：参与。

◇赏 析

　　三王皆皇子、皇弟、皇叔，尊贵至极，又值新皇年幼，三王把持朝政，势倾天下。俗人阿谀奉承犹恐不及，哪敢抗之；而于烈刚勇无畏，立身以正，不屈权贵，不顾性命，其浩然正气，赫然而见矣。

27 乐运舆榇斥帝失[1]

运字承业，南阳淯阳人[2]。……

天和初，起家夏州总管府仓曹参军[3]，转柱国府记室参军。寻而临淄公唐瑾荐为露门学士[4]。前后犯颜屡谏高祖，多被纳用。建德二年[5]，除万年县丞。抑挫豪右，号称强直。高祖嘉之，特许通籍，事有不便于时者，令巨细奏闻[6]。高祖尝幸同州，召运赴行在所[7]。既至，高祖谓运曰："卿来日见太子不？"运曰："臣来日奉辞[8]。"高祖曰："卿言太子何如人？"运曰："中人也。"时齐王宪以下，并在帝侧[9]。高祖顾谓宪等曰："百官佞我，皆云太子聪明睿知[10]，唯运独云中人，方验运之忠直耳。"于是因问运中人之状。运对曰："班固以齐桓公为中人，管仲相之则霸，竖貂辅之则乱[11]。谓可与为善，亦可与为恶也。"高祖曰："我知之矣。"遂妙选宫官，以匡弼之。仍超拜运京兆郡丞[12]。太子闻之，意甚不悦。

及高祖崩，宣帝嗣位。……自是德政不修，数行赦宥。运又上疏……帝亦不纳[13]，而昏暴滋甚。

运乃舆榇诣朝堂，陈帝八失。

一曰：内史御正，职在弼谐[14]，皆须参议，共治天下。大尊比来小大之事，多独断之。尧舜至圣，尚资辅弼，比大尊未为圣主，而可专恣己心？凡诸刑罚爵赏，爰及军国大事，请参诸宰辅，与众共之[15]。

二曰：内作色荒，古人重诫。大尊初临四海，德惠未洽[16]，

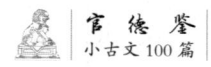

先搜天下美女，用实后宫；又诏仪同以上女，不许辄嫁[17]。贵贱同怨，声溢朝野。请姬媵非幸御者[18]，放还本族。欲嫁之女，勿更禁之。

三曰：天子未明求衣，日旰忘食，犹恐万机不理，天下拥滞[19]。大尊比来一入后宫，数日不出。所须闻奏，多附内竖。传言失实，是非可惧。事由宦者，亡国之征。请准高祖，居外听政[20]。

四曰：变故易常，乃为政之大忌；严刑酷罚，非致治之弘规。若罚无定刑，则天下皆惧；政无常法，则民无适从，岂有削严刑之诏未及半祀[21]，便即追改，更严前制？政令不定，乃至于是。今宿卫之官，有一人夜不直者，罪至削除[22]；因而逃亡者，遂便籍没[23]。此则大逆之罪，与十杖同科[24]。虽为法愈严，恐人情愈散。一人心散，尚或可止，若天下皆散，将如之何。秦纲密而国亡，汉章疏而祚永[25]。请遵轻典，并依大律。则亿兆之民，手足有所措矣[26]。

五曰：高祖斫雕为朴[27]，本欲传之万世。大尊朝夕趣庭，亲承圣旨[28]。岂有崩未逾年，而遽穷奢丽[29]，成父之志，义岂然乎。请兴造之制，务从卑俭。雕文刻镂，一切勿营。

六曰：都下之民，徭赋稍重。必是军国之要，不敢惮劳。岂容朝夕征求，唯供鱼龙烂漫，士民从役，祇为俳优角觚[30]。纷纷不已，财力俱竭，业业相顾[31]，无复聊生。凡此无益之事，请并停罢。

七曰：近见有诏，上书字误者，即治其罪。假有忠谠之人[32]，欲陈时事，尺有所短，文字非工，不密失身，义无假手，脱有舛谬，便陷严科[33]。婴径尺之鳞[34]，其事非易，下不讳之诏，犹惧未来，更加刑戮，能无钳口！大尊纵不能采诽谤之言，无宜杜献书之路[35]。请停此诏，则天下幸甚。

八曰：昔桑谷生朝，殷王因之获福[36]。今玄象垂诫[37]，此亦兴周之祥。大尊虽减膳撤悬，未尽销谴之理³⁸。诚愿谘诹善道，修布德政，解兆民之愠，引万方之罪，则天变可除，鼎业方固³⁹。大尊若不革兹八事，臣见周庙不血食矣⁴⁰。

帝大怒，将戮之。内史元岩给帝⁴¹曰："乐运知书奏必死，所以不顾身命者，欲取后世之名。陛下若杀之，乃成其名也。"帝然之，因而获免。翌日⁴²，帝颇感悟。召运谓之曰："朕昨夜思卿所奏，实是忠臣。先皇明圣，卿数有规谏。朕既昏暗，卿复能如此。"乃赐御食以赏之。朝之公卿，初见帝盛怒，莫不为运寒心⁴³。后见获宥⁴⁴，皆相贺以为幸免虎口。

——《周书·卷四十》

◆注　释

1. 舆榇：用车载着棺材。舆：车也，此意为用车拉。榇：音 chèn，棺材。帝：指北周宣帝宇文赟（yūn），他是周武帝宇文邕（yōng）之长子，建德元年（公元572年）立为太子，宣政元年（公元578年）即位。他荒淫无道，逼淫先帝宫人，广择美女入宫，纵情声乐，好自夸，拒谏诤，酗酒作乐，大营宫殿，穷奢极欲，不恤朝政，多所猜忌，群众小有乖违，辄加楚挞。乃是一位昏君暴主。

2. 淯（yù）阳：时属南阳，今属河南。

3. 天和：周武帝年号，公元566年到572年。起家：指最初为官。夏州：当时行政区域，辖境相当今陕西北部及内蒙古南部一带。总管府：北周武成元年（公元559年），改都诸州军事为总管，为地方高级军政长官，府，即其官署。仓曹参军：负责物资供应的官员。

4. 柱国：官名，即柱国大将军。府：亦其官署。记室参军：负责章奏书记的官员。唐瑾：字附璘，官至吏部尚书，礼部中大夫，吏部中大夫，纳言中大夫，为人有才，性廉洁。寻：不久。

5. 建德二年：即公元573年。

6. 除：任命。万年：县名，北周时治所在京都长安（今西安市西北）。县丞：县令的副手。抑挫豪右：抵制豪强。通籍：籍是挂在宫门外写有姓名、身份的竹片，以备出入宫门时查对。"通籍"即记名于门籍，可以进出宫门。乐运官职低，故特许。巨细：谓大小。

7. 高祖：即周武帝宇文邕，公元561年至578年在位。同州：西魏废帝三年（公元554年）改华州置，治所在武乡（今陕西大荔）。行在：皇帝外出所居之地。

8. 来日：离京来同州的那天。太子：即武帝长子宇文赟。奉辞：告辞。

9. 中人：常人，一般人。齐王宪：宇文泰第六子，武帝之六弟。

10. 佞：音nìng，用花言巧语谄媚人。睿：音ruì，明智、智慧。知：通"智"。

11. 班固：东汉史学家，《汉书》作者。齐桓公先用管仲而成霸业，管仲死后，任用竖貂，易牙、开方等，导致齐国内乱，桓公死而不葬，尸腐虫生。

12. 妙选：精选。宫官：指东宫官属，即太子的属官。匡：匡正。弼：辅佐。

13. 宣帝：即上文的太子。乐运此前曾上书，而帝不纳，故曰："又""亦"。

14. 内史御正：官名。弼谐：即辅佐。

15. 大尊：指皇帝。尚：还。资：借助，资助。恣：放纵。爰：音yuán，乃，爰及：乃及。

16. 洽：音qià，沾润。

17. 诏：命令。仪同：官爵名，即仪同三司。

18. 姬媵：即妃嫔。媵：音yìng，非幸御者：皇帝不接近者。

19. 旰：音gàn，晚。拥滞：即壅滞，指政事得不到及时处理。

20. 内竖：指太监。准：以为榜样、标准。

21. 削：削除、削减。半祀：即半年，商代称年为祀。

22. 宿卫：在宫禁中值宿警卫。直：通"值"。削除：除名，开除。

23. 籍没：登记并没收财产。

24. 大逆：指谋反。十杖：用棍棒打十下的最轻刑罚。科：指法律条文。

25. 纲、章：均指法律，密意为严酷，疏："疏"的异体字，意为宽疏。祚：音zuò，皇位，指国运。永：长久。

26. 遵：遵照、实行。轻典：即宽疏的法典。兆：数目，百万为兆。

27. 斫雕：意为制造，指所用器物的制造，朴即朴素。

28. 趣：去，趋。庭：朝堂。承：承受。圣旨：指明圣的意旨，此指朴素而言。

29. 崩未逾年：指武帝宇文邕死后不到一年。遽：突然，猛然。穷：极、非常。

30. 鱼龙烂漫：喻指各种玩乐戏耍活动。祇：只也。俳优：以各种技艺为生的艺人，古代视之为低贱者。俳：音pái。角觚：即角抵，觚是抵的异体字。
31. 业业：畏惧貌。
32. 假：假设，假如。谠：音dǎng，正直。
33. 不密失身，义无假手：陈时事不严密就会招致灾祸，故遵守道义不会求助别人，以免累及他人。脱有舛谬，便陷严科：如有错误，就陷入严法所惩罚。
34. 婴径尺之鳞：婴通"撄"，触犯。径尺之鳞：指逆鳞，此句意为批逆鳞，喻指臣子进谏而冒犯皇帝，语出《韩非子.说难》："夫龙之为虫也柔，可狎而骑也。然其喉下有逆鳞径尺，若人有婴之者，则必杀人。人主亦有逆鳞，说者能无婴人主之逆鳞，则几矣！"
35. 能无钳口：怎能不闭口无言。诽谤之言：指批评的言论。无宜：不应该。杜：杜绝。献书：指上书言事。
36. 传商王太戊时，都城发生一件怪事、一颗桑树和一颗构树连生在一起，且此树长得特别快，一夜就长了碗口粗，此事被视为凶兆，太戊很害怕，以为殷商政权会面临灾难，伊陟劝太戊修德，太戊接受，怪树很快死去，政权也未受伤害。
37. 玄象：即天象。垂诫：降下警诫，古人迷信，常把自然现象视为上天对政治的褒扬或警诫。
38. 减膳：减少饭食，少吃。撤悬：悬指乐悬，是悬挂钟磬的架子，钟磬是一种乐器，故撤悬意为撤乐，减膳撤悬是应灾异而采取的自我惩罚的形式。销谴：此指消除灾异。
39. 谘諏善道：询问征求正确的治国道理。愠：怒。鼎业方固：意为江山才稳固，鼎即九鼎，古代传国重器，为国家、政权的象征。业：即指帝业。
40. 革：除。兹：此。周庙：北周的宗庙。血食：受祭祀，因祭祀有牲牢，故称血食。
41. 内史：官名。元岩：字君山，河南洛阳人，仕周官至兵部尚书，爵为平昌郡公；后仕隋，官为益州总管长史，相蜀王杨秀，为官以严正见称，为人以耿直闻名。绐：音dài，骗，谎言，此是元岩为救乐运而假骗宣帝。
42. 翌日：第二天。
43. 寒心：担心，害怕，若寒而发抖。
44. 获宥：得到宽恕、饶恕。

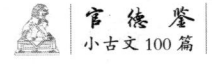

◇赏 析

　　人皆言太子聪明睿智，唯独乐运敢于公然言太子为中人，这说明他既不想取悦于太子，又不想施媚于皇帝。同时也说明他生性耿直敢言，刚正不阿。若无公正刚直之资，岂敢贬评未来皇帝。更有甚者：乐运明知宣帝昏暴，指斥其失，将有杀身之祸，而他却能奋不顾身，勇而无畏，锐意殉职，载棺斥帝。真可谓竭力匡救，舍身为国，大义凛然，铁骨铮铮。这种献身尽职的行为，非常人所能为，亦非常人所敢为，乐运能为敢为，所以他能够史册留名，光耀古今，不失为千古少见的一代诤臣。

28 赵绰执法不惜身

赵绰，河东人也，性质直刚毅[1]。

……

高祖受禅，授大理丞[2]。处法平允，考绩连最[3]，转大理正。寻迁尚书都官侍郎，未几转刑部侍郎。治梁士彦等狱，赐物三百段[4]，奴婢十口，马二十匹。每有奏谳[5]，正色侃然，上嘉之，渐见亲重。上以盗贼不禁，将重其法。绰进谏曰："陛下行尧、舜之道，多存宽宥[6]。况律者天下之大信，其可失乎！"上忻然纳之[7]，因谓绰曰："若更有闻见，宜数陈之也。"迁大理少卿。故陈将萧摩诃[8]，其子世略在江南作乱，摩诃当从坐。上曰："世略年未二十，亦何能为！以其名将之子，为人所逼耳。"因赦摩诃。绰固谏不可，上不能夺[9]，欲绰去而赦之，固命绰退食。绰曰："臣奏狱未决，不敢退朝。"上曰："大理其为朕特赦摩诃也[10]。"因命左右释之。刑部侍郎辛亶，尝衣绯裈，俗云利于官，上以为厌蛊[11]，将斩之。绰曰："据法不当死，臣不敢奉诏。"上怒甚，谓绰曰："卿惜辛亶而不自惜也？"命左仆射高颎将绰斩之[12]，绰曰："陛下宁可杀臣，不得杀辛亶。"至朝堂，解衣当斩，上使人谓绰曰："竟何如？"对曰："执法一心，不敢惜死。"上拂衣而入，良久乃释之[13]。明日，谢绰，劳勉之，赐物三百段。时上禁行恶钱，有二人在市，以恶钱易好者，武侯执以闻，上令悉斩之[14]。绰进谏曰："此人坐当杖，杀之非法。"上曰："不关卿事。"绰曰："陛下不以臣愚暗，置在法司，欲妄杀人，岂得不关臣事？"上曰："撼大木不动者，当退。"对曰："臣望感天心，何论动木[15]！"上复曰："啜羹者，热则置之。天子之威，欲相挫耶[16]？"绰拜而益前，诃之不肯退[17]。上遂入。治书侍御史柳彧复上奏切谏[18]，上乃止。上以绰有诚直之心，每引入合中，或遇上与皇后同榻[19]，即呼绰坐，评论得失。前后赏赐万计。其后进位开府，赠其父为蔡州刺史[20]。

——《隋书·卷六十二》

◆ 注 释

1. 河东：今山西，因在黄河之东，故称。质：质朴。直：耿直。
2. 高祖受禅：隋文帝杨坚，弘农华阴（今属陕西）人，北周时袭父爵为隋国公，其女为北周宣帝之后，静帝年幼即位，他任丞相，总揽朝政，封隋王，大定元年（公元581年）废静帝自立，建隋朝，公元581年至604年在位；受禅：意为受禅让，此乃史家之婉转之辞。大理丞：大理寺官员，下文大理正亦然。
3. 处法平允：执法公平。考绩连最：考察政绩时连续为第一。
4. 梁士彦：字相如，安定乌氏（今甘肃泾川）人，官至仪同三司、上开府、上柱国，封郕国公，多有战功，后以谋反罪被诛。治：审理。物：布帛。段：犹匹。
5. 谳：音yàn，议罪，定谳。
6. 不禁：不止。宽宥：宽大、赦罪、赦免。
7. 忻然：即欣然。
8. 萧摩诃：字元胤，兰陵（今属山东）人，初仕陈，官至侍中、骠骑大将军，封绥建郡公。隋灭陈，仕隋，授开府仪同三司，他是一位名将，以勇武称。后与汉王谅谋逆伏诛。
9. 夺：改变其意志。
10. 大理：大理寺，时赵绰官为大理少卿，故称。其：表示希望，请求。
11. 衣：穿。绯：音fēi，红色。裈：音kūn，裤子。俗云利于官：当时流传，穿红裤子有利于当官。厌蛊：古代迷信，采用一定方式，以求趋吉避凶。
12. 自惜：珍惜自己。高颎：字昭云，渤海蓨（今河北景县）人，事文帝、炀帝二朝,为人强明,又习兵事,多谋略。将绰斩之:带着赵绰去杀他。之:代赵绰。
13. 竟何如:到底怎么样。拂:抖动,拂衣是生气的表现。良久:很长时间。
14. 恶钱:铸造不好的钱币。易:换。武侯:官职名。执:抓。闻:上奏皇帝。悉:都。
15. 撼:摇。大木:大树。天心:指皇帝心意。
16. 啜:喝。羹:汤。此句意为:喝汤的人,热就放下。挫:犯触、抵制。
17. 益:更加。前:靠前。诃:同"呵",呵斥。
18. 治书侍御史:官职名。柳彧:字幼文,河东解(今属山西)人,为官正直、廉洁,亦为杨坚所重。
19. 合中:此指内宫,即皇帝寝宫。或:有时。同榻:同坐。
20. 开府:官职级别,可成立官署,汉代仅三公、大将军、将军可以开府,以后开府者渐多,级别亦有所降低。蔡州刺史是隋文帝为表彰奖励赵绰而给其父的赠官,而非实职,赠官是赠予某官衔,而非实任其职。

◇赏 析

赵绰执法公正平允,已是难能可贵,而更可贵的是他那种"执法一心,不敢惜死"的刚勇不屈的精神。为执法而犯帝怒,解衣当斩竟毫无惧色,不改初衷,坚志不移,确有一种为执法而献身的气势。后又犯帝怒,文帝喻以憾木、啜羹,以相威胁,他依然守正不移,勇而无畏,面折廷争,不屈不挠。这种勇于抗争,无私无畏的精神是极为可贵的,无论是古代还是今天,为官理政,维护国法政纪的尊严,必须有这种精神。

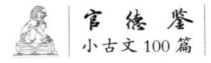

29 李元紘断案[1]

元紘少谨厚。初为泾州司兵,累迁雍州司户[2]。时太平公主与僧寺争碾硙[3],公主方承恩用事,百司皆希其旨意[4],元紘遂断还僧寺。窦怀贞为雍州长史[5],大惧太平势,促令元紘改断[6],元紘大署判后[7]曰:"南山或可改移,此判终无摇动。"竟执正不挠,怀贞不能夺之[8]。

——《旧唐书·卷九十八》

◆ 注 释

1. 李元紘:京兆万年(今陕西西安)人,官至户部侍郎、中书侍郎、同中书门下平章事、银青光禄大夫,为人正直刚勇,清俭无私。
2. 泾州:在今甘肃泾州一带。雍州:唐代雍州辖境相当今陕西秦岭以北、乾县以东、铜川以南、渭南以西地。司兵、司户:皆官名,秩皆从七品下。
3. 太平公主:高宗少女也,武则天所生,神龙元年(公元705年),封为镇国太平公主,贵盛无比,日益骄横,奴仆达千人,食邑达万户,唐隆元年(公元710年),参与李隆基(即后来的玄宗)发动的宫廷政变,杀韦后和安乐公主,拥立睿宗,她开府置官属,把持朝政,多引亲党,宰相多出其门,后玄宗即位,她又阴谋政变,谋泄被杀。碾硙(wèi):磨面器具,硙即石磨。
4. 承恩用事:意为受宠专权,用事即执政专权。百司:所有官署、官员。希:意为视看。
5. 窦怀贞:太穆窦皇后(唐高祖李渊后)之侄,官至侍中、御史大夫、尚书左仆射,赐爵魏国公,他先附韦皇后,又附太平公主,先天二年(公元713年),太平公主逆谋事泄,窦怀贞惧罪,投水而死,戮其尸。李元紘为雍州司户,秩七品,窦怀贞为雍州长史,秩从五品上,乃是李元紘上司。
6. 大惧:很怕,特别怕。促:催促。

7. 大署判后：用大字写在判词后面。
8. 竟：最后。不挠：不屈。夺：改变其立场。

◇赏 析

　　太平公主出身尊贵，又把持朝政，引用亲党，权势无比，故百司多欲附之，以求仕途急趋。唯李元纮公正无私，不阿权贵，断案公平，不附公主，此已甚为难能可贵。尤其是上司逼其改判之时，他大署判后之词，充分表明他威严守正，雄壮勇敢，刚勇不屈，气势凛然，铁骨铮铮。为官就该像李元纮这样见义勇为，就该这样英勇顽强。

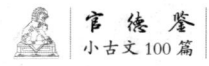

30 李朝隐抑权贵

李朝隐,字光国,京兆三原[1]人。……

迁侍御史、吏部员外郎。时政出权幸,不关两省而内授官[2],但斜封其状付中书,即宣所司[3]。朝隐执罢千四百员,怨诽讙腾,朝隐胖然无避屈[4]。迁长安令,宦官闾兴贵有所干请,曳去之[5]。睿宗嘉叹,后御承天门,对百官及朝集使褒谕其能,使偏闻之[6]。进太中大夫一阶,赐中上考、绢百匹,以旌刚烈[7]。成安公主夺民园,不酬直,朝隐取主奴杖之,由是权豪敛伏[8]。为执政所挤,出通州都督,徙绛州刺史[9]。开元初,迁吏部侍郎,铨叙明审,与卢从愿并授一子官[10]。久之,以策县令有下第,降滑州刺史,徙同州[11]。玄宗东幸,召见慰劳,赐以衣、帛。擢河南尹,政严清,奸人不容息。太子舅赵常奴怙势横闾里,朝隐曰:"此不绳,不可为政。"执而搒辱之,帝赐书慰勉[12]。

——《新唐书·卷一百二十九》

◆注 释

1. 京兆三原:即今陕西三原县。
2. 两省:中书省和门下省,是两个最高权力机构。
3. 斜封:公主、皇妃私自授官的文书。《新唐书·卷一百一十二·柳泽传》中载:"中宗时,长宁(中宗第四女)、宜城(中宗次女)、安定(中宗第三女)诸公主及后女弟、昭容上官(中宗妃)与其母郑、尚宫柴(皇妃)、陇西夫人赵(皇妃)及姻连数十族,皆能降墨敕授官,号斜封。"宣:宣告。所司:有关部门。
4. 怨诽讙腾:抱怨和诽谤之声喧哗翻腾。讙:喧哗。胖(pán)然:本意为安泰舒适，此意为处之泰然。
5. 唐制，京兆，河南、太原三府等级高于其他州府，其尹为从三品，万年、长安、河南、洛阳、太原、晋阳六县谓为京县，其令秩高，为正五品上。干请：干预政务，有所要求。曳：音 yè，拖。
6. 睿宗：李旦，先后两次在位。褒谕：表彰。偏：通"遍"。
7. 太中大夫：散官名。旌：表彰。
8. 成安公主：中宗女，字季姜，始封新平，下嫁韦捷。不酬直：不给钱，直同"值"。主奴：公主的仆人。敛伏：收敛、隐伏。
9. 通州：辖境相当今四川达县、宣汉、开江、万源、城口等县地，治所在石城，（今达县）。都督：地方军政长官。绛州：辖境相当于今山西曲沃、稷山、新绛、绛县、翼城、垣曲、闻喜等县地，唐代治所在正平（今新绛）。
10. 开元：唐玄宗年号。铨叙：按资历或劳绩核定官职的授予或升迁。卢从愿：字子龚，临漳（今属河北）人，后官至中书侍郎、工部尚书、刑部尚书，曾官吏部侍郎，铨总六年，以平允称，李朝隐与卢从愿二人皆以铨叙平允而得到授一子官的奖励。
11. 策县令有下第：意为他所安排任命的县令有治状低下者，下第即下等，是考核官吏时的等级。滑州：辖境相当今河南滑县、延津、长垣等县。同州：辖境相当今陕西大荔、合阳、韩城、澄城、白水等县地，治武乡（今大荔）。
12. 太子舅赵常奴怙势横闾里：奴即指赵常的奴仆，怙：音 hù，依靠，凭恃。横：指横暴。闾里：指乡里。搒：音 péng，笞打。

◇赏 析

斜封授官，皇妃、公主所为，李朝隐执罢千四百员，可见其不畏权幸，以正抑邪，耿直可嘉。杖打成安公主之奴，搒辱太子舅之仆，实有几分打公主，搒太子舅之意，若无刚果敢为之资及浩然正气，必不敢为此。

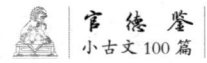

31 张钦闭关

张钦,字敬之,顺天通州人[1]。正德六年进士。由行人授御史,巡视居庸诸关[2]。

十二年七月,帝听江彬言,将出关幸宣府[3]。钦上疏谏……疏入,不报。

八月朔,帝微行至昌平,传报出关甚急[4]。钦命指挥孙玺闭关[5],纳门钥藏之。分守中官刘嵩欲诣昌平朝谒[6],钦止之曰:"车驾将出关,是我与君今日死生之会也。关不开,车驾不得出,违天子命,当死。关开,车驾得出,天下事不可知,万一有如'土木'[7],我与君亦死。宁坐不开关死,死且不朽。"顷之,帝召玺。玺曰:"御史在,臣不敢擅离。"乃更召嵩。嵩谓钦曰:"吾主上家奴也,敢不赴。"钦因负敕印手剑[8]坐关门下曰:"敢言开关者,斩。"夜草疏曰:"臣闻天子将有亲征之事,必先期下诏廷臣集议。其行也,六军翼卫,百官扈从,而后有车马之音,羽旄之美[9]。今寂然一不闻,辄云'车驾即日过关',此必有假陛下名出边勾贼者。臣请捕其人,明正典刑[10]。若陛下果欲出关,必两宫用宝[11],臣乃敢开。不然万死不奉诏。"奏未达,使者复来。钦拔剑叱之曰:"此诈也。"使者惧而返,为帝言"张御史几杀臣[12]"。帝大怒,顾朱宁:"为我趣捕杀御史[13]。"会梁储、蒋冕等追至沙河[14],请帝归京师。帝徘徊未决,而钦疏亦至,廷臣又多谏者,帝不得已乃自昌平还,意怏怏未已[15]。又二十余日,钦巡白羊口[16]。帝微服自德胜门出,夜宿羊房民舍,遂疾驰出关,数问"御史安在"?

钦闻，追之，已不及。欲再疏谏，而帝使中官谷大用[17]守关，禁毋得出一人。钦感愤，西望痛哭。于是京师盛传"张御史闭关三疏"云。明年，帝从宣府还。至关，笑曰："前御史阻我，我今已归矣"，然亦不之罪也[18]。

——《明史·卷一百八十八》

◆ 注　释

1. 顺天：府名，辖境即今北京一带。通州：即今北京通州。
2. 正德六年：公元1511年。行人：官职名，明代设行人司，置行人三十七人，职专捧节、奉使、传旨、册封等事。居庸诸关：亦称军都关、蓟门关，在北京北昌平区西北部，长城要口之一，明洪武元年（公元1368年）建，与紫荆、倒马合称"内三关"，形势险要，为交通要冲。
3. 十二年：即正德十二年，亦即公元1517年。江彬：字文宜，宣府（今河北宣化）人，官至都指挥佥事、都督佥事，专事怂恿诌媚，四次诱武宗出游，掠妇女珍宝，倍受宠信，后世宗即位，被杀。
4. 朔：每月初一为朔日。微行：微服出行。
5. 孙玺：字延信，代州人。
6. 刘嵩：太监，被指派守居庸关。
7. 此指"土木之变"，正统十四年（1449年），瓦剌贵族也先率军攻明，宦官王振挟持英宗率军五十万亲征，至大同，闻前方小败，就惊慌撤退，后王振又要英宗临幸他的家乡蔚州（治今河北蔚县），以壮其门面，行军路线屡变，至土木堡（今河北怀来东），被敌追及，仓促应战，死伤过半，英宗被俘。
8. 负敕印：身上带着盖有印玺的敕书。手剑：手按剑。
9. 六军：泛指朝廷的军队。翼卫：似羽翼一样在两侧护卫。扈：音hù，侍从。羽旄：指旗子，本是军旗的一种，以雉羽、旄牛尾装饰旗杆，故名。
10. 勾贼：指勾结瓦剌人，此指江彬而言。明正典刑：意为按刑律处之。
11. 两宫：哪两宫不详。用宝：盖印，宝指印玺。
12. 几：几乎，差点儿。
13. 顾：看，对。趣：急忙，快。朱宁：人名。
14. 梁储：字叔厚，广东顺德人，成化十四年会试第一，官至吏部尚书、太保、

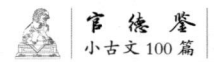

太傅、太师，弘治十年代杨廷和为首辅，帝失德，好微行，屡谏不听。蒋冕：字敬之，全州（今属广西）人，曾任礼部、户部尚书，太子太傅，曾与杨廷和诛江彬，正德之际，主昏政乱，蒋冕持正不挠，有匡弼功。沙河：地名。
15. 怏怏：音 yàng yàng，郁郁不乐貌。
16. 白羊口：地名。
17. 谷大用：太监，八党之一，曾提督西厂，天下重足屏息。
18. 不之罪：不罪之。

◇赏 析

　　武宗惑于江彬，贪图游乐，不顾朝政，且一出居庸而至宣府，即临瓦剌边界，有履险临危之忧，故张钦极力谏阻武宗，实为有胆有识之举。他敢作敢为，刚正不阿，不惧触怒皇帝，勇于干犯天威，可谓勇冠一时，无与伦比。为官理政，需要这种勇气。

第四章

宽　厚

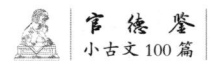

　　宽厚是一种在不违背正义的情况下,以宽容谅解的态度对待曾经伤害过自己或有意伤害自己的人,不计前嫌,以德报怨的崇高的道德情操。

　　人生在世,不可能孤立地存在,必然要与周围的人发生各种联系。而周围的人或事不可能完全符合自己的意愿和利益,于己不利者难免有之。如果对不利于己的人或事耿耿于怀,甚而伺机乘时,以图报复,时间一久,积怨必多,最终将走向孤立,为众人所非。反之,若能以宽待人,则能与人和睦,不生嫌隙,纵有嫌隙,亦可以宽化之。这样,必能获得众人赞誉,为人所重。

　　为官从政必须身有宽德。首先,要处理好自己与上司之间的关系,需有宽厚之德。上司对自己的工作安排、待遇、评价或有关决定,不可能完全符合自己的心愿,如果一不如愿,便怀恨在心,或找上司不依不饶,必然引起上司的反感,既不利于工作,又不利于自身。若能以宽对待上司、不计较上司对待自己的态度,即使是上司对自己不公平,也做到不嗔不怒。这样,早晚会得到上司的赏识而获重用,对自己、对上司、对工作都是有利的。其次,对待同事更需宽厚。从事公务和企事业管理工作,工作中往往需要和同事相互配合。要工作好,就需配合好;要配合好,就需相互待以宽厚。若相互忌恨,相互拆台,必然给工作造成损失。再次,对待自己的下属,亦须宽厚。若无宽德,恐伤下属之心,造成不满或抵触情绪,使自己的指令在下属那里搁浅,不得实行。而以宽待下,可收其心,从而充分调动下属的积极性,使之努力工作,尽力辅佐,其利博哉! 此外,对待民众,宽德更为重要。以宽待民,必得民心,得民心则可立于不败之地。若无宽德,必失人和,失人和而不败者,未之有也。总之,从事公务和企事业管理工作,无论是从哪一方面来看,都不可没有宽厚的胸怀。一言以蔽之:

有宽厚胸怀，可以为官；无宽宏大量，不可从政。

宽厚不等于软弱，两者有着鲜明的界限。宽厚是对不违背正义而伤害了或有意伤害自己的人的宽容和谅解，而软弱是对违背正义的人和事不敢斗争和抵制，过分的容忍和退让。也就是说，宽厚是对伤己不伤正义的宽容，软弱是对伤害正义的人和事的容忍，宽厚是当容忍而容忍，软弱是不当容忍而容忍。所以，宽厚与软弱有着本质的区别，不可把两者混为一谈，倡导宽厚并非赞许软弱。

宽厚与疾恶并不矛盾，两者都是为官从政所必须具备的品德。宽厚是个人受到伤害后应有的态度，疾恶是个人未受伤害而出于义愤对邪恶势力的憎恶和抵制。宽厚适用于伤己不伤公理，疾恶适用于不伤己而伤公理；宽厚务感化，疾恶务除灭。所以说宽厚无损疾恶，疾恶不伤宽厚，从事公务和企事业管理工作者应该同时具备这两种品德。

宽德是可以培养的，虽然也有天赋的成分，但后天培养亦非常重要。向古今心胸宽广者学习，就是一条培养宽德的途径。此外，找一些与宽德相关的名言警句，作为自己的行为准则，用以规范自己的言行，遇事多为他人着想，经常地进行换位思考，把严于律己、宽以待人、宽荣狭辱作为自己的信条，不断警诫自己去狭就宽，久而久之，即可养就宽德。

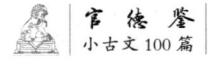

32 宽德冠世蔺相如

秦王使使者告赵王¹，欲与王为好，会于西河外渑池²。赵王畏秦，欲毋行。廉颇、蔺相如³计曰："王不行，示赵弱且怯也。"赵王遂行，相如从。廉颇送之境，与王诀曰："王行，度道里会遇之礼毕⁴，还，不过三十日。三十日不还，则请立太子为王，以绝秦望。"王许之，遂与秦王会渑池。

秦王饮酒酣，曰："寡人窃闻赵王好音，请奏瑟。"赵王鼓瑟⁵。秦御史前⁶，书曰"某年月日，秦王与赵王会饮，令赵王鼓瑟"。蔺相如前曰："赵王窃闻秦王善为秦声，请奉盆缻秦王⁷，以相娱乐。"秦王怒，不许。于是相如前进缻，因跪请秦王。秦王不肯击缻。相如曰："五步之内，相如请得以颈血溅大王矣⁸！"左右欲刃相如，相如张目叱之，左右皆靡⁹。于是秦王不怿¹⁰，为一击缻。相如顾召赵御史书曰"某年月日，秦王为赵王击缻"。秦之群臣曰："请以赵十五城为秦王寿¹¹"。蔺相如亦曰："请以秦之咸阳为赵王寿¹²。"秦王竟酒，终不能加胜于赵¹³。赵亦盛设兵以待秦¹⁴，秦不敢动。

既罢，归国，以相如功大，拜为上卿，位在廉颇之右¹⁵。廉颇曰："我为赵将，有攻城野战之大功，而蔺相如徒以口舌为劳，而位居我上，且相如素贱人¹⁶，吾羞，不忍为之下。"宣言曰："我见相如，必辱之！"相如闻，不肯与会。相如每朝时，常称病，不欲与廉颇争列¹⁷。已而相如出，望见廉颇，相如引车避匿¹⁸。于是舍人相与谏曰："臣所以去亲戚而事君者，徒慕君之高义也。

今君与廉颇同列，廉君宣恶言而君畏匿之，恐惧殊甚，且庸人尚羞之，况于将相乎！臣等不肖，请辞去[19]。"蔺相如固止之，曰："公之视廉将军孰与秦王[20]？"曰："不若也。"相如曰："夫以秦王之威，而相如廷叱之，辱其群臣，相如虽驽，独畏廉将军哉[21]？顾吾念之，强秦之所以不敢加兵于赵者，徒以吾两人在也。今两虎共斗，其势不俱生。吾所以为此者，以先国家之急而后私雠也[22]。"廉颇闻之，肉袒负荆，因宾客至蔺相如门谢罪[23]。曰："鄙贱之人，不知将军宽之至此也。"卒相与欢，为刎颈之交[24]。

——《史记·廉颇蔺相如列传》

◆注 释

1. 秦王：即秦昭襄王，公元前308年至前251年在位。赵王：即赵惠文王。
2. 为好：结友好。西河：今陕西渭南一带。渑（miǎn）池：今河南省渑池县。
3. 廉颇：战国时赵国名将，善用兵，时位为上卿。蔺相如：赵人，初为赵之宦者令缪贤舍人，后奉使秦国，不辱使命，完璧归赵，归为上大夫。
4. 诀：最后的告别，时秦为强国，曾拘楚怀王，赵王与秦王会，亦有被拘不归之忧，故曰诀。度：估计。道里：路程。会遇：会见。礼：会见的仪式。毕：结束。
5. 窃闻：听说。窃：私下。好音：喜欢音乐。瑟：古代乐器，身较琴长，有二十五根弦。鼓：弹奏。
6. 御史：史官。
7. 秦声：秦国音乐。盆缻（fǒu）：盆罐状的瓦制乐器。
8. 此句意为：我离大王很近，如不击缻，我即可和你拼命。
9. 刃：用如动词，意为杀。叱：音chì，呵斥。靡：倒下，此意为后退。
10. 不怿（yì）：不悦，不高兴。
11. 为秦王寿：给秦王祝寿（作寿礼）。
12. 咸阳：秦国的国都。
13. 竟酒：直到酒宴终了。加胜于赵：压倒赵国。
14. 盛设兵以待秦：大规模布置军队准备迎击秦的进攻。

15. 既罢：指渑池会结束以后。上卿：官员地位之最高者。右：上，前。
16. 相如素贱人：此指蔺相如初为缪贤舍人而言。
17. 列：指上朝时文武官员的排列顺序，一般以职位高低为序，蔺相如应位居廉颇之上，廉颇为此不平，故曰"争列"。
18. 已而：不久，后来。引车避匿：指挥车子躲避起来。
19. 舍人：派有专门职务的门客。相与：一起，一同。去：离开。者：表原因。臣：战国时一般人谈话，为示自谦，亦自称为臣，后来才专用于对君王自称。高义：指高尚的情操。庸人：凡人，一般人。不肖：不才，无德。
20. 孰与：表示比较，意为相比怎么样。
21. 廷叱之：在朝堂上呵斥他。驽：音 nǔ，劣马，此意为愚劣无能。独：副词，难道，偏独。
22. 顾：不过，可是。徒以：仅仅因为。雠：同"仇"。
23. 肉袒：光膀子露肉。负荆：背着荆条，是请求责罚的意思。因宾客：通过门客。
24. 卒：终于。欢：友好。为刎颈之交：成为誓同生死的好友。

◇ 赏　析

　　廉颇宣恶言，侵辱蔺相如，蔺相如避之而不争，非其懦弱，而是宽厚。他先后两次力抗秦王，足见其勇，而忍让廉颇，必是其宽。此外，先国家之急，而后私仇，可称大公。正因其公，才能待廉颇以宽，故曰：因公至宽，宽以奉公，二德相辅，蔺相如风范为高。

33 宽厚长者刘宠

　　宠少受父业[1],以明经举孝廉,除东平陵令,以仁惠为吏民所爱[2]。母疾,弃官去。百姓将送塞道,车不得进,乃轻服遁归[3]。
　　后四迁为豫章太守,又三年,迁拜会稽太守[4]。山民愿朴,乃有白首不入市井者,颇为官吏所扰[5]。宠简除烦苛,禁查非法,郡中大化[6]。征为将作大匠[7]。山阴县有五六老叟,厖眉皓发,自若邪山谷间出,人赍百钱以送宠[8]。宠劳之曰:"父老何自苦?"对曰:"山谷鄙生,未尝识郡朝。它守时吏发求民间,至夜不绝,或狗吠竟夕[9],民不得安。自明府下车以来,狗不夜吠,民不见吏[10]。年老遭值圣明,今闻当见弃去,故自扶奉送[11]。"宠曰:"吾政何能及公言邪?勤苦父老!"为人选一大钱受之[12]。
　　……累登卿相,而清约省素,家无货积[13]。尝出京师,欲息亭舍[14],亭吏止之,曰:"整顿洒扫,以待刘公,不可得止[15]。"宠无言而去,时人称其长者[16]。

——《后汉书·卷七十六》

◆ 注　释

1. 宠:即刘宠,字祖荣,东莱牟平(今山东省东部)人。少受父业:幼年从其父学儒术,其父刘丕,博学,号为通儒。
2. 以明经举孝廉:汉代选拔官吏的主要方式是使地方推荐品行端正而又有才学能力的人,供朝廷选用,任以官职,所推荐者以孝义廉洁而称者曰孝廉,以才学能力而称者曰贤良。此句意为:刘宠因精通经学,有孝行,又廉洁而被推荐为孝廉。除:任命。东平陵:县名,治所在今山东章丘西。令:县令。

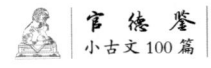

仁惠：仁爱，惠民。
3. 母疾：母亲有病。轻服遁归：因相送者堵住道路，车不能行，而弃其重物，逃回家。
4. 四迁为豫章太守：经四次迁官任豫章太守，豫章郡辖境相当于今江西省地，治所在南昌。拜：任命。会稽：郡名，辖境相当于今江苏省长江以南，茅山以东，浙江省大部及福建全省，治所在吴（今江苏苏州市），后移治山阴（今绍兴）。
5. 愿：恭谨，老实。朴：朴实，实在。乃：竟，竟然。白首：白头，指年老。市井：此指城镇。颇：很，甚。扰：干扰，扰乱其生活。
6. 简除烦苛：取消烦琐苛刻的政令。郡中大化：郡中风气大有改善。
7. 将作大匠：官职名，秩二千石，主管工程建筑，近似后代的工部尚书。
8. 山阴县：治所在今浙江绍兴，因在会稽山之阴而得名。尨眉皓发：眉毛黑白相杂，满头白发，年老之貌。尨：音 máng，杂色。若邪：山名，在会稽东南。赍：音 lài，赠，送。
9. 郡朝：指郡府，即郡太守府。发求：征收，赋敛。它守：别的太守。或狗吠竟夕：有时狗叫声一夜不停。
10. 明府：对郡太守的尊称。下车以来：即上任以来。汉代官员赴任，多乘公车，下车即从公车上下来，亦即到任。狗不夜吠，民不见吏：此指刘宠为太守，以静安民而不扰之。
11. 遭值：遭逢，赶上。圣明：是对刘宠善政的褒称。当见弃去：正要弃别我们而离去。自扶：指自己扶着拐杖。
12. 勤苦父老：使父老勤苦。人选一大钱受之：拿取每人一个大钱而收下，此为慰其意。
13. 累登卿相：刘宠先后曾任宗正、大鸿胪、司空、司徒、太尉，皆为九卿或三公，职务甚高。清约省素：清廉，省俭。
14. 欲息亭舍：想住在为官吏外出而修建的驿站邮亭里。亭舍：汉代十里一亭，亭有亭长，亭长掌治安，兼管招待过往公差，治里民事，舍即亭的房屋。
15. 不可得止：你不能住在这里。
16. 长者：为人宽厚，有涵养，能容事的人。

◇赏 析

　　刘宠为官，甚得吏民所爱，原因是，他为官理政，务除烦苛，以静安民，民得不扰；且又胸怀仁惠，故得民和。离任之日，吏民塞道相送，此仁惠爱民所致；五老不辞辛劳，扶杖而至，此善政之报也。五老各送百钱，此礼甚薄，欲以此聊报刘宠之善政，而刘宠各受其一钱，以慰其意，此亦见其廉洁、清正。

　　更为可贵的是，他累登卿相，外出时欲息亭舍，亭吏不认识他，以招待刘公为由拒其止息，他竟然不言自己就是刘公，竟然无言而去，充分体现了他为人十分宽厚，不以地位和权势骄人，故时人称其长者，宜矣！

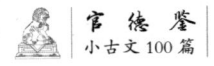

34 崔洪荐郤诜

崔洪,字良伯,博陵安平人也¹。……

迁吏部尚书,举用甄明,门无私谒²。荐雍州刺史郤诜代己为左丞³。诜后纠洪,洪谓人曰:"我举郤丞而还奏我,是挽弩自射也⁴。"诜闻曰:"昔赵宣子任韩厥为司马,以军法戮宣子之仆。宣子谓诸大夫曰:'可贺我矣,我选厥也任其事⁵。'崔侯为国举才,我以才见举,惟官是视,各明至公,何故私言乃至此⁶!"洪闻其言而重之。

洪口不言货财,手不执珠玉。汝南王亮常宴公卿⁷,以琉璃钟行酒。酒及洪,洪不执。亮问其故,对曰:"虑有执玉不趋之义故尔⁸"。

——《晋书·卷四十五》

◆注 释

1. 博陵:西晋郡国名,治所在安平(今河北安平),辖境相当于今河北安平、深州、饶阳、安国等地。
2. 迁吏部尚书:指崔洪升任吏部尚书。举用:选拔和任用。甄:鉴别,选取。私谒:因私事拜见。
3. 郤诜:字广基,济阳单父(今山东单县)人,官至雍州刺史,左丞。为人清廉,甚有时誉。左丞:官名,即尚书左丞,崔洪先任左丞,他升迁任吏部尚书后,推荐郤诜任左丞以代己。郤:音 xì。诜:音 shēn。
4. 纠:弹劾,揭发。还:音 huán,反过来。挽弩自射:拉弓射自己。
5. 赵宣子:即赵盾,春秋时晋国执政者,晋襄公七年(公元前621年),任中军元帅,掌握国政。韩厥:亦春秋时晋人。司马:官名,掌管军政。戮:

音心，杀死。仆：仆人。大夫：泛指官员，古代统治阶层，国君下有卿、大夫、士等阶层。任：胜任。
6. 见：被，得到。举：推举。惟官是视，各明至公：一切只从职责出发看待事物，各自明确大公。私言：背后之言，非公正的，不可言于公众场合的言论。
7. 汝南王亮：司马懿第四子，初仕曹魏政权，官为左将军，咸宁三年，徙封汝南王。常：尝也。
8. 虑有执玉不趋之义故尔：虑，担心。执玉不趋之义：手拿珠玉而起贪心，而不愿行以道义。故：缘故，原因。尔：罢了，而已。

◇赏 析

受恩私人，报以公法，此是俗吏所非为。郐诜视崔洪举己以公，而自己为官亦以公，故能不屈国法，不报私恩，而纠劾崔洪，可谓尽职尽责，大公无私了。若崔洪荐郐诜是为己之私利，郐诜感其推荐之恩，知其有过而不纠，则是崔洪为私荐人，郐诜为私处官，二人以私相护，无公可言，即是私党。郐诜之纠崔洪，韩厥之戮赵宣子之仆，皆是公正无私的典范，若为官理事，能似此二人，出以公心，断绝私欲，则必为天下所称。崔洪口不言货财，手不执珠玉，虑有执玉不趋之义的危害，可见其清德绝伦，洁操冠世。

崔洪推荐了郐诜，后却遭到了郐诜纠劾，心生怨恨，亦在情理之中，但当他听到郐诜以公废私的言论之后，他能够闻其言而重之，可见，崔洪不失为宽厚之人，亦足可称。

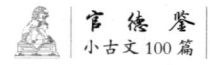

35 柳述宽荐韦云起

韦云起，雍州万年人[1]。……隋开皇中明经举，授符玺直长[2]。尝因奏事，文帝[3]问曰："外间[4]有不便事，汝可言之。"时兵部侍郎柳述[5]在帝侧，云起应声奏曰："柳述骄豪，未尝经事，兵机要重，非其所堪，徒以公主之婿，遂居要职。臣恐物议以陛下官不择贤，滥以天秩加于私爱，斯亦不便之大者[6]。"帝甚然其言，顾谓述曰："云起之言，汝药石也，可师友之。"仁寿初[7]，诏在朝文武举人，述乃举云起，进授通事舍人[8]。

——《旧唐书·卷七十五》

◆注 释

1. 韦云起：初仕隋，官至治书御史、大理司直，后仕唐，总领豳、宁以北九州兵马、司农卿、夔州刺史，为人正直敢言。雍州万年：即今陕西西安。
2. 开皇：隋文帝年号。明经举：即举明经，明经是科举科目之一，主要考试经义。符玺直长：官名，职掌皇帝印玺。
3. 文帝：即隋文帝杨坚。
4. 外间：指宫外。
5. 柳述：字业隆，河东解（今山西运城）人，尚隋文帝第五女兰陵公主，以此官至内史侍郎，兵部尚书，爵为建安郡公。
6. 物议：意为公论，物：人们。滥：随便，过分。天秩：国家的官职，秩：官职品级。斯：此。
7. 仁寿：即隋文帝年号。
8. 通事舍人：官名，职掌呈递奏章，传达诏命。

◇赏 析

　　柳述遭到韦云起的当面贬斥,而且是在隋文帝面前被韦云起斥为才不称职,这在一般人看来,实在是不能接受的,一定会心怀芥蒂,甚至会伺机报复,但柳述却没有心怀怨恨,更没有报复韦云起。后皇帝下旨,让文武推荐人才,柳述推荐的恰恰就是韦云起,可见他秉性宽容,其宽德可谓高矣。

　　隋文帝与柳述乃是翁婿至亲,故柳述位高权重,而韦云起与之相比,自然是职低势微。然而他能不顾地位身份之悬殊,不惮柳述皇亲国戚之势,竟当面斥其为人骄豪,才不称职,同时亦指明文帝用人以亲而不重才。可见韦云起秉性公正无私,耿直可嘉,确有一种大义凛然,无所畏惧的气势,这种以疏干亲、以下干上、知无不为、刚正敢言的耿直之德是极为可贵的。

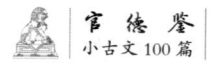

36 宽厚名臣王旦[1]

寇准数短旦,旦专称准[2]。帝谓旦曰:"卿虽称其美,彼专谈卿恶。"旦曰:"理固当然。臣在相位久,政事阙失必多。准对陛下无所隐,益见其忠直,此臣所以重准也。"帝以是愈贤旦[3]。中书有事送密院,违诏格,准在密院,以事上闻。旦被责,第拜谢,堂吏皆见罚[4]。不逾月,密院有事送中书,亦违诏格,堂吏欣然呈旦,旦令送还密院[5]。准大惭,见旦曰:"同年,甚得许大度量[6]?"旦不答。寇准罢枢密使,托人私求为使相[7],旦惊曰:"将相之任,岂可求耶!吾不受私请。"准深憾之[8]。已而除准武胜军节度使、同中书门下平章事[9]。准入见,谢曰:"非陛下知臣,安能至此?"帝具道旦所以荐者。准愧叹,以为不可及。

……

旦为相,宾客满堂,无敢以私请。察可与言及素知名者,数月后,召与语,询访四方利病,或使疏其言而献之[10]。观才之所长,密籍其名[11],其人复来,不见也。每有差除[12],先密疏四三人姓名以请,所用者帝以笔点之。同列不知,争有所用,惟旦所用,奏入无不可。丁谓以是数毁旦[13],帝益厚之。故参政李穆子行简,以将作监丞家居,有贤行,迁太子中允[14]。使者不知其宅,真宗命就中书问旦,人始知行简为旦所荐。旦凡所荐,皆人未尝知。旦没后,史官修《真宗实录》,得内出奏章,始知朝士多旦所荐云。

谏议大夫张师德两诣旦门,不得见,意为人所毁,以告向敏中,为从容明之[15]。及议知制诰[16],旦曰:"可惜张师德。"敏

第四章 宽 厚

中问之,旦曰:"累于上前言师德名家子,有士行,不意两及吾门。状元及第,荣进素定,但当静以待之尔。若复奔竞,使无阶而入者当如何也。"敏中启以师德之意,旦曰:"旦处安得有人敢轻毁人,但师德后进,待我薄尔[17]。"敏中固称:"适有阙,望公弗遗[18]。"旦曰:"第缓之,使师德知,聊以戒贪进、激薄俗也[19]。"

石普知许州[20],不法,朝议欲就劾。旦曰:"普武人,不明典宪,恐恃薄效,妄有生事[21]。必须重行,乞召归置狱。"乃下御史按之,一日而狱具。议者以为不屈国法而保全武臣,真国体也。薛奎为江淮发运使[22],辞旦,旦无他语,但云:"东南民力竭矣。"奎退而曰:"真宰相之言也。"张士逊为江西转运使,辞旦求教,旦曰:"朝廷榷利至矣[23]。"士逊迭更是职,思旦之言,未尝求利,识者曰:"此运使识大体"。张詠知成都,召还,以任中正代之,言者以为不可[24]。帝问旦,对曰:"非中正不能守詠之规。他人往,妄有变更矣。"……

旦任事久,人有谤之者,辄引咎不辨。至人有过失,虽人主盛怒,可辨者辨之,必得而后已。素赢多疾,自东鲁复命,连岁求解,优诏褒答,继以面谕,委任无贰[25]。天禧初,进位太保,为兖州太极观奉上宝册使[26],复加太尉兼侍中,五日一赴起居,入中书,遇军国重事,不限时日入预参决。旦愈畏避,上疏恳辞,又托同列奏白。帝重违其意,止加封邑。一日,独对滋福殿[27],帝曰:"朕方以大事托卿,而卿疾如此。"因命皇太子出拜,旦皇恐走避[28],太子随而拜之。旦言:"太子盛德,必任陛下事。"因荐可为大臣者十余人,其后不至宰相惟李及、凌策二人[29],亦为名臣。旦复求避位,帝睹其形瘁,悯然许之。以太尉领玉清昭应宫使,给宰相半俸。

初，旦以宰相兼使，今罢相，使犹领之，其专置使自旦始焉。寻又命肩舆入禁，使子雍与直省吏挟扶，见于延和殿³⁰。帝曰："卿今疾亟，万一有不讳³¹，使朕以天下事付之谁乎？"旦曰："知臣莫若君，惟明主择之。"再三问，不对。时张咏、马亮皆为尚书³²，帝历问二人，亦不对。因曰："试以卿意言之。"旦强起举笏曰："以臣之愚，莫如寇准。"帝曰："准性刚褊³³，卿更思其次。"旦曰："他人，臣所不知也。臣病困，不能久侍。"遂辞退。后旦没岁余，竟用准为相。

——《宋史·卷二百八十二》

◆ 注 释

1. 王旦：大名莘县（今山东莘县）人，字子明。太平兴国进士，景德三年（公元 1006 年）拜相，王旦为相，功过兼有，其为人宽厚，为真宗所信任，致力进贤，拒绝契丹、西夏求钱粟之请，皆是可称之处。然真宗有关"天书"、封禅所为，王旦应力谏止之，而他却顺从真宗，参与其中，实为其过，故议者以为他不能以正自终，或比之冯道。
2. 寇准：参阅本书第 129 页《寇准刚直尽职》。数：多次。短：言其过而指责之。称：称道。
3. 帝：真宗赵恒。益：更加。
4. 中书即中书省，掌管政务的最高机构，密院即枢密院，掌管军事的最高机构，二者称二府，分别掌管军政。时王旦为相，为中书省长官，寇准为枢密使，为枢密院长官。送：指送文书。违诏格：违反了公文格式。以事上闻：把此事奏明皇上，闻指告知皇帝。第：但，只。堂吏：指中书省主管文书的官员。见罚：被罚。
5. 不踰月：不过一个月。欣然：欢喜貌。
6. 同年：科举时代同年考中而步入仕途的人称同年。许大度量：如此大的度量。
7. 使：指朝廷特派负责某种政务者。相：指掌握朝政大权者。
8. 憾：恨。
9. 武胜军：在四川东部，今武胜县。同中书门下平章事：宋初用为宰相的官衔，此意为任命寇准为武胜军节度使,品级与宰相同。
10. 疏:此指书写。
11. 密籍:密记,籍,记于文籍。
12. 差除:任命。
13. 丁谓:字渭之,苏州长州(今江苏苏州)人,官至参知政事、枢密使、门下侍郎、太子少傅、司空、司徒、侍中,真宗朝,营造宫观,奏祥异,又排斥寇准,伙同王钦若,二人无德行,导帝以邪,与陈彭年、刘承珪、林特五人交通,为恶害时,时号"五鬼"。
14. 李穆:字孟雍,开封府阳武(今河南原阳)人,官至参知政事。李穆子当作惟简,《宋史·卷二百六十二》有《李穆传》,传后附载一子,即惟简,其官职与此文所载相同,而无行简。《宋史·卷三百一》有《李行简传》,然其官职与此文所载不同,且又非阳武人,而是同州冯翊人,故知,李行简非李穆子,此乃史家之误。将作监丞:主管工程建筑的机构将作监官员,掌监内诸务。太子中允:东宫官。
15. 谏议大夫:官职名,掌进谏。诣:前往,去到。张师德:字尚贤,举进士第一,《宋史·卷三百六》载其"不交权贵,时相颇不悦之。"与此处不符。向敏中:字常之,开封人,太平兴国五年进士,后官至兵部尚书、吏部尚书,右仆射、门下侍郎。
16. 及议知制诰:到后来研究谁可任知制诰,知制诰是职司草拟诏命的官员。
17. 待我薄尔:不了解我,了解我不深。
18. 固:反复强调。适有阙:遇有职务空缺。弗遗:别忘了他。
19. 第:但,只。薄俗:刻薄的风气。
20. 石普:太原人,官至左卫将军、大将军,善战,以勇称,后以罪废。许州:辖今河南许昌一带。
21. 典宪:法律,法纪。恃:依仗。薄效:微功。
22. 薛奎:字宿艺,绛州正平(今山西新绛)人,官至参加政事、户部侍郎、资政殿学士。发运使:官名,掌漕运,兼管茶盐等。
23. 张士逊:字顺之,官至吏部尚书、兵部尚书、尚书左仆射。榷:音 què,专利,专卖。
24. 张詠:字复之。濮州鄄城(今山东鄄城)人,以强干闻,治蜀甚有政绩,为一时良吏。任中正:字庆之,曹州济阴(今山东菏泽)人,后官至枢

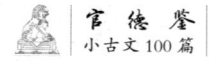

密副使，参知政事，礼部尚书。
25. 素羸多疾：一向体弱多病。自东鲁复命：真宗东封泰山时，王旦为大礼使。连岁求解：连年辞相位。无贰：无二心，不疑。
26. 天禧：真宗年号。太极观：大中祥符五年（公元1012年）十月，与景灵宫同建于寿丘，以奉圣祖、圣母。真宗伪造天书，又造玉清昭应宫，以奉天书，大中祥符五年十月，诏刻天书于宫，以王旦为刻玉使，十一月，以王旦为玉清昭应宫使。
27. 独对滋福殿：王旦自己在滋福殿见帝。
28. 皇恐：惶恐。
29. 李及：字幼几，官至御史中丞，为人清廉，资质清介。凌策：字子奇，宣州泾县（今属安徽）人，曾知青、扬、益等州，所至有治迹，后官至御史中丞，工部侍郎，帝欲大用之而病卒。
30. 肩舆：轿子。入禁：进宫。雍：其子名雍。直省吏：值班于中书省的官吏。挟扶：搀扶。延和：殿名。
31. 疾亟：久病，病重。不讳：死的婉辞。
32. 马亮：字叔明，庐州合肥人，官至兵部侍郎、尚书右丞，工部尚书，为人有智略，敏于政事，然所至无廉称。
33. 褊：音 biǎn，狭小，狭隘。

◇**赏　析**

　　在人际交往中，一般人往往是以德报德，以怨报怨，此是人之常情，而以德报怨乃是一种极为高尚的情操，非常人所能为。而王旦能为之，同是违诏格的过失，寇准告之帝以短王旦，王旦却送往寇准以庇护之；寇准专言王旦之短，王旦专称寇准之长，至年老以疾卸任，所荐者唯寇准一人；且其多有举荐，而被荐者不知，是其不市私恩，不行私惠，可见其为人至宽至厚，至公至正。

　　宽厚是一种崇高的美德，无论是为官还是为民，都须宽厚待人，为官者更须注重培养自己的宽厚之德。

第四章 宽厚

37 吕蒙正三德俱高[1]

蒙正初入朝堂,有朝士指之曰:"此子亦参政耶[2]?"蒙正阳[3]为不闻而过之。同列不能平,诘其姓名,蒙正遽止之曰:"若一知其姓名,则终身不能忘,不若毋知之为愈也[4]。"时皆服其量。

李昉罢相[5],蒙正拜中书侍郎兼户部尚书、平章事,监修国史[6]。蒙正质厚宽简[7],有重望,以正道自持。遇事敢言,每论时政,有未允者,必固称不可,上嘉其无隐。赵普开国元老,蒙正后进,历官一纪[8],遂同相位,普甚推许之。俄丁内艰,起复[9]。

先是,卢多逊为相[10],其子雍起家[11]即授水部员外郎,后遂以为常。至是,蒙正奏曰:"臣忝甲科及第,释褐止授九品京官[12]。况天下才能,老于岩穴,不沾寸禄者多矣。今臣男始离襁褓,膺此宠命,恐罹阴谴[13],乞以臣释褐时官补之。"自是宰相子止授九品京官,遂为定制。

朝士有藏古镜者,自言能照二百里,欲献之蒙正以求知。蒙正笑曰:"吾面不过楪子大[14],安用照二百里哉?"闻者叹服。

……

尝灯夕设宴,蒙正侍,上[15]语之曰:"五代之际,生灵凋丧,周太祖自邺南归[16],士庶皆罹剽掠,下则火灾,上则彗孛,观者恐惧,当时谓无复太平之日矣[17]。朕躬览庶政,万事粗理,每念上天之贶,致此繁盛,乃知理乱在人[18]。"蒙正避席曰:"乘舆所在,士庶走集[19],故繁盛如此。臣尝见都城外不数里,饥寒而死者甚众,不必尽然。愿陛下视近以及远,苍生之幸也。"上变色不言。蒙

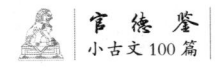

正侃然复位，同列多其直谅[20]。

上尝欲遣人使朔方，谕中书选才而可责以事者[21]，蒙正退以名上，上不许。他日，三问，三以其人对。上曰："卿何执耶？"蒙正曰："臣非执，盖陛下未谅尔[22]。"固称："其人可使，余人不及。臣不欲用媚道妄随人主意[23]，以害国事。"同列悚息不敢动[24]。上退谓左右曰："蒙正气量，我不如。"既而卒用蒙正所荐[25]，果称职。

——《宋史·卷二百六十五》

◆注 释

1. 吕蒙正：字圣功，河南人，太平兴国二年进士第一，后官至司空、太子太师，封莱国公。
2. 蒙正幼时，其父宠妾而与其母不睦，并蒙正出之，颇沦踬窘乏，朝士以其幼时微贱，鄙之，故言。
3. 阳：同"佯"。
4. 遽：急。毋：不。愈：好。
5. 李昉：字明远，深州饶阳（今属河北）人，官至左、右仆射、参知政事、平章事、司空，为人和厚多恕，不念旧恶。
6. 修：撰写。国史：本朝史书。
7. 质厚宽简：诚实、宽厚。
8. 赵普：字则平，幽州蓟（今天津市蓟州区）人，后周时为赵匡胤的幕僚，公元960年，策划了陈桥兵变，宋初任枢密使，乾德二年（公元964年）起任宰相，太宗时又两次为相，后封魏国公，他少时为吏，读书不多，相传有半部《论语》治天下的说法。历官一纪：意为二人为官，在一起经历十几年。纪：十二年为一纪。
9. 俄：不久。丁内艰：遭逢母丧。起复：终丧后复用为官。
10. 卢多逊：怀州河内（今河南沁阳）人，官至中书侍郎、平章事、兵部尚书，后因与秦王廷美（太宗之弟）相结，消官罢职，流崖州。
11. 起家：指初次为官。

12. 忝：谦辞。释褐：脱掉布衣，换上官服，意为开始为官。
13. 始离襁褓：形容年幼。襁褓：音 qiáng bǎo，裹婴儿的小被。膺：音 yīng，受。罹：音 lí，遭。阴谴：天地神灵的惩罚。
14. 楪：音 dié，同"碟"。
15. 上：皇帝，此指太宗赵光义。
16. 五代：唐、宋之间的后梁、后唐、后晋、后汉、后周五个朝代。生灵凋丧：人民生活艰难，疲惫，甚尔死亡。周太祖自邺南归：周太祖即郭威，初仕后汉，以枢密使镇邺，后起兵，南入汴（今河南开封），灭汉自立，建周。
17. 士庶：犹官民，指民众。剽掠：掠夺。彗孛：音 huì bèi，彗、孛皆指彗星，古人以为火灾、彗星等现象皆是上天的警告、惩罚。无复：意即再无。
18. 躬览庶政：亲身处理各种政务。贶：音 kuàng，赠送。理乱：治和乱。
19. 避席：离开座位。乘舆：本为皇帝的专用车，此指皇帝。走集：跑来汇集于此。
20. 侃然：从容不迫貌。多：推崇，佩服。直谅：耿直。
21. 朔方：北方，指辽国。谕：告。
22. 执：固执。谅：信实，了解。
23. 用媚道妄随人主意：采取谄媚讨好的态度不负责任地服从皇帝的意见。
24. 悚（sǒng）息：因恐惧而不敢大声呼吸。
25. 卒：最终，最后。

◇赏　析

　　吕蒙正乃是北宋名臣，其为官有可称者三：朝士辱之而不争，宽厚之德甚高；辞子之高官而求低品；又不受馈赠，廉洁之德可嘉；太宗侈谈繁盛，以为己功，蒙正谏以饥寒而死者甚众，可见其耿直之德非凡。故曰，吕蒙正为官，宽、廉、直三德俱高，实为可赞。

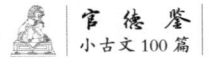

38 明仁宗悔过擢弋谦

弋谦，代州人。永乐九年进士。除监察御史[1]。出按江西，言事忤旨，贬峡山知县。复坐事免归[2]。

仁宗在东宫，素知谦骨鲠。及嗣位，召为大理少卿[3]。直陈时政，言官吏贪残，政事多非洪武之旧，及有司诛求无艺[4]。帝多采纳。既复言五事，词太激，帝乃不怿[5]。尚书吕震、吴中，侍郎吴廷用，大理卿虞谦等因劾谦诬罔，都御史刘观令众御史合纠谦[6]。帝召杨士奇[7]等言之，士奇对曰："谦不谙大体[8]，然心感超擢恩，欲图报耳。主圣则臣直，惟陛下优容之。"帝乃不罪谦。然每见谦，词色甚厉。士奇从容言："陛下诏求直言，谦言不当，触怒。外廷悚惕[9]，以言为戒。今四方朝觐之臣皆集阙下[10]，见谦如此，将谓陛下不能容直言。"帝惕然曰："此固朕不能容，亦吕震辈迎合以益朕过，自今当置之[11]。"遂免谦朝参，令专视司事[12]。

未几，帝以言事者益少，复召士奇曰："朕怒谦矫激过实耳，朝臣遂月余无言。尔语诸臣，白朕心。"士奇曰："臣空言不足信，乞亲降玺书[13]。"遂令就榻前书敕引过曰[14]："朕自即位以来，臣民上章以数百计，未尝不欣然听纳。苟有不当，不加谴诃，群臣所共知也。间者[15]，大理少卿弋谦所言，多非实事，群臣迎合朕意，交章奏其卖直，请置诸法。朕皆拒而不听，但免谦朝参。而自是以来，言者益少。今自去冬无雪，春亦少雨，阴阳愆和，必有其咎[16]，岂无可言？而为臣者，怀自全之计，退而默默，何以为忠？朕于谦一时不能含容，未尝不自愧咎。尔群臣勿以前事为戒,于国家利弊、政令未当者,直言勿讳。谦朝参如故。"时中官采木四川,贪横。帝以谦清直,命往治之。擢谦副都御史,赐钞以行,遂罢采木之役。

宣德初[17],交阯右布政戚逊以贪淫黜[18],命谦往代。……仁宗性宽大,容直言,谦以故得无罪,反责吕震等。

——《明史·卷一百六十四》

◆注 释

1. 代州:辖境在今山西北部,代县一带。永乐九年:公元1411年。
2. 出按江西:出为江西按察使。忤:违,冒犯。坐事:因故,因为某事。
3. 仁宗:成祖朱棣长子。东宫:太子宫,在东宫即为太子时。骨鲠:耿直。
4. 洪武:明太祖朱元璋年号。无艺:没有限度,艺:意为法度,限度。
5. 不怿(yì):不高兴。
6. 吕震:见本书第187页《明仁宗重西杨》注5。吴中:字思正,武城(今属山东)人,官工部尚书,北京的宫殿、长陵、献陵、景陵皆吴中主持营建。虞谦:见本书第188页《明仁宗重西杨》注13。刘观:雄县(今河北)人,官至吏部尚书、刑部尚书、太子少保,后因贪下狱,谪戍辽东。吴廷用:名栋,永乐二年进士。
7. 杨士奇:参阅本书第187页《明仁宗重西杨》。
8. 不谙大体:不懂大体。
9. 外廷悚惕:朝官恐惧警惕。
10. 朝觐之臣:进京朝见皇帝的地方官员。阙下:谓京城。
11. 益:加重,促成。置之:放过他。
12. 免谦朝参:免去上朝参见皇帝。专视司事:只管处理所管事务。
13. 玺书:盖有皇帝印玺的敕书。
14. 此指仁宗令杨士奇代写敕书引过。榻:桌案。
15. 间者:近来,前不久。
16. 愆和:失和,不和。咎:指政治过失。
17. 宣德:明宣宗年号。
18. 交阯:省名,永乐五年(公元1407年)置,辖今越南中部、北部地区,

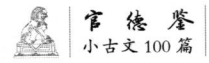

治所在河内。右布政：各省设左右布政使各一人，掌一省之政。戚逊：人名，生平略。

◇赏　析

明仁宗先怒弋谦，后引过自责，提升弋谦官职，说明他有宽厚容人的品德。

宽厚容人是一种可贵的品德，尤其是为官，必须具备此德。有此德，心胸开阔，处事宽容，方能得人心，进而齐心协力，管好政务；若无此德，心胸狭窄，怀揣忌恨，必然招致上下不满，左右愤怒，这样，身位且不保，又焉能理好政务。故为官者不可不重此德。

第五章

耿 直

耿直是一种性格，同时也是一种品德，而且是人类最朴素最纯真的品德之一。为官从政就要具备耿直之德。

无论是为官还是做人，都须主持正义，处事公允，对人对事，判断是非，不偏不倚，坚持公理，去除私念，立场鲜明，敢于坚持自己的观点，不受外力影响，无所屈从和依附，刚正不阿，守正不阿，这就是耿直的表现。

耿直即是正直，正直行事，方能就善近良，反之，若不正不直，必近邪恶。为官耿直则邪不能侵，恶不敢犯。邪恶势力要侵害善良，为非作歹，而保护善良和抵制邪恶是为官从政的职责之一，只有秉性耿直，才能当官正色，凛然不可干犯，以便抑恶扬善，扶正去邪。此外，为官耿直，理政时不存私念，可以保证处事公允妥当，且身有耿直之德，行端言正，行大义，去私心，才能树立威望，令行禁止，政务畅通。这都是直德的作用。相反，若为官而无直德，则往往是身有秽行，必损声名，声名一损，官职必危。且没有直德，往往处事不公，处事不公必然心虚理亏，而不敢大胆理政，以致政令不行，有损于治。

直德常有公、勇、识等德才的辅助。首先，身有公德，才能正直行事。若无公德，动而为身谋，行而念私利，岂能耿直处世？而时刻以公为念，以平为虑，奉公去私，则能以扶正去邪为己任，这样即可成就直德。其次，直德与勇德是紧密联系、互相依存的，若有直而无勇。是徒有其情而不敢言，这就是有直而不得显，有而等于无；若有勇而无直，则勇非所用，这样的勇不为勇，而是残。所以说，直离不开勇，勇离不开直，二德相辅，方成二德。再次，有识才，能够准确地判断是非，才能行其所是，止其所非，所以，识才能够保证耿直用得其所，避免误用直德。

耿直是一种朴素而又纯真的性格和品德，古代官员直德出众者不在少数，向古今直德高尚者学习，注重直德的培养，则直德可就矣。

39 周昌刚直不屈

昌为人强力¹,敢直言,自萧曹等皆卑下之²。昌尝燕入奏事,高帝方拥戚姬,昌还走³。高帝逐得,骑昌项⁴,上问曰:"我何如主也?"昌仰曰:"陛下即桀纣之主也⁵。"于是上笑之,然尤惮昌⁶。及高帝欲废太子,而立戚姬子如意为太子,大臣固争莫能得,上以留侯策止⁷。而昌庭争之强⁸,上问其说⁹,昌为人吃,又盛怒,曰:"臣口不能言,然臣期期知其不可。陛下欲废太子,臣期期不奉诏¹⁰。"上欣然而笑,即罢。吕后侧耳于东厢听¹¹,见昌,为跪谢曰:"微君,太子几废¹²。"

是岁,戚姬子如意为赵王,年十岁,高祖忧万岁之后不全也¹³。赵尧为符玺御史¹⁴,赵人方与公谓御史大夫周昌¹⁵曰:"君之史赵尧,年虽少,然奇士,君必异之,是且代君之位¹⁶。"昌笑曰:"尧年少,刀笔吏耳¹⁷,何至是乎!"居顷之¹⁸,尧侍高祖,高祖独心不乐,悲歌,群臣不知上所以然¹⁹。尧进请问曰:"陛下所为不乐,非以赵王年少,而戚夫人与吕后有隙²⁰,备万岁之后而赵王不能自全乎?"高祖曰:"我私忧之,不知所出²¹。"尧曰:"陛下独为赵王置贵疆相,及吕后、太子、群臣素所敬惮者乃可²²"。高祖曰:"然。吾念之欲如是,而群臣谁可者?"尧曰:"御史大夫昌,其人坚忍伉直²³,自吕后、太子及大臣皆素严惮之。独昌可。"高祖曰:"善。"于是召昌谓曰:"吾固欲烦公,公疆为我相赵²⁴。"昌泣曰:"臣初起从陛下,陛下独奈何中道而弃之于诸侯乎²⁵?"高祖曰:"吾极知其左迁²⁶,然

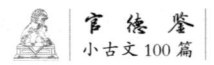

吾私忧赵，念非公无可者。公不得已，强行[27]！"于是徙御史大夫昌为赵相。……

高祖崩，太后使使召赵王，其相昌令王称疾不行[28]。使者三反[29]，昌曰："高帝属臣赵王[30]，王年少，窃闻太后怨戚夫人[31]，欲召赵王并诛之[32]。臣不敢遣王，王且亦疾，不能奉诏[33]。"太后怒，乃使使召赵相[34]。相至，谒太后[35]，太后骂昌曰："尔不知我之怨戚氏乎？而不遣赵王！"昌既被征，高后使使召赵王。王果来，至长安月余，见鸩杀[36]。昌谢病不朝见，三岁而薨[37]，谥曰悼侯。

——《汉书·卷四十二》

◆ 注　释

1. 昌：即周昌，沛人，官至御史大夫，封为汾阴侯。强力：强壮有力。
2. 自萧曹等皆卑下之：此意为周昌连萧曹等人都瞧看不起。萧指萧何，曹指曹参，二人都是刘邦统一天下的第一流功臣，权势甚重。
3. 昌尝燕入奏事：一说为周昌在皇帝宴时入奏事，颜师古曰：燕谓安闲之居也。方：正。拥：搂，抱。戚姬：即戚夫人，刘邦宠妃，生赵王如意。初，刘邦立吕后所生刘盈为太子，后来，因宠幸戚夫人，欲废刘盈，改立赵王如意，群臣谏，不听，吕后用张良策，请得四位高士辅翼太子刘盈，四高士皆刘邦久请不至者，素为刘邦所重，故太子得以不废。然吕后性妒，恨戚夫人母子，刘邦死后，吕后乃召赵王，鸩杀之，断戚夫人四肢，瞎其双目，聋其双耳，哑其喉，抛之厕中，称之曰人彘。昌还走：周昌转身就跑，走：跑。
4. 逐得：追上。骑昌项：骑着周昌的脖子。
5. 仰：抬头。桀纣之主：夏桀、商纣一样的昏君暴主。桀：夏末暴君。纣：商末暴君。
6. 惮：畏，怕。
7. 留侯：即张良。
8. 庭争：在朝堂与皇帝争论。强：强烈。
9. 说：此谓理由。

10. 吃：口吃，即说话结巴。期期：因结巴而发出的多余的声音。
11. 东厢：正室东面的屋子。
12. 微君：如果没有您。几：几乎。
13. 是岁：这一年。忧：担忧。万岁之后：即自己死后。不全：不能保全，指赵王如意。
14. 御史：官名，符玺御史：掌管皇帝印绶符节的御史。
15. 赵人：赵地人。方与：县名。公：其号也。御史大夫：官名，位仅次于丞相，主管监察，执法，西汉时若丞相缺位，往往以御史大夫补，与丞相（大司徒）太尉（大司马）合称三公，后改名为大司空。
16. 君之史：你的下属，身为御史的。然：但是。异之：特殊对待他。是：此人。且：将。赵尧初为周昌的下属，后代周昌为御史大夫，事高祖、惠帝二朝，后吕后怨赵尧为高祖献策，为赵王计，乃抵尧罪。
17. 刀笔吏：古代用笔在竹简上写字，有误，即以刀削之，故刀笔连称；指从事文墨的官员，即指文官，含有武将对文官的轻蔑。
18. 居顷之：过了时间不长。
19. 侍：侍奉。悲歌：吟诵悲凉的歌谣。所以然：所以这样的原因。
20. 有隙：有隔阂，有矛盾。
21. 私：暗自。不知所出：不知计所出。
22. 置：安排。贵疆相：尊贵而强硬的辅相。疆：同"强"。素：平时。敬惮者：又敬又怕的人。
23. 坚忍：坚韧。伉直：刚直，伉：音 kàng。
24. 固：一定。疆：音 qiǎng，通"强"，勉强，尽力。
25. 中道而弃之于诸侯乎：半途中把我抛弃给诸侯，诸侯：此指赵王如意。周昌本为御史大夫，位居三公，地位仅次于丞相，刘邦让他去相赵王，地位大为降低，故周昌视为被抛弃。
26. 左迁：指降低官职地位，时以右为上，以左为下，周昌由天子朝中御史大夫改任诸侯相，职位降低，故曰左迁。
27. 公不得已，强行：你不要推辞了，一定要去。强行：亦可释为勉强去吧。
28. 令王称疾不行：叫赵王称病不去。
29. 三反：往返三次。
30. 属臣赵王：把赵王托付给我。

31. 窃闻：私下里听说。
32. 并诛之：一同杀死他。
33. 奉诏：执行诏令。诏：此指吕后之令。
34. 使使召赵相：派人召回赵相周昌。
35. 谒：下属拜见上司曰谒。
36. 见鸩杀：被毒死。
37. 谢病不朝见：称病不上朝见君。三岁：三年。薨：音 hōng，死。

◇ 赏　析

　　周昌为人耿直，公正，不屈于权势。刘邦不公正地对待太子，他能抗旨不遵，保护太子；太子之母吕后欲害赵王，他又敢于抵制。非公正之人，不肯为之；非耿直之人，不敢为之。周昌的这种刚直守正，处事不偏不倚的行为，连同这种行为所表现出的公正、耿直的美德，都是可嘉可赞的。

40 刘毅斥答晋武帝

帝尝南郊[1]，礼毕，喟然问毅曰："卿以朕方汉何帝也[2]？"对曰："可方桓、灵[3]。"帝曰："吾虽德不及古人，犹克己为政。又平吴会，混一天下[4]。方之桓、灵，其已甚乎！"对曰："桓、灵卖官，钱入官库；陛下卖官，钱入私门。以此言之，殆不如也[5]。"帝大笑曰："桓灵之世，不闻此言。今有直臣，故不同也。"散骑常侍邹湛进[6]曰："世谈以陛下比汉文帝，人心犹不多同[7]。昔冯唐答文帝，云不能用颇牧而文帝怒[8]，今刘毅言犯顺而陛下欢。然以此相校[9]，圣德乃过之矣。"帝曰："我平天下而不封禅，焚雉头裘，行布衣礼，卿初无言。今于小事，何见褒之甚[10]？"湛曰："臣闻猛兽在田，荷戈而出，凡人能之。蜂虿作于怀袖，勇夫为之惊骇，出于意外故也[11]。夫君臣有自然之尊卑，言语有自然之逆顺。向刘毅始言，臣等莫不变色[12]。陛下发不世之诏，出思虑之表，臣之喜庆，不亦宜乎[13]！"

——《晋书·卷四十五》

◆注 释

1. 帝：即晋武帝司马炎，魏司马懿之孙。司马懿长子名师，次子名昭，司马炎即司马昭之子，司马氏三代俱为魏之重臣，咸熙二年（公元265年），司马炎代魏，建晋朝，是为晋武帝。尝：曾经。南郊：京城之南。尝南郊：即曾在南郊祭天，古代帝王往往要按时举行祭天仪式，且多在京城南郊进行。今北京天坛，亦在旧北京之南，乃是明清皇帝祭天之所。
2. 礼毕：仪式结束后。喟：慨叹。毅：即刘毅，字仲雄，东莱掖人（山东莱州人），晋武帝即位，为尚书郎，驸马都尉，迁散骑常侍，后官至太仆，尚书左仆射。为人公正，勤于政事，言议切直，无所曲挠。卿以朕方汉何帝也：你以为我可以比作汉代的哪位皇帝呢！方：比，等同，相似。

3. 桓、灵：汉桓帝和汉灵帝，乃是东汉末期两位庸碌无能的君王。
4. 克己为政：严格约束自己，努力搞好政务。又平吴会：又平定了孙吴政权，公元277年，孙吴政权为西晋所灭。混一：统一。
5. 殆：大概，恐怕。
6. 散骑常侍：官名，掌规谏，备典事。邹湛：字润甫，南阳新野（今河南）人，官至太子中庶子，散骑常侍，渤海太守，侍中。进：进言。
7. 不多同：多不同意。犹：尚，还。
8. 冯唐：西汉安陵（今陕西咸阳东北）人，汉文帝时，为中郎署长。文帝曾与臣下谈及当时无廉颇、李牧（廉颇、李牧皆战国时期赵国的良将，军事才干名冠一时）那样的军事人才，冯唐当即指出，纵有颇牧之才，汉文帝亦不能用，文帝闻之而怒。
9. 校：通"较"，比较。
10. 封禅：封建帝王到泰山筑坛祭天曰封，辟基祭地曰禅，这是一种带有炫耀性质的大典。秦始皇、汉武帝都曾到泰山封禅。焚雉头裘：据传，晋武帝司马炎曾烧毁一件雉头裘，以示去奢从俭。布衣：平民。褒：称赞。
11. 荷戈：扛枪。虿：音chài，蝎子等有毒的动物。作：动。故：缘故、原因。
12. 向：刚才，先前。变色：变为惊惧之色。
13. 不世之诏：旷世少有的诏令，意为：晋武帝遭斥责而不怒，实属罕见。出思虑之表：作出理智的表率。宜：应该。

◇ **赏 析**

古代帝王多喜听歌功颂德，而厌闻指斥时政，故臣下多不敢批评帝王之失。刘毅却敢于一针见血地直刺皇帝之过，比之为昏庸无能的君王，可谓敢于直言正谏，无私无畏；若怀私虑己，不顾国家大政，必无此勇气。

司马炎以堂堂帝王之尊，在无任何思想准备的情况下，遭到严厉的指斥，而能笑而不怒，确有几分难能可贵，故邹湛誉之高于汉文帝。刘毅敢于进谏，司马炎乐以闻谏，二人俱有可称之处。

41 高允临危守正直[1]

浩之被收也,允直中书省[2]。恭宗使东宫侍郎吴延召允,仍留宿宫内[3]。翌日,恭宗入奏世祖,命允骖乘[4]。至宫门,谓曰:"入当见至尊,吾自导卿。脱至尊有问,但依吾语[5]。"允请曰:"为何等事也?"恭宗曰:"入自知之。"既入见帝。恭宗曰:"中书侍郎高允自在臣宫[6],同处累年,小心密慎,臣所委悉。虽与浩同事,然允微贱,制由于浩[7]。请赦其命。"世祖召允,谓曰:"《国书》皆崔浩作不?"允对曰:"《太祖记》[8],前著作郎邓渊所撰。《先帝记》及《今记》[9],臣与浩同作。然浩综务处多,总裁而已。至于注疏,臣多于浩。"世祖大怒曰:"此甚于浩,安有生路!"恭宗曰:"天威严重,允是小臣,迷乱失次耳。臣向备问,皆云浩作[10]。"世祖问:"如东宫言不?"允曰:"臣以下才,谬参著作,犯逆天威,罪应灭族,今已分死,不敢虚妄[11]。殿下以臣侍讲日久,哀臣乞命耳。实不问臣,臣无此言。臣以实对,不敢迷乱[12]。"世祖谓恭宗曰:"直哉!此亦人情所难,而能临死不移,不亦难乎!且对君以实,贞臣也。如此言,宁失一有罪,宜宥之[13]。"允竟得免。于是召浩前,使人诘浩[14]。浩惶惑不能对。允事事申明,皆有条理。时世祖怒甚,敕允为诏,自浩已下、僮吏已上百二十八人皆夷五族[15]。允持疑不为,频诏催切[16]。允乞更一见,然后为诏。诏引前[17],允曰:"浩之所坐,若更有余衅,非臣敢知。直以犯触,罪不至死[18]。"世祖怒,命介士执允[19]。恭宗拜请。世祖曰:"无此人忿朕,当有数千口死矣。"浩竟族灭,

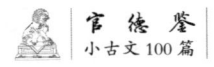

余皆身死[20]。宗钦临刑，叹曰："高允其殆圣乎[21]！"
……

或有上事陈得失者，高宗省而谓群臣曰[22]："君父一也。父有是非，子何为不作书于人中谏之，使人知恶，而于家内隐处也？岂不以父亲，恐恶彰于外也[23]？今国家善恶，不能面陈而上表显谏，此岂不彰君之短，明己之美[24]？至如高允者，真忠臣矣。朕有是非，常正言面论，至朕所不乐闻者，皆侃侃言说，无所避就。朕闻其过[25]，而天下不知其谏，岂不忠乎！汝等在左右，曾不闻一正言，但伺朕喜时求官乞职。汝等把弓刀侍朕左右，徒立劳耳，皆至公、王[26]。此人把笔匡我国家，不过作郎。汝等不自愧乎？"于是拜允中书令，著作如故[27]。司徒陆丽[28]曰："高允虽蒙宠待，而家贫布衣，妻子不立[29]。"高宗怒曰："何不先言！今见朕用之，方言其贫。"是日幸允第，惟草屋数间，布被缊袍[30]，厨中盐菜而已。高宗叹息曰："古人之清贫岂有此乎！"即赐帛五百匹、粟千斛，拜长子忱为绥远将军、长乐太守[31]。允频表固让，高宗不许。初与允同征游雅等多至通官封侯[32]，及允部下吏百数十人亦至刺史二千石[33]，而允为郎二十七年不徙官[34]。时百官无禄，允常使诸子樵采自给[35]。

——《魏书·卷四十八》

◆ 注 释

1. 高允：字伯恭，渤海蓨（今河北景县）人，参阅本书第287页《酒训》注1。
2. 浩：即崔浩，北魏清河东武城（今山东武城西）人，字伯渊，官至司徒，为人有谋略，太武帝灭赫连昌、击败柔然，取北凉，他都参与策划，太平真君十一年（公元450年）以修国史暴露"国恶"的罪名被灭族。初，高允奉诏与崔浩述成《国记》，《国记》亦称《国书》，崔浩等究竟在此书中暴露了北魏政权的什么"国恶"，《魏书》讳莫如深，但据分析，应该是崔浩直笔写史，有损于最高统治者声誉，故而遭祸。高允亦此书作者之一，故亦临祸，然高允乃是皇太子晃之师，曾以经授太子晃，晃乃太武帝之长子，尽力营救，故而得免。文中恭宗即皇太子晃，延和元年，拓跋焘长子晃为太子，未即位，年二十四而薨，后其子濬即位，乃追尊晃为景穆皇帝，庙号恭宗。

直中书省：时高允官为中书侍郎，领著作郎，故值中书省。

3. 东宫：太子所居之宫。仍：乃。留宿宫内，此是太子怕高允被拘，保护于宫内。
4. 世祖：即北魏太武帝拓跋焘。骖乘：同乘。陪"乘"，古代乘车，尊者居左，御者居中，又一人居右，曰骖乘。骖：音 cān。
5. 至尊：指皇帝。导：引导。脱：如果。依：按照，顺着。
6. 拓跋晃为太子，居东宫，对皇帝说话，故曰"臣宫"。
7. 制由于浩：受崔浩管制。
8. 太祖：即北魏道武帝拓跋珪，《太祖记》即记述拓跋珪生平经历及其在位时国家大事的专著。
9. 先帝：指北魏太宗明元帝拓跋嗣，《先帝记》是记述拓跋嗣生平及其在位时国家大事的专著。《今记》是记述世祖太武皇帝拓跋焘在位生平及在位时国家大事的专著，时拓跋焘在位故曰《今记》。
10. 向：先前。备：详细，全面。云：说。
11. 谬参著作：参与著作，谬：谦辞，意为自己无才，而不该参与著书。分死：死为其分，即应该死。
12. 殿下：对太子的称呼。迷乱：此指迷乱视听，即说谎。
13. 移：改变正直。贞臣：不改变操守之臣。如此言：意为如此说来。宥：宽恕，赦免。
14. 诘：审讯。
15. 敕允为诏：命令高允写诏书，皇帝诏书多由文臣起草。已：同"以"。僮吏：此指参与《国书》著作工作的下等官吏。夷：诛灭。五族：五族所指，说法不一，一般包括父族，母族，妻族等。
16. 频诏催切：皇帝多次下令急催。
17. 诏引前：拓跋焘下令让高允进见。
18. 衅：本意为嫌隙，争端，此意为罪。直：只，仅。犯触：冒犯，指暴露"国恶"。
19. 介士：甲士，即宫中武士。执：抓捕，捆绑。

20. 浩竟族灭，余皆身死：最后，崔浩被灭族，其他人被杀而不连罪亲族。
21. 宗钦：官为著作郎，亦参与《国书》著作。殆：差不多，接近。圣：圣人。
22. 或有上事陈得失者：有人上书陈述得失。省：看，览。高宗：即皇太子拓跋晃之子拓跋濬，他就是北魏文成皇帝，公元452年至466年在位。时拓跋焘、拓跋晃俱死去。
23. 隐处：暗中劝止。彰：暴露。
24. 面陈：当面陈谏。
25. 其：那。其过：指所谏的过失，亦可解为自己，即自己的过失。
26. 曾：竟，乃。把：持，握。公、王：皆为极高的爵位。
27. 此人：指高允。把笔：握笔。匡：救。郎：指郎官。中书令：南北朝时为要职。著作指著作郎，高允久任此职。
28. 陆丽：代人，高宗之立，丽之谋也，以故封平原王，官侍中、司徒，后为乙浑所害。
29. 妻子不立：妻和子生活艰难。
30. 是日幸允第：这一天临幸高允的房宅。缊袍：以乱麻为絮的袍子，缊：音yùn。
31. 时太守、刺史等多挂有将军衔，高忱以绥远将军衔出任长乐太守。
32. 游雅：字伯度，广平（今河北鸡泽）人，初与高允同以知名被征，为中书博士，后官至散骑常侍、平南将军、秘书监。通官：达官，意与皇家相通达。
33. 刺史二千石：二千石是汉代官秩的高等品级，刺史多为此秩，故称。
34. 徙官：迁官，即官品升高。
35. 樵采：砍柴。

◇ 赏 析

高允本可曲意顺从太子之言以求活命，但他天性耿直，不肯曲意求全，而终因其正直而获免。若他依附太子之言，为自己开脱，亦必得生，但却是自辱而生；而以直开脱，乃是自荣而生，此是因直得福。他能够临危不惧，以实相对，勇于承担责任，可以说是生死无愧了。

第五章 耿直

42 诤臣王珪

贞观元年，太宗尝谓侍臣[1]曰："正主御邪臣，不能致理[2]；正臣事邪主，亦不能致理，唯君臣相遇，有同鱼水，则海内可安也。昔汉高祖，田舍翁耳。提三尺剑定天下，既而规模弘远，庆流子孙者，此盖任得贤臣所致也[3]。朕虽不明，幸诸公数相匡救，冀凭嘉谋[4]，致天下于太平耳。"珪[5]对曰："臣闻木从绳则正，后从谏则圣[6]。故古者圣主，必有诤臣七人，言而不用，则相继以死。陛下开圣虑，纳刍荛，臣处不讳之朝，实愿罄其狂瞽[7]。"太宗称善，敕自今后中书门下及三品以上入阁[8]，必遣谏官随之。珪每推诚纳忠，多所献替[9]，太宗顾待益厚，赐爵永宁县男，迁黄门侍郎，兼太子右庶子[10]。

二年，代高士廉为侍中[11]。太宗尝闲居与珪宴语，时有美人侍侧，本庐江王瑗之姬，瑗败籍没入宫[12]，太宗指示之曰："庐江不道，贼[13]杀其夫而纳其室。暴虐之甚，何有不亡者乎！"珪避席[14]曰："陛下以庐江取此妇人为是耶，为非耶？"太宗曰："杀人而取其妻，卿乃问朕是非，何也？"对曰："臣闻于管子曰：'齐桓公之郭，问其父老曰：'郭何故亡？'父老曰：'以其善善而恶恶[15]也。'桓公曰：'若子之言，乃贤君也，何至于亡？'父老曰：'不然，郭君善善而不能用，恶恶而不能去，所以亡也。'今此妇人尚在左右，窃以圣心为是之，陛下若以为非，此谓知恶而不去也。"太宗虽不出此美人，而甚重其言。

时太常少卿祖孝孙以教宫人声乐不称旨，为太宗所让[16]。珪及温彦博[17]谏曰:"孝孙妙解音律,非不用心,但恐陛下顾问不得其人,以惑陛下视听。且孝孙雅士,陛下忽为教女乐而怪之,臣恐天下怪愕[18]。"太宗怒曰:"卿皆我之腹心,当进忠献直,何乃附下罔上[19],反为孝孙言也!"彦博拜谢,珪独不拜。曰:"臣本事前宫,罪已当死。陛下矜恕性命,不以不肖,置之枢近,责以忠直[20]。今臣所言,岂是为私?不意陛下忽以疑事诮臣[21],是陛下负臣,臣不负陛下。"帝默然而罢。翌日,帝谓房玄龄曰:"自古帝王,能纳谏者固难矣。昔周武王尚不用伯夷、叔齐,宣王贤主,杜伯犹以无罪见杀[22],吾夙夜庶几前圣,恨不能仰及古人[23]。昨责彦博、王珪,朕甚悔之。公等勿以此而不进直言也。"

时房玄龄、李靖、温彦博、戴胄、魏征与珪同知国政[24]。后尝侍宴,太宗谓珪曰:"卿识鉴清通,尤善谈论,自房玄龄等,咸宜品藻,又可自量,孰与诸子贤[25]?"对曰:"孜孜奉国,知无不为,臣不如玄龄;才兼文武,出将入相[26],臣不如李靖;敷奏详明,出纳惟允[27],臣不如温彦博;处繁理剧,众务必举[28],臣不如戴胄;以谏诤为心,耻君不及于尧、舜[29],臣不如魏征。至如激浊扬清[30],嫉恶好善,臣于数子,亦有一日之长。"太宗深然其言,群公亦各以为尽己所怀,谓之确论[31]。后进爵为郡公。

——《旧唐书·卷七十》

◆注 释

1. 太宗:即唐太宗李世民。侍臣:陪侍皇帝的大臣。
2. 御:驾驭,使用。理:治也。致:实现。
3. 汉高祖:即刘邦。田舍翁:意同庄稼汉。规模弘远:意即宏图远大。庆:幸福。
4. 数:多次。匡救:匡正,挽救。冀:希望。凭:凭借。嘉谋:良谋善策。
5. 珪:王珪,字叔玠,大原祁人(即山西祁县人),为人耿直敢言,亦唐初名臣。
6. 后:指君主。

7. 圣虑：明圣德思虑。纳刍荛：接受听取割草打柴等下层人民的意见，喻指臣民的意见。不讳之朝：没有忌讳，可以直言不讳的时代。罄：竭尽。狂瞽：喻指低劣之才。
8. 敕：音 chì，皇帝的命令。中书门下：即中书省和门下省，是主管政令的两个中央机构。三品：自魏晋至明清，都把官吏分为九等，即九个品级，一品最高，九品最低，三品以上即高官显位。入阁：上任。
9. 多所献替：献谓献策，替谓更改。
10. 黄门侍郎：即门下侍郎，门下省副长官。太子右庶子：东宫官，掌书令启奏。
11. 二年：即贞观二年（公元628年）。高士廉：名俭，渤海蓨（今河北景县）人，官至侍中、吏部尚书、司空、右仆射、太子太师，封许国公，初，高士廉为侍中（门下省长官），王珪为黄门侍郎，有密表附士廉以闻，士廉寝而不言，坐是出为安州都督，乃以王珪代之为侍中。
12. 庐江王：名瑗，李渊从父兄之子，武德元年封为庐江王，后为幽州大都督，与李建成相结，建成被杀后，起兵反，为同党所杀，此美人有夫为庐江王所杀，李瑗纳之为姬，李瑗死后，姬入宫。
13. 贼：残害。
14. 避席：离开座位。
15. 管子：管仲。之：去。郭：古邑名，在今山东。善善：喜欢善。恶恶：憎恨恶。
16. 太常少卿：太常寺（掌礼乐的机构）的副长官。祖孝孙，幽州范阳（今河北涿州）人，精通音律，著有《大唐雅乐》。让：责怪。
17. 温彦博：亦太原祁人，官至中书侍郎、御史大夫、尚书右仆射，为官勤于政事。
18. 顾问不得其人：太宗所询问的人不当。雅士：文雅之人。怪愕：以为怪异而惊愕。
19. 附下罔上：结交下属欺骗上司，此意为结交臣下欺骗皇帝。
20. 拜谢：边拜边认错，谢罪。本事前宫：前宫即前太子李建成，建成为太子时，王珪曾事之。矜恕：怜悯宽恕。枢近：指重要亲近之地。责：要求，希冀。
21. 诮：音 qiào，责怪，斥责。
22. 周武王：周朝开国之君，姓姬名发，历代称之为明君。伯夷、叔齐：商末孤竹君二子，初，孤竹君以次子叔齐为继承人，孤竹君死后，叔齐以伯夷为长兄而让之，伯夷不受，二人奔周，到周后反对武王讨伐商朝，武王灭商后，他二人逃至首阳山，誓不食周粟，双双饿死。宣王：即周宣王，乃

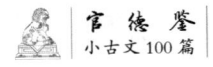

是周朝的一位中兴明主。杜伯：周宣王的大臣，因谏被杀。
23. 夙夜：意为日夜，早晚。庶几：希望比及。前圣：指前代圣王。仰及：向往，赶上。
24. 房玄龄：见本书第50页《唐太宗封功臣》注1。李靖：雍州三原（今属陕西）人，唐初名将，多有战功，后官刑部尚书、兵部尚书、右仆射，封卫国公，图形凌烟阁。戴胄：参阅本书第53页《戴胄执法》。魏征：参阅《良臣魏征》。
25. 识鉴清通：形容认识和评断人物的能力很强。咸宜品藻：都可品评。自量：自评。孰与诸子贤：几个人谁的能力强。
26. 出将入相：卸去将军职务就任宰相。
27. 敷：陈述。敷奏详明：陈奏时观点明确，语言明快。出纳惟允：传达、发布政令和收集听取下属意见都很恰当。
28. 处繁理剧：处理繁重杂乱的政务。举：指处理得当。
29. 以谏诤为心：意为想的都是谏诤。耻君不及于尧、舜：以君王不如尧舜明圣为自己的耻辱。
30. 激浊扬清：意即抑恶扬善。
31. 尽：准确地说出、概括出。所怀：指其胸怀，亦即特点。确论：准确地评论。

◇赏　析

王珪为臣，毫无媚颜谄骨，对于皇帝过错，不是唯唯诺诺，而是直言其失，尽力匡救。他能够当面指斥太宗受纳庐江美女之失，明其恶恶而不能去，又因抵制太宗滥罚无过之臣而被责，他不但不屈服，反而直言太宗之失，确实体现了他耿直刚正的性格；尤其是奉旨评论诸臣，敢于肯定自身所长，毫无虚伪之态，其耿直之姿更加赫然可见。

43 寇准刚直尽职

　　寇准，字平仲，华州下邽人也[1]。……准少英迈，通《春秋》三传。年十九，举进士[2]。……会诏百官言事，而准极陈利害，帝益器重之。擢尚书虞部郎中、枢密院直学士，判吏部东铨[3]。尝奏事殿中，语不合，帝怒起，准辄引帝衣，令帝复坐，事决乃退。上由是嘉之，曰："朕得寇准，犹文皇之得魏徵也。"

　　淳化二年春，大旱，太宗延近臣问时政得失，众以天数对[4]。准对曰："《洪范》天人之际，应若影响，大旱之证，盖刑有所不平也[5]。"太宗怒，起入禁中[6]。顷之，召准问所以不平状，准曰："愿召二府至[7]，臣即言之。"有诏召二府入，准乃言曰："顷者祖吉、王淮皆侮法受赇，吉赃少乃伏诛；淮以参政沔之弟，盗主守财至千万，止杖，仍复其官，非不平而何[8]？"太宗以问沔，沔顿首谢，于是切责沔，而知准为可用矣。即拜准左谏议大夫、枢密副使，改同知院事。

　　……

　　是冬，契丹果大入[9]。……遂请帝幸澶州。……挞览死[10]，乃密奉书请盟。准不从，而使者来请益坚，帝将许之。准欲邀使称臣，且献幽州地。帝厌兵，欲羁縻不绝而已[11]。有谮准幸兵以自取重者[12]，准不得已许之。帝遣曹利用如军中议岁币[13]，曰："百万以下皆可许也。"准召利用至幄，语曰："虽有敕，汝所许毋过三十万，过三十万，吾斩汝矣[14]。"利用至军，果以三十万成约而还。河北罢兵，准之力也。

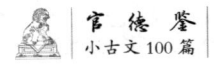

准在相位，用人不以次，同列颇不悦。它日，又除官，同列因吏持例簿以进¹⁵。准曰："宰相所以进贤退不肖也，若用例，一吏职尔¹⁶。"二年，加中书侍郎兼工部尚书。

——《宋史·卷二百八十一》

◆注 释

1. 华州下邽：今陕西渭南。
2. 英迈：英杰，豪迈。《春秋》三传：即解释《春秋》的《左传》《公羊传》《穀梁传》。
3. 尚书虞部郎中、枢密院直学士：皆官名。东铨(quán)：吏部分三铨，即尚书铨、中铨、东铨。
4. 淳化：宋太宗年号，淳化二年即公元991年。天数：近似今日所说的自然规律。对：回答。
5. 《洪范》：《尚书》篇名，文中提出帝王统治人民的各项政治经济原则，且认为治乱兴衰能影响气候的变化，后成为汉代"天人感应"等神学迷信思想的理论根据。盖：引出原因的发语词。
6. 禁中：此指内宫，即皇帝的寝宫。
7. 二府：中书省和枢密院，是宋代掌握政、军的两个最高机构，此是召二府的长官，即召宰相、参知政事、枢密使、枢密副使等。
8. 王淮：齐州人，太平兴国五年进士，尝掌香药榷易院，贪秽，坐赃论当弃市，其兄王沔，官为参知政事，以此故，诏杖一百，降定远主簿。盗主守财：盗所掌管的财物。止：同"只"。贼：贿、赃。祖吉：其生平不详。
9. 是冬：景德元年（公元1004年）冬。契丹：辽国，辽军一直打到黄河岸边的澶州，寇准要求真宗亲征，遂幸澶州。
10. 挞览：契丹统军，飞矢中额而死。
11. 羁縻：谓笼络之使不生异心。不绝：不断。縻：音mí。
12. 谮：音zèn，进谗言，说人的坏话。幸兵以自取重者：意为利用兵事巩固自己的地位。
13. 曹利用：字用之，赵州宁晋人，后官至尚书右仆射、司空。如：去，到。岁币：宋每年给辽的钱帛。

14. 幄：军帐，意为指挥部。敕：皇帝的命令。
15. 不以次：不按资历次序用人。同列：官职相近者。除：任命。因吏持例簿以进：让下属文吏拿登记官员资历的文簿递送给寇准。
16. 贤：德才兼备者。不肖：无德无才之人。若用例：如果按例簿用人。一吏职尔：只不过是一个下吏的职责罢了。

◇赏　析

　　寇准关于天人感应的观点固然不可信，然而，他能抓住机会，指斥朝政之失，确有一种凛然无畏的勇气。人皆对以天数，唯他对以刑狱不公，是知其直冠群臣；其耿直刚正之资，实为可称。此外，违敕命，减岁币，是其忧国忧民也；进贤退不肖，用人不以次，是其反对论资排辈，唯才是举也。故寇准身为宋之名臣，确实当之无愧。

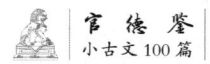

44 姚坦辅益王

姚坦字明白,曹州济阴人[1]。开宝中,以《尚书》擢第,调补将陵尉[2]。历隰州推官、将作监丞、知浔州[3]。太平兴国三年召还,为著作佐郎、通判唐州[4]。

八年,诸王出阁[5],诏给、谏以上,于朝班中举年五十以上通经有文行者,以备宫僚[6]。……坦历殿中丞、仓部员外郎,赐金紫。迁本曹郎中,转考功,仍为益王府翊善[7]。

坦性木强固滞[8]。王尝于邸中为假山[9],费数百万,既成,召宾僚乐饮,置酒共观之。坦独俯首,王强使视之,曰:"但见血山耳,安得假山!"王惊问故,坦曰:"在田舍时,见州县催科,捕人父子兄弟,送县鞭笞,流血被体[10]。此假山皆民租税所为,非血山而何?"是时太宗[11]亦为假山,闻而毁之。

王少佚豫,坦即丑诋,王颇鄙其为人[12]。自是坦每暴扬其事,上尝诫之曰:"元杰知书好学,亦足为贤王矣。少不中节,亦须婉辞规讽,况无大故而诋讦之,岂裨赞之道邪[13]?"顷之,左右乃教王诈称疾不朝。太宗日使视疾,逾月不瘳[14],甚忧之,召王乳母问状,乳母曰:"王本无疾,徒以姚坦检束,居常不得自便,王不乐,故成疾。"上怒曰:"吾选端士[15],辅王为善。王不能用其谏,而又诈疾,欲使朕去正人以自便,何可得也。且王年少[16],必尔辈为之谋耳。"因命捽至后苑,杖之数十[17]。召坦慰谕曰:"卿居王宫,能以正为群小所疾,大为不易。卿但如是,勿虑谗间,朕必不听[18]。"

——《宋史·卷二百七十七》

◆注 释

1. 曹州济阴：即今山东菏泽。
2. 开宝：宋太祖赵匡胤年号。以《尚书》擢第：因精于《尚书》而被擢及第。将陵：县名。尉：县尉，负责一县治安的官员。
3. 隰州：辖境相当今山西石楼、隰县、永和、蒲县、大宁和孝义等县地，治所在隰州（今隰县）。推官：州府官职名，掌勘问刑狱。将作监丞：主管土木工程营建及御用器物制造的官员。浔州：在今广西桂平市一带。
4. 太平兴国：宋太宗赵光义年号，太平兴国三年即公元978年。著作佐郎：著作郎下属官，掌国史资料和撰述。唐州：在今河南省西南部。通判：宋初始于诸州府设置，地位略次于州府长官，与州府长官共同处理政务，且握有连署州府公事和监察官吏的实权，号称"监州"。
5. 八年：即太平兴国八年，亦即公元983年。出阁：此指离开皇宫，到自己的王宫去。
6. 诏：皇帝命令。给：指给事中。谏：指谏官。通经：即精通经籍。文行：指有文才有德行。宫僚：指诸王属官。
7. 殿中丞、仓部员外郎：皆官名。金紫：即金紫光禄大夫，乃是高级散官名号，光禄大夫在汉代为银印青绶，魏晋以后有加金印紫绶者，故有银青光禄大夫和金紫光禄大夫之分，金紫高于银青，绶：音shòu，系印纽的丝带。本曹：指仓部。郎中：官名。转考功：转为考功郎中。益王：太宗第五子，初名德和，后改名元杰，字明哲，太平兴国八年封为益王，后又改封吴王，兖王。翊善：官名。
8. 木强固滞：倔强固执。
9. 邸：官邸，即王府。为：造。
10. 鞭笞：用鞭抽打。被体：遍体。
11. 太宗：即赵光义，公元976年至997年在位。
12. 王少佚豫：益王稍有过失。丑诋：批评，斥责。鄙：不满意，鄙视。
13. 暴扬：宣扬。中节：符合礼节。婉辞规讽：婉转规劝，讽：劝。诋诃：音dǐ jié，攻击，斥责。裨赞：辅助，补救。道：方式，方法。
14. 诈称疾不朝：假装有病不朝见皇帝。日使视疾：每天派人去探望。不瘳（chōu）：不愈。
15. 端士：正人，行端之人。

16. 时益王年仅十二岁。
17. 捽：音zuó，揪。杖：用棍或板打。
18. 群小：指益王身边那些品行不端的人。疾：恨。逸间：逸言离间。

◇ 赏 析

　　"血山"之论，实为至理，由此可见，姚坦忧民生之艰难，恶官吏之贪残，反对奢侈，崇尚俭朴之情操。益王造假山，召宾僚观赏，兴致正高，而姚坦直斥其非，以沮其意。可见他秉性刚正耿直，甚为可称。

45 直臣唐介

　　唐介，字子方，江陵人。父拱，卒漳州，州人知其贫，合钱以赙，介年尚幼，谢不取[1]。擢第，为武陵尉，调平江令[2]。民李氏资而吝，吏有求不厌，诬为杀人祭鬼[3]。岳守捕其家，无少长楚掠，不肯承[4]。更属介讯之，无他验[5]。守怒白于朝，遣御史方偕徙狱别鞫之[6]，其究与介同。守以下得罪，偕受赏，介未尝自言。

　　知莫州任丘县，当辽使往来道，驿吏以诛索破家为苦[7]。介坐驿门，令曰："非法所应给，一切勿与。稍毁吾什器者，必执之[8]。"皆贴服以去。沿边塘水岁溢，害民田，中人杨怀敏主之，欲割邑西十一村地猪涨潦，介筑堤阑之，民以为利[9]。通判德州，转运使崔峄取库绢配民而重其估[10]。介留牒不下，且移安抚司责数之[11]。峄怒，数驰檄按诘[12]，介不为动。既而果不能行。

　　入为监察御史里行，转殿中侍御史[13]。启圣院造龙凤车，内出珠玉为之饰。介言："此太宗神御所在，不可喧渎；后宫奇靡之器，不宜过制[14]。"诏亟毁去。张尧佐骤除宣徽、节度、景灵、群牧四使[15]，介与包拯、吴奎等力争之，又请中丞王举正留百官班庭论，夺其二使[16]。无何，复除宣徽使、知河阳。介谓同列曰："是欲与宣徽，而假河阳为名耳，不可但已也[17]。"而同列依违，介独抗言之[18]。仁宗谓曰："除拟本出中书[19]。"介遂劾宰相文彦博守蜀日造间金奇锦，缘阉侍通宫掖，以得执政[20]；今显用尧佐，益自固结，请罢之而相富弼[21]。又言谏官吴奎表里观望，语甚切直。

　　帝怒，却其奏不视，且言将远窜[22]。介徐读毕，曰："臣忠愤所激，鼎镬不避，何辞于谪²³？"帝急召执政示之曰："介论事是其职。至谓彦博由妃嫔致宰相，此何言也？进用冢司，岂应得预²⁴？"时彦博在前，介责之曰："彦博宜自省，即有之，不可隐。"彦博拜谢不已，帝怒益甚。梁适叱介使下殿，修起居注蔡襄趋进救之²⁵。贬春州别驾，王举正言以为太重，帝旋悟，明日取其疏入，改置英州²⁶，而罢彦博相，吴奎亦出。又虑介或道死，有杀直臣名，命中使护之。梅尧臣、李师中皆赋诗激美²⁷，由是直声动天下，士大夫称真御史，必曰唐子方而不敢名。

数月，起监郴州税，通判潭州，知复州²⁸，召为殿中侍御史。遣使赐告，趣诣阙下²⁹。入对，帝劳之曰："卿迁谪以来，未尝以私书至京师，可谓不易所守矣³⁰。"介顿首谢，言事益无所顾。

——《宋史·卷三百一十六》

◆ 注　释

1. 江陵：今湖北江陵。漳州：今福建九龙江一带。合钱：集资。赙：音 fù，送钱给人办丧事。
2. 擢第：通过科举被录用。武陵：县名，治所在今湖南常德市。尉：管一县治安的官员。平江：今湖南平江。
3. 资而吝：富有而吝啬。不厌：不满足。
4. 岳守：岳州知州，知州职如汉之太守，故称岳守。楚掠：拷打。承：承认。
5. 属：同"嘱"。令、使。讯：审问。验：验证。
6. 方偕：字齐古，兴化莆田（今属福建）人，时官侍御史，有能名。徙狱别鞫之：意为调审此案。徙：移。鞫：审讯。
7. 莫州：治所在今河北任丘市北鄚州镇，任丘乃莫州属县，地处辽国使臣往来之道。驿吏：驿站中负责接待往来官员的吏卒。
8. 法：规定。稍：小、少。什器：器皿。执：逮、拘。
9. 沿边：时任丘距宋、辽边界不远。中人：指宫中派出的担任某临时职务的太监。猪：音 zhū，通"潴"，水积聚。涨潦（lǎo）：过多的水，雨。阑：通"拦"。

10. 崔峄：字之才，京兆长安（今陕西西安）人，为官贪而奸，老而益甚。估：价钱，重其估：多收价钱。
11. 牒：音dié，公文。安抚司：即指安抚使。
12. 数驰檄按诘：多次派使者送书函追究，指责。
13. 入：此处意指由地方官进京为朝官，监察御史里行、殿中侍御史，皆官职名。
14. 启圣院：何所不详。渎：音dú，烦渎，轻慢。制：规模，规定。
15. 张尧佐：张贵妃（仁宗之妃）之伯父，张贵妃受宠，故其伯父得为四使，事在皇祐二年（公元1050年）。
16. 包拯：字希仁，庐州合肥人，北宋名臣。吴奎：字长文，潍州北海（今山东潍坊市）人，官至枢密副使、参知政事，为官喜奖廉善，知无不言，又清廉，名甚高。王举正：字伯仲，真定（今河北正定）人，官至御史中丞、礼部尚书、太子少傅。班：班列，朝列。庭论：在朝堂议论。
17. 不可但已也：不能就此停止论奏。
18. 依违：犹豫不决。抗言：大声抗争。
19. 除拟本出中书：指授张尧佐四使是中书省所为，除拟：任命，安排。
20. 文彦博：字宽夫，汾州介休（今山西介休）人，他任将相近五十年，历事四朝，亦宋之名相，下文唐介所劾之事，《宋史·文彦博传》不载，其属实与否不详。间金奇锦：中间织以金线的彩帛。缘：通过。阉侍：指太监。通宫掖：意为交结妃嫔。
21. 益：更加。固结：巩固自己的地位。富弼：参阅本书第315页《富弼使辽辞官》。
22. 却：退。窜：流放。
23. 鼎镬（huò）：锅，此指用锅煮的酷刑。谪：音zhé，贬谪，降职。
24. 冢司：即冢宰，指宰相。预：干预。
25. 梁适：字仲贤，东平（今属山东）人，官至同中书门下平章事，太子太保、太傅。修起居注：官名，职掌记皇帝起居言行。蔡襄：字君谟，兴化仙游（今属福建）人，后官至三司使。
26. 春州、英州：所辖略。
27. 梅尧臣：字圣俞，宣城（今属安徽）人，官至尚书都官员外郎，是北宋著名诗人。李师中：字诚之，楚丘（今河南滑县）人，为官甚得民心。
28. 郴州：在今湖南郴州一带。潭州：治今湖南长沙。复州：治今湖北沔阳一带。

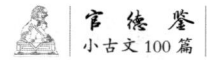

29. 趣诣阙下：催其到京城，进宫见帝。
30. 劳：慰劳。迁谪：迁指升官，谪指贬官。不易所守：不改变自己的操守。

◇赏　析

　　张尧佐乃是皇亲国戚，贵幸无比；文彦博乃是当朝宰相，一时权要，加以仁宗庇护二人，皇权威严，不可干犯。而唐介身为御史，忠正耿直，以正抑邪，敢言无畏，不避鼎镬，极力抗争，勇于冒犯皇尊，抵御权贵，乃至以直声动天下，为士大夫所称。后英宗、神宗二帝，皆以其有直声而大用之，故曰，唐介后得以为参知政事，是其耿直之德甚高的结果。

第六章

爱 民

爱民是对待人民的一种态度，是一种发自内心的情感，也是为官从政所必须具备的一种可贵的精神和品德。此德往往表现为热爱人民，关心人民疾苦，极力兴办公益事业，帮助人民发展经济，带民致富，救灾济民，兴民利，除民害等等。

　　古代的清官循吏，一般都有爱民之德。他们受任于国，治理一方，尽心尽力，尽职尽责，努力兴民利，去民害，力图让人民过上安定幸福的生活。正因其如此，古代人民才把这样的地方官称为父母官，这是对爱民者的高度评价。当然，为官而无爱民之德的人也不在少数，那些贪官不恤民情，不管人民疾苦，一味搜刮，以供享乐，理所当然地遭到了人们的痛恨，被人民斥为禄蠹。一般来说，清官多有爱民之德，贪官必无恤民之意。

　　爱民之德，对于从政者来说，是必须具备的官德之一，有此德方可从政，无此德不可为官。有此德者，为官必利其民，民得其利，必爱而誉之，得民誉则必获其益，故为官爱民、亦必利于官员自己。反之，无爱民之德者，为官必害其民，因而必为人民所痛恨，为民所恨而居官长久者，古来少有，故为官害民，终必害己。所以说，爱民之德至关重要，为官者切不可无此德。

　　自古至今，凡爱民者，必为人民所爱，这是一条永恒的定律。历览诸史，多有良吏之载，那些清官良吏，多有爱民之德，所以他们能够得民心，获民誉，不仅为人民所爱戴，且能垂辉史册，光照古今。汉之召信臣、刘宠，晋之邓攸，魏之杨逸，隋之辛公义、魏德深、公孙景茂，唐之韦丹、何易于，宋之李允则，明之王竑、范希正、陈幼学，皆以爱民著称，同时也都深为人民所敬爱。有的离任之时，人民号哭相送，不忍其去；有的秩满当迁，人民诣阙请留；有的为两地相争；有的调官他处，民众徙家相随。这些都充分体现了人民对有爱民之德者的爱戴。

"先天下之忧而忧，后天下之乐而乐"是古人推崇的一种崇高的精神境界，这其中就包含着鲜明的爱民思想，是爱民之德的一种鲜明的表述和体现，古人尚能如此，今人更应如此。公务和企事业管理工作者应该认真学习古今的爱民典范，努力培养自己的爱民之德，使自己成为一位让人怀念的人。

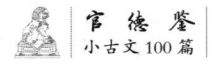

46 吴郡留邓攸

邓攸字伯道，平阳襄陵人也[1]。……元帝以攸为太子中庶子[2]。时吴郡阙守，人多欲之，帝以授攸[3]。攸载米之郡[4]，俸禄无所受，唯饮吴水而已。时郡中大饥，攸表振贷，未报，乃辄开仓救之[5]。台遣散骑常侍桓彝、虞斐慰劳饥人，观听善不，乃劾攸以擅出谷[6]。俄而有诏原之[7]。攸在郡刑政清明，百姓欢悦，为中兴良守。后称疾去职。郡常有送迎钱[8]数百万，攸去郡，不受一钱。百姓数千人留牵攸船[9]，不得进，攸乃小停，夜中发去。吴人歌之曰："紞如打五鼓，鸡鸣天欲曙。邓侯拖不留，谢令推不去[10]。"百姓诣台乞留一岁[11]，不听。拜侍中。岁余，转吏部尚书[12]。蔬食弊衣，周急振乏。性谦和，善与人交，宾无贵贱，待之若一。

——《晋书·卷九十》

◆ 注 释

1. 平阳：郡名，辖境相当今山西霍县以南的汾河流域及其以西地区，治所在平阳（今临汾西南）。襄陵：县名，在山西西南部，1954年与汾城县合并为襄汾县。
2. 元帝：即东晋元帝司马睿（ruì），公元317年至322年在位。太子中庶子：官职名，是太子属官，晋设四人，职比散骑常侍。
3. 吴郡：辖境相当于江苏上海长江以南，大茅山以东，长兴、吴兴、天目山以东，与建德以下的钱塘江两岸。阙：同"缺"。守：郡守，太守。
4. 之：去、赴。载米之郡：即用船载米去吴郡上任。
5. 大饥：大闹饥荒。表：本是臣下给君王上书言事的一种文体形式，此指上表。赈贷：即放粮救济饥民。未报：朝廷未有旨意。辄：就。

6. 台：指台阁、家司，指中央权力机构，此指门下省，桓彝以散骑常侍出慰饥民，而散骑常侍乃门下省官员，掌规谏，帝出，则骑而散从，常为显职。桓彝：字茂伦，谯国龙亢（今属安徽）人，曾官宣城内史，有惠政，为百姓所怀，苏峻作乱，彝守宣城，城陷，被害。虞斐：字思行，会稽余姚人，官至吴兴太守，金紫光禄大夫，甚有才望，然早卒，时人惜之。观听善不：了解，调查政治优劣，不：同"否"。劾：劾奏。擅：擅自。
7. 俄：不久。诏：皇帝诏令。原：赦罪。
8. 送迎钱：用于送上任太守，迎接下任太守的钱。
9. 留牵攸船：拉住邓攸的船而留之。
10. 歌：编成歌谣。紞：音 dǎn，击鼓声。曙：破晓，日出时。谢令：所指不详，疑是此前的吴县一位不得民心的县令，吴郡治所与吴县治所都在一城，太守邓攸清，去时民留之，县令浊，而民欲去之。
11. 诣台：上访朝廷主管派遣任命官员的机构。乞留一岁：请邓攸再留任一年。
12. 侍中、吏部尚书：皆朝官，职甚重。

◇赏 析

　　只有为政爱民者，才能得到人民的爱戴，邓攸恤民，不待报而开仓救民，故为人民爱；只有德才兼备者，才能为人民所敬重，邓攸德高才亦高，故得民和，离吴之时，百姓牵船不放，又诣台乞留，足见其深得民心，故而，史称为中兴良守，这是很有道理的。

　　邓攸载米之郡，不受俸禄，离吴时不受送迎钱，可见其廉德甚高；开仓救民，不等圣旨，可知其勇德非凡；蔬食弊衣，足见俭德出众；性谦和，宾无贵贱，谦恭之德超常。此外，刑政清明，百姓欢悦，亦表明他治才出奇。此四德一才，足为史家所称。

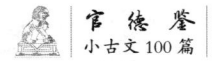

47 贵乡馆陶争县令

魏德深,本巨鹿人也。祖冲,仕周为刑部大夫、建州刺史,因家弘农。父毗,郁林令[1]。德深初为文帝挽郎,后历冯翊书佐、武阳司户书佐,以能迁贵乡长[2]。为政清净,不严而治。会兴辽东之役[3],征税百端,使人往来[4],责成郡县。于时王纲弛紊[5],吏多赃贿,所在征敛,下不堪命。唯德深一县,有无相通,不竭其力,所求皆给,百姓不扰,称为大治。于时盗贼群起,武阳诸城多被沦陷,唯贵乡独全[6]。郡丞元宝藏受诏逐捕盗贼,每战不利,则器械必尽,辄征发于人[7],动以军法从事,如此者数矣。其邻城营造,皆聚于庭事,吏人递相督责,昼夜喧嚣,犹不能济[8]。德深各问其所欲任,随便修营,官府寂然,恒若无事[9]。唯约束长吏,所修不须过胜余县[10],使百姓劳苦。然在下各自竭心,常为诸县之最[11]。寻转馆陶长,贵乡吏人闻之,相与言及其事,皆歔欷流涕,语不成声[12]。及将赴任,倾城送之,号泣之声[13],道路不绝。

既至馆陶,阖境老幼皆如见其父母[14]。有猾人员外郎赵君实,与郡丞元宝藏深相交结,前后令长未有不受其指麾者[15]。自德深至县,君实屏处于室,未尝辄敢出门。逃窜之徒,归来如市[16]。贵乡父老冒涉艰险,诣阙请留德深,有诏许之[17]。馆陶父老复诣郡相讼,以贵乡文书为诈[18]。郡不能决。会持节使者韦霁、杜整等至[19],两县诣使讼之,乃断从贵乡。贵乡吏人歌呼满道,互相称庆。馆陶众庶合境悲哭,因而居住者数百家[20]。

——《隋书·卷七十三》

◆注　释

1. 巨鹿：今河北巨鹿。祖冲：魏德深祖父名冲。弘农：今河南灵宝。其父名毗，官为郁林令。
2. 挽郎：官名，负责管理皇帝车马。冯翊、武阳：皆郡名。书佐：官名，主管起草和缮写文书。司户：郡中主管民政的部门或官员。贵乡：县名，即今河北大名。
3. 大业八年（公元612年），隋炀帝兴师征伐辽东，集兵一百一十三万三千八百，号二百万，馈运者倍之，其军资耗费，皆民负之，故赋税繁重，民皆不堪。
4. 使人：使者，即督财税者。
5. 王纲：指政纪法令。弛紊：废乱。
6. 贵乡：属武阳郡。
7. 郡丞：官名，郡守的副手。器械：武器。征发：征敛。
8. 庭事：即厅事，亦即厅堂。济：此意为解决，安排好。
9. 随便：事随便利。恒：常，总。
10. 不须过胜余县：不许超过他县。
11. 竭：尽。最：第一。
12. 寻：不久。馆陶：县名，即今河北馆陶。亦属武阳郡。歔欷：音 xū xī，即"嘘唏"，小声哭。涕：泪。
13. 号：音 háo，大声哭。
14. 阖：音 hé，全，总共。
15. 赵君实：曾官为员外郎，为人刁蛮狡猾。受其指麾：受他指使。指麾：即指挥，指使。
16. 逃窜之徒：逃离贵乡以避祸害的良民。
17. 诣阙：拜见皇帝，阙指宫殿。
18. 诣郡相讼：到武阳郡打官司争县令魏德深。诈：此意为假。
19. 持节使者：节是古代重臣出使时所持的一种信物。
20. 因：跟从。因而居住者：跟从魏德深迁官而搬家的人，即徙家跟从魏德深。

◇赏　析

　　有人为官深得民心，有人为官骂声不绝，其根本原因在于有

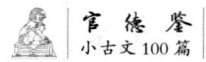

无官德与吏才，尤其是爱民恤民与否。魏德深以高才茂德为政，恤爱人民，故所治之处，深得民誉，以至贵乡、馆陶二县相争，得之者欢庆，失之者悲号，甚而徙家相随从者数百。为官如此，必可名垂千古，光灿古今，无愧于世，亦无愧于己。自古以来，为官清正为民所怀者大有其人，然而像魏德深这样，为两个行政区域所争者，却不多见，这是人民对魏德深的最好的评价。

48 良牧公孙景茂

公孙景茂,字元蔚,河间阜城[1]人也。……

开皇初,召拜汝南太守[2]。郡废,为曹州司马,迁息州刺史[3]。法令清静,德化大行。属平陈之役[4],征人在路病者,景茂减俸禄为饘粥汤药[5],多方振济之,赖全活者千数[6]。上闻嘉之,诏宣示天下。十五年[7],上幸洛阳,景茂谒见。时七十七,上命升殿坐。问其年,哀其老,嗟叹久之。景茂再拜曰:"吕望八十而遇文王[8],臣逾七十而逢陛下。"上甚悦,下诏褒美之,加上仪同三司,伊州刺史[9]。明年,以疾征,吏人号泣于道[10]。及疾愈,复乞骸骨[11],又不许。

转道州刺史。悉以秩俸买牛犊鸡猪,散惠孤弱不自存者[12]。好单骑巡人[13],家至户入,阅视百姓产业。有修理者,于都会时,乃褒扬称述;如有过恶,随即训导,而不彰也[14]。由是人行义让,有无均通。男子相助耕耘,妇女相从纺织,大村或数百户,皆如一家之务。其后请致仕,上优诏听之[15]。仁寿中,上明公杨纪出使河北[16],见景茂神力不衰,还以状奏。于是就拜淄州刺史,赐以马舆,便道之官[17]。前后历职,皆有德政,论者称为良牧[18]。

大业初,卒官。年八十七,谥曰康[19]。身死之日,诸州人吏赴丧者数千人。或不及葬,皆望坟恸哭,野祭而去[20]。

——《北史·卷八十六》

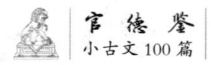

◆ 注 释

1. 河间阜城：河间郡阜城县，在今河北省东南部。
2. 开皇：隋文帝年号。汝南：郡名，辖境相当今河南与安徽交界处一带，治所在上蔡（今河南汝南），隋开皇初废。
3. 曹州：辖今山东菏泽一带，治所在济阴（今山东曹县西北）。司马：官名，掌军务。息州：辖境相当今河南省东南部。
4. 属：音 zhǔ，适。平陈之役：隋消灭南方的陈朝，统一全国的军役。
5. 饘：音 zhān，稠粥，稠曰饘，稀曰粥。
6. 振济：救济。赖：依赖。全活：保全而活命。
7. 十五年：即开皇十五年（公元 595 年）。
8. 吕望即姜尚，文王即周文王，传说，姜尚年八十，垂钓渭滨，周文王闻其贤，请之于渭滨而辅政，终于兴周灭商。
9. 上仪同三司：南北朝末期，仪同三司成为一种官衔。上：上等，即仪同三司中的最高级别。
10. 以疾征：因有病而征调。号：音 háo，哭号。
11. 乞：乞求。骸（hái）骨：本意为尸骨，乞骸骨意为：请放我这把老骨头回原籍，此是老臣要求致仕还乡的自谦的说法。
12. 道州：在今湖南道县、宁远以南的潇水流域。散惠：发放，施惠。孤弱不自存者：孤单贫弱不能养活自己的人。
13. 好单骑巡人：喜欢独自一人骑马巡访。
14. 修理：修指有教养，理指产业管理得当。都会：集会，聚会。彰：张扬，公开。
15. 耘：除草。致仕：年老退休。优诏：对他进行褒扬的诏书。
16. 仁寿：隋文帝第二个年号。杨纪字温范，起初袭爵为华山郡公，后改封汾阳县公，又改封上明郡公，官至上大将军，给事黄门侍郎，荆州总管，为人刚正，有器局。
17. 淄州：辖境相当今山东淄博一带。马舆：即车马。便道之官：即由其家乡阜城直接去淄州上任，之：动词，去，赴。
18. 良牧：牧指州牧、郡守一类官员，是地方行政区域最高长官。优：优良。
19. 大业：隋炀帝年号。卒官：死于为官任上。谥：人死后根据其生前言行特点给予的称号叫谥号。

20. 或：有的，有人。野祭：在野外祭祀。

◇ **赏　析**

　　公孙景茂之所以被称为良牧，是因为他爱民恤民，他用自己的俸禄救济征人病者，又买牛犊鸡猪，送给贫弱者。常人为官，为的是俸禄，而他却用俸禄济民，故他堪称爱民恤民的典范。透过他的恤民行为，可见他慈善、廉洁等高尚品质，这些品质，正是他深得民心的原因所在。

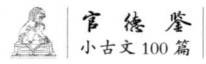

49 韦丹父子有政声

韦丹字文明，京兆万年人[1]，……为容州刺史。教民耕织，止悟游，兴学校，民贫自鬻者，赎归之，禁吏不得掠为隶[2]。始城州[3]，周十三里，屯田二十四所，教种茶麦，仁化大行。迁河南少尹，未至，徙义成军司马[4]。以谏议大夫召[5]，有直名。

……

徙为江南西道观察使[6]。丹计口受俸，委余于官，罢八州冗食者[7]，收其财。始，民不知为瓦屋，草茨竹椽，久燥则戛而焚[8]。丹召工教为陶，聚材于场，度其费为估，不取赢利[9]。人能为屋者，受材瓦于官，免半赋，徐取其偿[10]；逃未复者，官为为之；贫不能者，畀以财[11]。身往劝督。置南北市，为营以舍军，岁中旱，募人就功，厚为直，给其食[12]。为衢南北夹两营，东西七里。以废仓为新厩，马息不死[13]。筑堤扞江，长十二里，窦以疏涨[14]。凡为陂塘[15]五百九十八所，灌田万二千顷。有吏主仓十年，丹覆其粮，亡三千斛[16]，丹曰："吏岂自费邪？"籍其家，尽得文记，乃权吏所夺[17]，召诸吏曰："若侍权取于仓[18]，罪也，与若期一月还之。"皆顿首谢，及期无敢违。有卒违令当死，释不诛，去，上书告丹不法，诏丹解官待辨[19]。会卒，年五十八。验卒所告，皆不实，丹治状愈明。

大和中，裴谊观察江西，上言为丹立祠堂，刻石纪功，不报[20]。宣宗读《元和实录》[21]，见丹政事卓然[22]，它日与宰相语："元和时治民孰第一？"周墀对："臣尝守江西，韦丹有大功，德被八州，殁四十年,老幼思之不忘[23]。"乃诏观察使纥干息[24]上丹功状,命刻功于碑。

......

宣宗谓宰相墀曰:"丹有子否?"以宙对。帝曰:"与好官。"乃拜侍御史,三迁度支郎中。……出为永州刺史[25]。州方灾歉,乃斥官下什用所以供刺史者[26],得九十余万钱,为市粮饷。俗不知法多触罪,宙为书制律并种植为生之宜,户给之。州负岭,转饷艰险,每饥,人辄莩死,宙始筑常平仓,收谷羡余以待乏[27]。罢冗役九百四十四员。县旧置吏督赋,宙俾民自输,家十相保,常先期。湘源生零陵香[28],岁市上供,人苦之,宙为奏罢。民贫无牛,以力耕,宙为置社,二十家月会钱若干,探名得者先市牛,以是为准,久之,牛不乏[29]。立学官,取仕家子弟十五人充之。初,俚民婚[30],出财会宾客,号"破酒",昼夜集,多至数百人,贫者犹数十;力不足,则不迎,至淫奔者[31]。宙条约,使略如礼,俗遂改[32]。

——《新唐书·卷一百九十七》

◆ **注　释**

1. 京兆万年:即今陕西西安。
2. 鬻:音 yù,卖。赎归之:赎之使回家。禁吏不得掠为隶:禁止官吏,不准掠贫民为奴隶。
3. 始城州:开始修建州城,此前,州无城。城:动词,指建筑州城。
4. 义成军:唐于重要地区设兵戍守,大者称"军",小者称"镇""戍"等,但不详义成军住何处。河南少尹、司马:皆官名。
5. 谏议大夫:朝官,负责进谏。以谏议大夫召:召他进京任谏议大夫。
6. 江南西道:道是唐代行政区域,唐初把全国分为十道,江南道乃其一,开元二十一年分江南道为东西两道,江南西道治所在洪州(今江西省南昌市),

统辖宣、饶、抚、虔、洪、吉、袁、郴、江、鄂、岳、潭、衡、永、道、邵、澧、郎、连等州，相当于现在江西、湖南、皖南及湖北东部的江南地区。观察使：官名，乾元元年（公元758年）改采访处置使为观察处置使，掌考察州县官吏政绩，后兼民事，管辖的地区即为一道。

7. 计口受俸：根据自家人口，需要多少就接受多少俸禄。冗食者：指多余的官吏。
8. 草茨竹椽：以草盖屋顶，以竹子为椽。久燥则戛（jiá）而焚：戛即戛然，形容声音响亮，指竹木燃烧时发出的响亮声音。
9. 陶：烧制屋瓦。度：音 duó，估计。
10. 免半赋：免其租税之半。徐取其偿：慢慢收取瓦钱。徐：慢。偿：值，价钱。
11. 逃未复者：逃亡未归的人，即躲避荒乱尚未回家的人。畀：给。
12. 置：创建。为营以舍军：建军营让兵卒居住。直：通"值"。
13. 衢：音 qú，街道。厩：音 jiù，马棚。息：生长，滋生。
14. 扞：同"捍"，卫护。窦：孔道。疏：疏散，此意为泄。涨：指水大，涨水。窦以疏涨：筑堤时留有孔道，以便水涨时泄水。
15. 陂（bēi）塘：即池塘，水库。
16. 主仓：主管仓库。覆：核量。亡：少。斛：音 hú，容量单位，十斗为一斛。
17. 籍其家：抄其家。文记：账目。权吏：有权之官吏。
18. 若：你，第二人称代词。
19. 释不诛：放之而不杀。解官待辨：解除官职，等待分辨真伪。
20. 大和：唐文宗李昂年号。裴谊：人名，大和初任大理卿，大和四年，出为江西观察使。上言：意为申报。不报：未获批准。
21. 宣宗：李忱，公元847年至858年在位。元和：宪宗年号，《元和实录》：记宪宗时政事的书，韦丹事宪宗朝。
22. 卓然：卓著，超出一般。
23. 周墀：字德升，汝南人，官至同平章事，中书侍郎，刑部尚书，御史大夫。殁：死。
24. 纥干臮：人名，曾任江西观察使，后官至尚书。纥干：复姓。纥：音 hé。臮：音 jì。
25. 侍御史、度支郎中：皆官名，是朝官。由朝官改任刺史，故曰出。
26. 灾歉：因灾而收成不好。乃斥官下什用所以供刺史者：把专门供给刺史的官府中的器物，费用都减掉不用。
27. 州负岭：指永州北靠秦岭。莩：同"殍"，音piǎo，因饥饿而死。常平仓：为备荒赈恤而设之仓，丰时收进，荒时放出。羡余：剩余。
28. 湘源：地名。生：生产。零陵香：一种香。
29. 社：此指一种组织形式。月会钱：按月而交的钱。探名：把二十家姓名写好，置于器皿中，盖好，伸手去抓，抓到谁谁先买牛。市：买也。乏：缺。
30. 俚民：古族名，分布于广东、广西，后部分与汉人融合，部分与壮人融合。
31. 不迎：不迎娶。淫奔：私奔。
32. 条约：分列条目以约束民众。略：大略，基本上。礼：礼制，礼法。

◇ **赏 析**

韦丹韦宙，爱民恤民，父子相承，俱为良吏。虽曰二人为官异时异地，然俭以克己，慈以恤民却是父子同操共守。父计口受俸，委余于官，子斥官下什用所以供刺史者；父教民为瓦屋，民乃不畏风雨，子助民买牛，民乃免力耕；父为陂塘以灌民田，子筑常平以备荒年。父子二人皆有善政，同有令名，为时所称，为民所怀，自然是理所应当的。

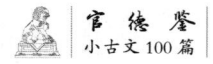

50 何易于引舟阁诏

　　何易于，不详何所人及所以进¹。为益昌令²。县距州四十里，刺史崔朴常乘春与宾属泛舟出益昌旁，索民挽繂，易于身引舟³，朴惊问状，易于曰："方春，百姓耕且蚕，惟令不事⁴，可任其劳。"朴愧，与宾客疾驱去。盐铁官榷取茶利，诏下，所在毋敢隐⁵。易于视诏书曰："益昌人不征茶且不可活，矧厚赋毒之乎⁶？"命吏阁诏⁷，吏曰："天子诏何敢拒？吏坐死，公得免窜邪⁸？"对曰："吾敢爱一身，移暴于民乎？亦不使罪尔曹⁹。"即自焚之。观察使素贤之，不劾也¹⁰。民有死丧不能具葬者，以俸敕吏为办¹¹。召高年坐，以问政得失。凡斗民在廷，易于丁宁指晓枉直，杖楚遣之¹²，不以付吏，狱三年无囚。督赋役不忍迫下户，或以俸代输¹³。馈给往来，传符外一无所进¹⁴，故无异称。以中上考，迁罗江令¹⁵。刺史裴休尝至其邑，导侍不过三人，廉约盖资性云¹⁶。

——《新唐书·卷一百九十七》

◆ 注　释

1. 进：指仕进，即为官的途径。
2. 益昌：县名。令：县令。
3. 索：求，要。挽：拉。繂：音 lǜ，粗绳索，此指纤绳。引：拉。
4. 方春：正值春天。蚕：养蚕。不事：无事。
5. 盐铁官：管食盐专卖及银铜铁锡采冶的官吏。榷：音 què，专利，专卖。建中元年（公元780年），初征茶税，不久停止，贞元间（785—792年）复征，大和九年（公元835年）令茶户将茶树移植官场，茶叶产销都由政府垄断。诏下：皇帝诏令一下。隐：隐瞒。
6. 矧：音 shěn，况且。厚赋：重税。毒：残害。
7. 阁诏：即把诏书放起来，意为不执行诏命。阁：音 gé，放东西的架子。
8. 吏坐死：意为我就会因此而丢命。公得免窜邪：您能够避免流放吗？
9. 尔曹：汝辈，你们。
10. 观察使：官名。素：平时，一直。贤之：以之为贤。不劾：不追究，不弹劾。
11. 不能具葬：因贫而无力葬也。以俸敕吏为办：用自己的俸禄命县吏为其办丧葬之事。
12. 斗民：打架的人。廷：堂也。丁宁：即"叮咛"。指晓枉直：指明谁是谁非。杖楚：用棍棒打理屈者。
13. 下户：穷户。以俸代输：用俸禄为下户代输租赋。
14. 此句意为：何易于不行贿赂，守正不移。传符：通行的符信，此指正常的公务往来，唐人孙樵《书何易于》："权势如何？曰：'传符外一无所与'"。
15. 中上考：考察政绩，定为中上，古代朝廷按时考察地方官员的政绩，中上是考定的等级，是很高的等级。罗江：县名，在四川北部现为德阳市罗江区。
16. 裴休：字公美，济源（在河南省西北部）人，后官至礼部尚书、吏部尚书、太子少师。邑：指县城。导侍：指向导和侍奉者，即接待者。廉约：即廉洁俭约。盖：表原因。资性：指天资、本性。云：语助词。

◇赏 析

有人为官，希图仕进，对下常是专横残暴之姿，对上多有阿谀谄媚之态，目的在于取悦上司，以求自身之利。而何易于则不然，他为政旨在恤民，不谋自利。上司言行有害于民，何易于凭靠刚正之姿，全力相抗，以护下民。以身引舟，必有故意羞愧刺史之嫌，焚诏书，抗诏命，必有自毁前程，招灾惹祸之危，然而他一心爱民，全无所顾，其刚正不屈，实为可贵，且又能以俸为贫民发丧，代下户输赋，可见其清廉慈恤之德并高。身为县令，言以爱民为意，行以恤民为务，可谓善政矣。

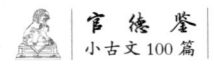

51 李允则除三税

　　李允则，字垂范，济州团练使谦溥子也¹。少以材略闻，荫补衙内指挥使，改左班殿直²。

……

　　累迁供备库副使、知潭州³。将行，真宗谓曰："朕在南衙，毕士安尝道卿家世，今以湖南属卿⁴。"初，马氏暴敛⁵，州人出绢，谓之地税。潘美定湖南，计屋输绢⁶，谓之屋税。营田户给牛⁷，岁输米四斛，牛死犹输，谓之枯骨税。民输茶，初以九斤为一大斤，后益至三十五斤⁸。允则请除三税，茶以十三斤半为定制，民皆便之。湖湘多山田，可以艺粟⁹，而民惰不耕。乃下令月所给马刍，皆输本色¹⁰，由是山田悉垦。湖南饥，欲发官廪先赈而后奏，转运使执不可，允则曰："须报逾月，则饥者无及矣¹¹。"明年荐饥，复欲先赈，转运使又执不可，允则请以家资为质，乃得发廪贱粜¹²。因募饥民堪役者隶军籍¹³，得万人。转运使请发所募兵御邵州蛮¹⁴，允则曰："今蛮不搅，无名益戍，是长边患也¹⁵。且兵皆新募，饥瘠未任出戍。"乃奏罢之。陈尧叟安抚湖南，民列允则治状请留，尧叟以闻¹⁶。召还，连对三日，帝曰："毕士安不谬知人者。"

……

　　允则不事威仪，间或步出，遇民可语者，延坐与语，以是洞知人情¹⁷。讼至，无大小面讯立断。善抚士卒，皆得其用。盗发辄获，人亦莫知所由。身无兼衣，食无重羞¹⁸，不畜资财。在河北二十余年，事功最多，其方略设施，虽寓于游观、亭传间，后人亦莫敢隳[19]。至于国信往来，费用仪式，多所裁定[20]。

——《宋史·卷三百二十四》

◆注 释

1. 济州：辖今山东济宁市及郓城、巨野、金乡等县地，治所在巨野。团练使：官名，宋代为武将兼衔，官阶高于刺史。谦溥：其父名。
2. 少以材略闻：年轻时就以有才干闻名。荫补：因祖、父为官而得以荫护为官。衙内指挥使、左班殿直：皆官名。
3. 供备库副使：官名。潭州：治今湖南长沙一带。
4. 真宗：赵恒，宋太宗之第三子。南衙：北宋时习惯称开封府的官署为南衙，真宗未为太子之前，曾为开封尹（事在淳化五年，即公元994年），故言。毕士安：字仁叟，代州云中（今山西大同）人，事真宗于南衙、东宫，以至辅相。属：交给，托付。
5. 马氏：指五代十国时的楚政权，马殷所建，故称之为马氏。
6. 潘美：字仲询，大名（今属河北）人，宋初，灭南汉、南唐、北汉时，任大将，雍熙三年（公元986年）攻辽，不听名将杨业之策，致兵败，杨业陷敌而无救，故为时所非。乾德二年（公元964年），潘美开始攻南汉，至开宝四年（公元971年），南汉主刘鋹降，俘其宗室官属，送汴，得州六十，县二百四十，潘美定湖南，即指此。计屋输绢：按屋征绢。
7. 营田户：屯田的农户。
8. 益：增，加。
9. 艺：种植。
10. 月所给马刍：民按月上交官府喂马的草。皆输本色：都交鲜草，本色指草之本色。
11. 须：等。逾：超过。无及：等不到。
12. 荐饥：连续发生饥荒。质：抵押。发廪：开仓。贱粜：低价卖粮。
13. 募：征集。隶军籍：当兵。
14. 御：抵御。邵州：治所在今湖南邵阳。蛮：古代对南方少数民族的贬称。
15. 不搅：不扰乱。无名益戍：没有理由加强戍守。

16. 陈尧叟：字唐夫，官至工部尚书、户部尚书、同平章事、检校太尉、右仆射。闻：奏明皇帝。
17. 不事威仪：不讲究仪仗威严。间或步出：有时步行出门。洞知：了解得特别清楚。
18. 身无兼衣：言其衣着俭朴，不同时穿两件。食无重羞：一顿饭不吃两样菜，重：两样。羞：菜。
19. 李允则继知潭州后，历知沧州、瀛洲、雄州，均在河北，先后二十余年。事功：建立功业。方略设施：宏图规划及有关的工程建筑。游观、亭传：游玩观赏和驿站传舍。隳：音 huī，毁坏。
20. 国信：国家的使臣。裁定：制定。

◇赏 析

　　古时遇到灾荒，地方官要想开仓放粮以救灾民，是要得到朝廷批准的。然而，古时交通不便，远离京城的州县要上报朝廷，往来需要时日，等批文回来，恐怕饥民都已饿死。所以，凡有爱民之德的官员，都是不顾个人前程，不畏个人风险，不待报而开仓救民。李允则身上的爱民之德在两次开仓中得到充分的体现，此外，身无兼衣，食无重羞亦见其俭德之高矣。

第六章 爱 民

52 王竑救灾[1]

凤阳、淮安、徐州大水,道殣相望。竑上疏奏,不待报,开仓振之[2]。至是山东、河南饥民就食者坌至,廪不能给[3]。惟徐州广运仓有余积,竑欲尽发之,典守中官不可[4]。竑往告曰:"民旦夕且为盗。若不吾从,脱有变,当先斩若,然后自请死耳[5]。"中官惮竑威名,不得已从之。竑乃自劾专擅罪,因言:"广运所储仅支三月,请令死罪以下,得于被灾所入粟自赎[6]。"帝复命侍郎邹干赍帑金驰赴,听便宜[7]。竑乃躬自巡行散振[8],不足,则令沿淮上下商舟,量大小出米。全活百八十五万余人。劝富民出米二十五万余石,给饥民五十五万七千家。赋牛种[9]七万四千余,复业者五千五百家,他境流移安辑者万六百余家。病者给药,死者具槥,所鬻子女赎还之,归者予道里费[10]。人忘其饥,颂声大作。初,帝闻淮、凤饥,忧甚。及得竑发广运仓自劾疏,喜曰:"贤哉都御史[11]!活我民矣。"尚书金濂、大学士陈循等皆称竑功[12]。是年十月,就进左副都御史[13]。时济宁亦饥,帝遣尚书沈翼赍帑金三万两往振[14]。翼散给仅五千两,余以归京库。竑劾翼奉使无状,请仍易米备振,从之。

……

宪宗即位,给事中萧斌、御史吕洪等,共荐竑及宣府巡抚李秉堪大用[15]。下廷议,尚书王翱、大学士李贤请从其言[16]。帝曰:"古人君梦卜求贤,今独不能从舆论所与乎[17]?"即召竑为兵部尚书，秉为左都御史。命下，朝野相庆。

——《明史·卷一百七十七》

◆ 注 释

1. 王竑：字公度，江夏（今湖北武昌）人，正统四年（公元1439年）进士，官至兵部尚书。

2. 道殣相望：路上饿死的人到处都有。殣：音jìn，饿死。振：同"赈"，赈救。

3. 就食：来吃。夲：音bèn，并，一起。廪不能给：粮仓不能供给。

4. 广运：仓库名。典守中官：主管粮库的中官。不可：不同意，不允许。

5. 若不吾从：如不听我的。脱：如果，若。

6. 被灾所：遭灾的地方。入粟自赎：交粮食以赎罪。

7. 邹干：字宗盛，余杭（今属浙江）人，正统四年进士，官至礼部尚书。加太子太保，曾考察山西官吏，黜布政使侯复以下五十余人。赍帑金：带着金银。听便宜：听其认为怎样方便、适宜，便怎么办，意为授其权，不加限制。

8. 散振：散发给饥民以赈救之。

9. 赋：征收。牛种：小牛，牛犊。

10. 槥：音huì，棺材。予：给。道里费：路费。

11. 时王竑为佥都御史兼巡抚淮、扬、庐三府，徐、和二州，又兼理两淮盐课，故以都御史称之。

12. 金濂：字宗瀚，山阳（今江苏淮安）人，永乐十六年进士，官至刑部尚书、户部尚书、太子太保。陈循：泰和（今属江西）人，永乐十三年进士第一，官至户部尚书，文渊阁大学士，明代大学士入阁参机务，职权甚重。

13. 左副都御史：都察院副长官，秩为正三品，王竑原为佥都御史，为正四品，由四品升为三品，故曰进。

14. 济宁：州名，在今山东省西南部。

15. 宪宗：即成化皇帝，名朱见深。给事中：官名。萧斌、吕洪：皆人名。李秉：字执中，曹县（今属山东）人，正统元年进士，官至左都御史、吏部尚书，曾官宣府（今河北宣化），有政声。

16. 尚书王翱：即吏部尚书王翱，参阅本书第270页《王翱公勤廉正》。李贤：字原德，邓县（今属河南）人，宣德八年进士，官至少保，华盖殿大学士。

17. 独：难道。与：赞扬，称许。

◇赏 析

　　王竑一意救民，不惧个人祸福，以至人民誉颂，皇帝赞叹，朝臣称功，终被大用。究其根本，恤民之德甚高所致也。

　　为官务治，旨在利民，灾年民困，自然要极力抚恤。惠爱人民，泽加一方，乃是地方官员从政之高功；救灾济时，扶危拯困，乃是各级官员为官之大德。利民即利国，爱国即爱民，此是常理、通理、至理。

第七章

惜 才

惜才就是珍惜人才。珍惜人才不仅是对待人才的态度问题，也是一种道德情操，且是为官者必须具备的一种品德。

人才是成就事业并使之兴旺发达的保证，各行各业都需要人才，无论是政治、经济，还是思想、文化，也不管是大机关、大企业，还是小部门、小单位，都是如此。开创事业需要人才，事业守成也需要人才。

爱惜人才，珍惜人才，正确使用人才，可以使工作趋利避害，防止走弯路，少犯或不犯错误，花费最短的时间、最小的气力、最少的财力，取得最大限度的成就。而轻视人才则往往是有损失，无成就。人才就像栋梁和支柱关系到大厦的安危一样，关系到一个部门或单位的兴衰。所以，任何时候，任何地方，都必须珍惜人才。

纵观历史可知，凡是珍惜人才的时候，事业就兴旺发达，凡是轻视或摧残人才的时候，就必然带来败亡。商纣王不用三仁而国灭，汉高祖用三杰而得天下；齐失管仲而生国难，秦得百里奚而成霸业；唐太宗用房、杜而有贞观之治，李隆基失姚宋而生安史之乱。这些事实足以说明珍惜人才的重要性和必要性。

珍惜人才决不能停留在心理上或口头上，而必须落实到行动上。珍惜人才应体现在以下三个方面：首先是发现和培养人才。发现人才和培养人才是使用人才的前提条件，重视人才首先就要重视人才的培养和造就。若见可培养者不培养，可造就者不造就，便是扼杀人才。其次是重用人才。培养和发现了人才之后，就应该大胆而又审慎地使用人才，委以重任，授之以权，使其才能得以充分地发挥出来。若有人才而不用，知其贤而弃之，便是浪费人才，浪费人才比浪费钱财危害更大。再次是关心人才，若想使人才充分发挥其作用，就必须使其无后顾之忧，心情舒畅，精力集中，而要做到这一点，就必须关心人才的衣食住行，做到无微不至。若只顾使用人才而不关心其生活，便是残害人才，残害人才便是对社会的犯罪。

自古以来，在用人问题上存在着用人唯亲与用人唯贤两种根本相反的态度。用人唯亲者为人所痛恨，用人唯贤者为人所赞颂。用人唯亲者心怀私欲，以私害公；用人唯贤者胸怀至公，以公废私。而惜才正是用人唯贤的表现，所以说，惜才之德与公德相互联系，有公德才能惜才，无公德必轻才。

古人惜才者有之，而当今惜才者更多。党政公务人员或企事业管理人员应该以古人或今人为榜样，努力培养自己的惜才之德。

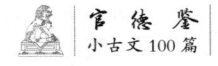

53 鲁仲连论用人之长

孟尝君有舍人而弗悦，欲逐之[1]。

鲁连[2]谓孟尝君曰："猿猕猴错木据水，则不若鱼鳖[3]；历险乘危，则骐骥不如狐狸[4]。曹沫之奋三尺之剑，一军不能当[5]；使曹沫释其三尺之剑，而操铫耨，与农夫居垄亩之中[6]，则不若农夫。故物舍其所长，之其所短，尧亦有所不及矣[7]。今使人而不能，则谓之不肖[8]；教人而不能，则谓之拙。拙则罢之，不肖则弃之，使人有弃逐，不相与处而来害相报者[9]，岂非世之立教首也哉[10]！"孟尝君曰："善。"乃弗逐。

——《战国策·齐策三》

◆ 注　释

1. 孟尝君：战国时齐国人，姓田名文，因袭封于薛，称薛公，（薛，当时地名，在今山东滕州市以南）号孟尝君，曾为齐湣王相国。他门下养有数千食客，与赵国的平原君赵胜、魏国的信陵君无忌、楚国的春申君黄歇并为战国时期四位以养食客之多而著称的所谓贤者。舍人：门客中派有职事的人。弗悦：不喜欢。欲逐之：想赶走他。
2. 鲁连：即鲁仲连，战国时齐国人，善于计谋策划，常周游各国，排难解纷，而不愿为官，时称之为高士。
3. 猿猕猴：即猿猴。错木：离开树木。错：通"措"，弃置，丢开。据水：到水中去，据：处，居。鳖：音 biē。
4. 历险：越过艰险，历：攀越。乘：登。骐骥：良马。
5. 曹沫：春秋时鲁国人，为将，三战三败，丢失大片国土，后随庄公与齐桓公会盟，劫齐桓公，迫使齐桓公归还了侵鲁之地。奋：挥舞。一军：古代一军为一万二千五百人。

6. 释：放下。操：拿，使用。铫：音 yáo，大锄。耨：音 nòu，锄草的工具。垄亩：即田亩。
7. 物：指人。之：往，就，意为取用。长：人的长处。短：短处。
8. 今使人而不能：意为现在用人没有用其所长，而是用其所短，故其不能如人所愿。谓之：称之。肖：音 xiào，贤，不肖，即不贤，没有能力。
9. 不相与处：不能在一起相处。来害相报者：来伤害你，报复你。
10. 立教：实行政教风化。首：首先要考虑的。岂非世之立教首也哉：难道不是实行政教首先要考虑的吗。

◇赏　析

　　世上的人往往都是各有所长，又各有所短的，用人就是要用其所长，而避其所短。古语说："人无完人，金无足赤。"又曰："水至清则无鱼，人至察则无徒。"这些古语告诉我们，世上之人没有十全十美的，用人不可过于挑剔。过于挑剔则找不到可用之人，纵然找到满意的可用之人，人也不敢为其所用，必然是人才得而复失。

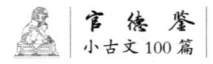

54 萧何惜才荐韩信[1]

信数与萧何语,何奇之[2]。至南郑,诸将行道亡者数十人[3],信度何等已数言上,上不我用,即亡[4]。何闻信亡,不及以闻,自追之[5]。人有言上曰[6]:"丞相何亡。"上大怒,如失左右手。居一二日,何来谒上[7],上且怒且喜,骂何曰:"若亡,何也[8]?"何曰:"臣不敢亡也,臣追亡者。"上曰:"若所追者谁[9]?"何曰:"韩信也。"上复骂曰:"诸将亡者以十数,公无所追;追信,诈也[10]。"何曰:"诸将易得耳。至如信者,国士无双[11]。王必欲长王汉中,无所事信[12];必欲争天下,非信无所与计事者[13]。顾王策安所决耳[14]。"王曰:"吾亦欲东耳,安能郁郁久居此乎[15]?"何曰:"王计必欲东,能用信,信即留;不能用,信终亡耳[16]。"王曰:"吾为公以为将[17]。"何曰:"虽为将,信必不留。"王曰:"以为大将。"何曰:"幸甚[18]。"于是王欲召信拜之[19]。何曰:"王素慢无礼,今拜大将如呼小儿耳,此乃信所以去也[20]。王必欲拜之,择良日,斋戒,设坛场,具礼,乃可耳[21]。"王许之。诸将皆喜,人人各自以为得大将。至拜大将,乃韩信也,一军皆惊。

——《史记·卷九十二》

◆ 注 释

1. 萧何:秦末汉初时沛(今属江苏)人,曾为沛县吏,秦末佐刘邦起义,在刘邦战胜项羽,建立汉王朝的过程中,发挥了极为重要的作用,以功第一,封为酇侯,官至丞相、相国。他与韩信、张良并称汉初三杰。韩信:淮阴人,

第七章 惜才

是中国历史上少有的著名将领之一,善于用兵,堪称一代军事家。初从项羽,项羽不能用,韩信乃弃楚归汉,刘邦亦不能用,韩信复弃而去,萧何追还之,苦谏刘邦,乃拜韩信为大将。为汉虏魏王豹,定魏地,北破代兵,东下井陉,擒赵王歇,又东下齐,屡建奇功,官至齐王,徙楚王,降为淮阴侯。后为吕后所杀。

2. 信数与萧何语:韩信多次和萧何谈话。何奇之:萧何以为他是奇才。奇之:以之为奇。

3. 南郑:地名,在陕西省西南。行道:行军途中。亡:逃跑。

4. 度:估计。数:几次。上:皇帝,因皇帝是至高无上的,故称皇帝为上。言上:即言于皇帝。上不我用:即上不用我。

5. 两个"闻"字含意不同,前面的"闻"意为听说,后面的"闻"意为告诉皇上。不及以闻:来不及把韩信逃亡的事奏明汉王。

6. 人有言上:有人对皇上说。

7. 何来谒上:萧何来拜见汉王刘邦。

8. 且:又。若:你。何也:怎么回事。

9. 若所追者谁:你所追的是谁。何,也是谁的意思。

10. 诈:狡诈,撒谎。

11. 至如信者:像韩信这样的人。国士:指一国中的杰出人物。无双:没有第二个。

12. 王必欲长王汉中,无所事信:如果大王只想长期称王于汉中,那么,没有用得着韩信的地方。刘邦破秦后,为汉王,据有汉中地。

13. 此句意为:除了韩信,没有值得与他研究争天下大事的人。

14. 此句意为:就看大王您的大计怎么决定了。

15. 东:即东向而争天下。安能:怎能。郁郁:愁闷貌,意为:若只守汉中,不争天下,必会郁郁寡欢。

16. 终:最终。

17. 吾为公以为将:我为你用他为将。

18. 幸甚:好极了。

19. 拜:通过一定的礼节授人以官职。

20. 素:平素,平时。慢:傲慢。所以去:所以离去的原因。

21. 择良日:选择好日子,古代人迷信,凡有大事,皆选吉日而行之,以示郑重。

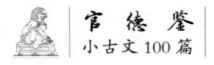

斋戒：即沐浴后，不食荤而只食素，以示对神的尊重。设坛场：即搭筑任命仪式所需的台子，其上供香案。具礼：即具备礼仪，也就是按照一定的礼节仪式去任命韩信为大将。

◇赏 析

韩信未展其才之时，人们并不了解他，独萧何慧目识才，竭尽全力追贤、举贤、用贤，使韩信的军事才干为刘邦所用。若萧何不识其才，任其去而不留，而韩信之才有可能为他人所用，那么，刘邦能否统一天下，成就帝业，恐怕就很难定论了。后范阳人蒯通知天下之定权在韩信，劝韩信据齐地与刘项三分天下，对韩信说："当今之时，两主悬命足下，足下为汉则汉胜，与楚则楚胜。"从韩信的军事实践来看，这话是很有道理的。可以说，萧何留荐韩信，就已奠定了兴汉的基础，纵然没有其他功绩，亦堪称汉之第一功臣。

第七章 惜才

55 刘邦论所以得天下

帝置酒雒阳南宫[1]。上曰:"通侯诸将毋敢隐朕,皆言其情[2]。吾所以有天下者何?项氏之所以失天下者何[3]?"高起、王陵[4]对曰:"陛下嫚而侮人[5],项羽仁而敬人。然陛下使人攻城略地,所降下者,因以与之,与天下同利也。项羽妒贤嫉能[6],有功者害之,贤者疑之,战胜而不与人功,得地而不与人利,此其所以失天下也。"上曰:"公知其一,未知其二。夫运筹帷幄之中,决胜千里之外,吾不如子房[7];填国家,抚百姓,给饷馈,不绝粮道,吾不如萧何[8];连百万之众,战必胜,攻必取,吾不如韩信[9]。三者皆人杰,吾能用之,此吾所以取天下者也。项羽有一范增而不能用,此所以为我禽也[10]。"群臣说服[11]。

——《汉书·卷一下》

◆ 注 释

1. 帝指汉高祖刘邦,置酒即办酒席,雒通"洛",雒阳即洛阳,刘邦起初定都洛阳,后又迁都长安。
2. 通侯,初曰彻侯,"通"与"彻"意同,言其功德通彻于王室,后又改称列侯,此言通侯而不用彻侯,是为避汉武帝之讳,汉武帝名刘彻,虽说刘邦说此话时不可能避武帝讳,但《汉书》作者却不敢犯讳,故改称通侯。毋:不可。隐朕:对我隐瞒。
3. 者:原因。
4. 高起:封都武侯,生平略。王陵:沛人,从高祖定天下,封安国侯,官至右丞相,好直言,后因反对吕后封诸吕为王,忤吕后,被夺相权,为太傅,辞以病。

5. 嫚：音 màn，轻侮，倨傲。
6. 妒贤嫉能：即嫉贤妒能，恨才干比自己强的人。
7. 夫：发语词。运筹：策划计谋。帷幄：帐幕，此指屋舍，寝舍。张良，字子房，家世相韩，祖父相韩昭侯、宣惠王、襄哀王。父相釐王、悼惠王。秦灭韩，秦始皇东游，至博浪沙，（在今河南原阳县）张良遣力士狙击秦始皇，不中，乃匿名，亡下邳。后集百余人从刘邦，多设奇谋异策，是当时著名谋士，为汉初三杰之一。
8. 填：通"镇"。抚：抚恤。萧何：沛人，从刘邦起兵，在夺取天下及后来诛灭异姓王的过程中，刘邦常帅兵征战，而镇守后方，供给粮食，补充兵员等，皆靠萧何，故刘邦云然。
9. 韩信：参阅本书第 168 页《萧何惜才荐韩信》注 1。
10. 范增：项羽的主要谋士，被尊为亚父，他屡劝项羽杀掉刘邦，项羽不听，后项羽中了刘邦的反间计，削其权力，他愤然离去，途中病死。禽：同"擒"，捉住。
11. 说服：欣悦，佩服。说：通"悦"。

◇赏　析

　　刘邦以为，他之所以能够取得天下，其最重要的原因是重用三杰。他的这一观点包含着重用人才是使事业成功的关键的深刻道理。纵观古今，横看各行各业，凡重用人才，即可使天下大治，事业兴盛，凡轻视而遗弃人才，多致天下乱亡，事业衰败。一个政权夺取天下和守卫天下需要人才，一个单位开创事业和维持事业也同样需要人才，这样的例子举不胜举。可以说，离开人才将是一事无成，因而，历史上的著名政治家都特别注重发现人才，培养人才，使用人才。

56 田延年惜才尹翁归

尹翁归字子兄,河东平阳人也,徙杜陵[1]。翁归少孤,与季父居[2]。为狱小吏,晓习文法[3]。喜击剑,人莫能当。是时,大将军霍光秉政[4],诸霍在平阳,奴客持刀兵入市斗变[5],吏不能禁,及翁归为市吏,莫敢犯者。公廉不受馈,百贾畏之[6]。

后去吏居家。会田延年为河东太守[7],行县至平阳[8],悉召故吏五六十人,延年亲临见,令有文者东,有武者西。阅数十人,次到翁归,独伏不肯起,对曰:"翁归文武兼备,唯所施设[9]。"功曹以为此吏倨敖不逊[10],延年曰"何伤?"遂召上辞问,甚奇其对,除补卒史,便从归府[11]。案事发奸,穷竟事情[12],延年大重之,自以能不及翁归,徙署督邮[13]。河东二十八县,分为两部,闳孺部汾北[14],翁归部汾南。所举应法,得其罪辜,属县长吏虽中伤,莫有怨者[15]。举廉为缑氏尉[16],历守郡中,所居治理,迁补都内令,举廉为弘农都尉[17]。

征拜东海太守,过辞廷尉于定国[18]。定国家在东海,欲属托邑子两人[19],令坐后堂待见。定国与翁归语终日,不敢见其邑子。既去,定国乃谓邑子曰:"此贤将,汝不任事也,又不可干以私[20]。"

翁归治东海明察,郡中吏民贤不肖,及奸邪罪名尽知之,县县各有记籍[21]。自听其政,有急名则少缓之[22],吏民小解,辄披籍[23]。县县收取黠吏豪民,案致其罪,高至于死[24]。收取人必于秋冬课吏大会中,及出行县,不以无事时[25]。其有所取也,以一

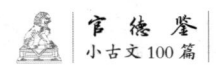

警百，吏民皆服，恐惧改行自新。东海大豪郯许仲孙为奸猾[26]，乱吏治[27]，郡中苦之。二千石欲捕者，辄以力势变诈自解[28]，终莫能制。翁归至，论弃仲孙市，一郡怖栗[29]，莫敢犯禁。东海大治。

　　以高第入守右扶风，满岁为真[30]。选用廉平疾奸吏以为右职，接待以礼，好恶与同之[31]；其负翁归，罚亦必行。治如在东海故迹，奸邪罪名亦县县有名籍。盗贼发其比伍中[32]，翁归辄召其县长吏，晓告以奸黠主名，教使用类推迹盗贼所过抵[33]，类常如翁归言，无有遗脱。缓于小弱，急于豪强[34]。豪强有论罪，输掌畜官，使斫莝，责以员程，不得取代。不中程，辄笞督[35]，极者至以鈇自刭而死。京师畏其威严，扶风大治，盗贼课常为三辅最[36]。

　　翁归为政虽任刑[37]，其在公卿之间清洁自守，语不及私，然温良谦退，不以行能骄人，甚得名誉于朝廷。视事数岁，元康四年病卒[38]。家无余财，天子贤之，制诏御史："朕夙兴夜寐，以求贤为右，不异亲疏近远，务在安民而已[39]。扶风翁归廉平乡正[40]，治民异等，早夭不遂，不得终其功业，朕甚怜之。其赐翁归子黄金百斤，以奉其祭祠[41]。"

　　翁归三子皆为郡守。少子岑历位九卿，至后将军。而闳孺亦至广陵相，有治名[42]。由是世称田延年为知人。

——《汉书·卷七十六》

◆ 注　释

1. 兄：颜师古古训曰："兄读如况。"河东：郡名，治所在安邑（今山西夏县西北），辖境相当于当今沁水以西，霍山以南地区。平阳：县名，治所在今山西临汾西南，属河东郡。杜陵：县名，西汉元康元年（公元前65年）改杜县置，因宣帝筑陵于东原上，故名，治所在今陕西西安市东南。徙：迁居。
2. 与季父居：和叔父共同生活。
3. 狱：司法断案。晓习：明习，精通。文法：有关法律的条文、规定。

4. 霍光：字子孟，河东平阳人，初为奉车都尉，光禄大夫，出则奉车，入侍左右，甚得武帝亲信。汉武帝临崩，谓光曰："立少子，君行周公之事。"昭帝即位，年仅八岁，政事一决于霍光。后昭帝崩，无子，霍光等迎立武帝孙昌邑王刘贺，刘贺多行不轨，立二十七日，霍光与张安世等奏太后，废之，复迎武帝曾孙刘询于民间，是为宣帝。霍光前后秉政二十年，所封食邑达二万户。
5. 诸霍：指霍光的子侄们。奴客：家奴与门客。变：乱也。
6. 馈：馈赠，送礼。贾：音 gǔ，商人。
7. 田延年：字子宾，初为霍光所重，迁为长史，后出为河东太守，宣帝即位后，封为阳成侯。
8. 行县：郡太守到属县巡察曰行县。
9. 次到翁归：按次序轮到翁归。唯所施设：希望给以安排。
10. 功曹：汉代郡太守下设六曹，分掌政务诸方面，功曹乃是六曹之一。倨：音 jù，傲慢，倨敖不逊：傲慢无礼。
11. 何伤：有什么妨碍。召上辞问：叫到跟前问话。卒史：汉代官名，是官署中属吏之一种，秩百石。便从归府：就跟着田延年回到太守的府第。
12. 案事发奸：即处理案件，追究坏人。穷竟事情：彻底地处理案件。
13. 徙署督邮：改变尹翁归的职务，任命他为督邮。督邮是汉代各郡的重要属吏，代表太守督察县乡，宣达教令，兼司狱讼捕亡等事。每郡有分两部、四部或五部的，每部各设以督邮。
14. 闳孺：人名，亦以才干称。部：意为分部主管。汾：汾水。
15. 所举应法：所实行的政策符合章法。罪辜：此指罪行。虽：即使。中伤：此指动刑而伤罪人。属县：罪人所属之县。莫：没有。
16. 缑氏：县名，治所在今河南偃师东南。尉：主管地方治安的官员。
17. 历守郡中：颜师古曰："历于郡中守丞尉之职也"。所居治理：他在哪，就把哪管理得很好。都内：县名。令：县令。举廉为弘农都尉：因廉而被举为弘农都尉。弘农：郡名，西汉元鼎四年（公元前113年）置，治所在弘农（今河南灵宝北），辖境相当今河南黄河以南，宜阳以西的洛、伊、淅川等流域和陕西洛水、社川河上游、丹江流域。都尉：汉景帝时改郡尉为都尉，辅佐郡守并掌全郡的军事。
18. 东海：郡名，治所在郯（今山东郯城北），辖境相当于今山东费县、临沂，江苏赣榆以南，山东枣庄市，江苏邳州市以东和江苏宿迁、灌南以北地区。

至东汉时辖境缩小。过辞：到其家去辞别。廷尉：九卿之一，掌司法治狱。于定国：字曼倩，东海郯人，曾官廷尉，丞相，封西平侯。

19. 属：音 zhǔ，同"嘱"。邑子：同邑人之子。
20. 任：堪也。干：求也。不可干以私：不可以私事干涉，托求。
21. 记籍：名单，记录奸邪姓名的名簿。
22. 有急名则少缓之：以持政严厉闻名的就稍微宽和一些。
23. 解：通"懈"。披籍：披有罪者籍。
24. 黠：音 xiá，奸猾。高：重。
25. 此意为收捕黠吏豪民多在秋冬考核官吏而官吏都在时，以及行县之时，目的是下文所说的以一儆百。
26. 郯县人姓许名仲孙。
27. 扰乱破坏吏治，吏治指对官吏的管理。
28. 辄：总是，都是。力势：即势力。变诈：犹言耍花招。自解：为自己开脱。
29. 弃市：斩于市的刑罚。怖栗：惊恐震惧。
30. 高第：高等，即为官从政的优等。守：代理。右扶风：政区名，亦是官名，即右扶风这一政区的最高长官也叫右扶风。汉太初元年（公元前 104 年）置右扶风，职掌相当于郡太守，但因地属畿辅，故不称郡，为三辅之一，治所在长安，辖境约相当于今陕西秦岭以北、西安市鄠邑区、咸阳、旬邑以西地，尹翁归由治东海远郡到治三辅之一的右扶风，故曰入守，是为升迁。满岁为真：初为代理，一年后实任右扶风。
31. 右职：上职，高职，亦即要职。好恶：音 hào wù。与同之：与之同。
32. 比：谓左右相次相邻者。伍：五家为伍。
33. 教使用类推迹盗贼所过抵：教县长吏运用推理的办法弄清盗贼所经过和所归投的地方。过：经过。抵：归，到达。
34. 缓于小弱，急于豪强：对于小弱的细民，施以宽和之政。对于豪强权势，则施以严猛之政。
35. 论罪：决罪。输：交给。掌畜官：主管畜牧的官员，时扶风畜牧所在，故有掌畜官。使斫莝：让他铡草，斫：音 zhuó，砍、斩。莝：音 cuò，斩刍，即铡草。责以员程：规定每人每天铡草的数量。不中程：不符合规定的数额。笞督：即笞责，笞：音 chī，鞭打、杖击。
36. 盗贼课：拘捕盗贼的工作。三辅：汉景帝二年，即公元前 155 年，分内史为左右内史,与主爵都尉同治长安城中,所辖皆京畿之地,故称三辅,武帝太初元年(公元前104年)改左右内史和主爵都尉为京兆尹、左冯翊和右扶风,为三辅长官,辖境相当于今陕西中部地区。最:最好、第一。言发则获之,无有遗失,故为最也。
37. 任刑:运用刑罚,实行法制。
38. 元康:汉宣帝年号,元康四年:公元前62年。卒:死,大夫死曰卒。
39. 为右:即为上。不异亲疏近远:不分亲疏近远。安民:使民安居。
40. 廉:清廉。平:公平。乡正:向正。
41. 以奉其祭祠:以便尊奉祭祀尹翁归的祠堂。
42. 少子岑:翁归的小儿子名叫岑。历位九卿:位至九卿。后将军:高级武官名。广陵相:广陵王的辅相。有治名:即在为官理政方面有名气。

◇赏 析

　　尹翁归是汉代著名治才,他先临东海,后居扶风,皆得大治,政绩卓著,治声显赫。观其为政,有可称者三:一是疾恶除奸,严惩黠吏豪民,去民所恶。二是为政严中有宽,宽严得当。尹翁归为政,以威严闻名,然又注重施以宽和,"缓于小弱,急于豪强""有急名少缓之"。因而,其政威严而不苛酷。三是明察善断,"吏民贤不肖,及奸邪罪名尽知之",而且能够"使用类推迹盗贼所过抵",所以其治安为三辅第一。

　　观其为人,可称德才兼备,务除奸猾,可见其疾恶之操;缓于小弱,可知其慈恤之守;温良谦退,是其有谦恭之德;清洁自守,是其有廉洁之美。明察善断,识才非凡;东海扶风大治,治才出奇。故其德才都足以称颂后世,堪称一代良吏。

　　田延年发现尹翁归是人才,然后重用尹翁归,说明他珍惜人才,重视人才,故世称田延年知人,宜矣!且他自知能不及翁归,说明他亦有谦德,亦为可称者也。

57 唐太宗三哭杜如晦

　　杜如晦，字克明，京兆杜陵人也[1]。……
　　太宗平京城，引为秦王府兵曹参军，俄迁陕州总管府长史[2]。时府中多英俊，被外迁者众，太宗患之[3]。记室房玄龄[4]曰："府僚去者虽多，盖不足惜。杜如晦聪明识达，王佐才也。若大王守藩端拱[5]，无所用之；必欲经营四方，非此人莫可。"太宗大惊曰："尔不言，几失此人矣！"遂奏为府属。后从征薛仁杲、刘武周、王世充、窦建德[6]，常参谋帷幄。时军国多事，剖断如流，深为时辈所服。
　　……
　　隐太子深忌之，谓齐王元吉[7]曰："秦王府中所可惮者，唯杜如晦与房玄龄耳。"因谮之于高祖，乃与玄龄同被斥逐[8]。后又潜入画策[9]，及事捷，与房玄龄功等，擢拜太子左庶子，俄迁兵部尚书[10]，进封蔡国公，赐实封千三百户。贞观二年，以本官检校侍中，摄吏部尚书[11]，仍总监东宫兵马事，号为称职。三年，代长孙无忌为尚书右仆射，仍知选事，与房玄龄共掌朝政[12]。至于台阁规模及典章人物[13]，皆二人所定，甚获当代之誉，谈良相者，至今称房、杜焉。
　　……
　　其年冬，遇疾，表请解职，许之，禄赐特依旧[14]。太宗深忧其疾，频遣使存问，名医上药，相望于道[15]。四年，疾笃，令皇太子就第临问，上亲幸其宅，抚之流涕，赐物千段[16]；及其未终，见子拜官，遂超迁其子左千牛构为尚舍奉御[17]。寻薨，年四十六。太宗哭之甚恸，废朝三日，赠司空，徙封莱国公，谥曰成[18]。太宗手诏著作郎虞世南[19]曰："朕与如晦，君臣义重。不幸奄从物化[20]，追念勋旧，痛悼于怀。卿体吾此意，为制碑文也。"太宗后因食瓜而美，怆然悼之，遂辍食之半，遣使奠于灵座[21]。又尝赐房玄龄黄银带，顾谓玄龄曰："昔如晦与公同心辅朕，今日所赐，唯独见公。"因泫然流涕[22]。又曰："朕闻黄银多为鬼神所畏。"命取黄金带遣玄龄亲送于灵所。其后太宗忽梦见如晦若平生，及晓，以告玄龄，言之歔欷，令送御馔以祭焉[23]。明年如晦亡日，太宗复遣尚宫至第慰问其妻子，其国官府佐并不之罢[24]。终始恩遇，未之有焉。

——《旧唐书·卷六十六》

◆注　释

1. 杜如晦：字克明，京兆杜陵（今陕西西安市东南）人，事李世民，多有谋划之功，乃是唐初一位名臣，为人善断大事。据载，房玄龄善谋，杜如晦善断，史有"房谋杜断"之称，二人皆唐代良相。
2. 太宗即李世民，京城指长安（今西安），时李世民为秦王，故引杜如晦为兵曹参军。总管，职同都督，是地方最高军政长官。长史：总管的高级佐僚。
3. 府：指秦王府，即李世民的官府。英俊：才干出众者。患之：以之为患。
4. 记室：官名，掌管表章书记。房玄龄：参阅本书第50页《唐太宗封功臣》注1。
5. 藩：指朝廷所封的王国，因在四方，对朝廷有护卫作用，故曰藩国。端拱：即端坐拱手之意，本指帝王无为而治，此意为若李世民不图进取，只是守住自己的藩国，则用不着杜如晦。
6. 薛仁杲：河东汾阴（今属山西）人，其父薛举，建"秦"于兰州，初拒隋，后抗唐，薛举死后，薛仁杲嗣之，依然据有陇西，后太宗征破之，斩于京师。杲：音 gǎo。刘武周：河间景城人，隋末起兵称帝，攻占雁门（山西北部，代县一带）、榆次、介州、太原、晋州（今山西临汾一带），欲借突厥之力以图天下，后为突厥所杀。王世充：字行满，西域人，仕隋官至吏部尚书、太尉、相国，封为郑王，后背隋称帝，拥兵河南，李世民讨平之，被俘，至长安，为仇人所杀。窦建德：参阅本书第51页《唐太宗封功臣》注8。

7. 隐太子：即李渊长子李建成，武德元年（公元618年）立为太子，武德九年（公元626年）死于玄武门之变。元吉：亦李渊子，封齐王。

8. 谮：音zèn，诬陷，中伤。斥逐：被斥逐出秦王府。

9. 二人被逐后，李世民派长孙无忌暗召之，二人衣道士服，潜入秦王府，与李世民谋划诛建成元吉一事。

10. 事捷：指玄武门之变获胜。等：等同。太子左庶子：亦太子属官，掌侍从赞相，驳正启奏。俄：不久。

11. 检校：无正员或正员不足时的补代之官，即代替，代理。侍中：门下省长官，一度称左相，位甚高。摄：代理，兼任。

12. 长孙无忌：见本书第51页《唐太宗封功臣》注4。尚书右仆射：尚书省副长官。仍知选事：仍然负责吏部的选拔官吏的工作。

13. 台阁：指中央各机构。规模：指台阁的组成形式。典章：法典规章，制度法令。

14. 其年冬：贞观三年冬。遇疾：得病。表请解职：上表请求卸任。

15. 名医上药：有名的医生和上好的药。相望于道：形容派去给杜如晦诊治或送药的人在路上经常相遇，言其多也。

16. 疾笃：病重。就第临问：到其家中问候。物：布帛。段：匹也。

17. 及其未终，见子拜官：趁他还活着，让他看到自己的儿子获得官职。超迁：破格提拔。左千牛构：其子名构，在左千牛卫任千牛备身，唐设有左右千牛卫机构，掌管宫殿侍卫及供御之仪仗，各设大将军一员，将军二员，中郎将二人，……千牛备身十二人，千牛备身则兵卒。尚舍奉御：唐设有殿中省，下辖尚食、尚药、尚衣、尚舍、尚乘、尚辇六局，尚舍奉御即尚舍局长官，秩从五品上，负责殿廷张设、汤沐、灯烛、洒扫之事。

18. 寻：不久。薨：音hōng，古代王侯死曰薨。赠司空：古代在大臣死后，赠以生前未任的高级官衔，称赠官。司空：三公之一，正一品。

19. 著作郎：官名，隶属秘书省。虞世南：字伯施，越州余姚（今属浙江）人，为人刚正，多所规谏，太宗甚亲礼之，称世南有五绝：一曰德行，二曰忠直，三曰博学，四曰文辞，五曰书翰。

20. 奄：忽，遽。物化：指人死。奄从物化：意为杜如晦死的这么早，这么突然。
21. 美：指瓜好，甜。怆：悲怆。辍食之半：停下来，不吃另一半。奠：祭奠。灵座：指杜如晦的灵位。
22. 泫然：伤心流泪貌，泫：音 xuàn。
23. 若平生：像未病时一样。歔欷：音 xū xī，小声抽泣。御馔：皇帝的饭菜。
24. 尚宫：官职名。其国官府佐并不之罢：意为还按杜如晦生前的官职待遇其家。

◇赏　析

　　杜如晦智谋出众，才干非凡，军国大事，剖断如流，参谋帷幄，长于决断，乃是一代名相。唐太宗欲治天下，正需其辅弼，然而他天年不永，溘然早逝，故太宗哭之再三，虽曰君臣义重，亦爱其才也，怀念之情，悲哀所生，惜才之所致也。正因其惜才，故能用才，以致其在位时名臣辈出，房玄龄、温彦博、戴胄、魏征、王珪、褚遂良、李靖等竭力辅佐，乃有贞观之治，可见，惜才用才乃为政之根本，至关重要。

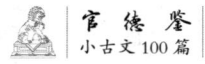

58 吕端大事不糊涂

  吕端，字易直，幽州安次人¹。……

  时吕蒙正为相²，太宗欲相端，或曰："端为人糊涂³。"太宗曰："端小事糊涂，大事不糊涂。"决意相之。会曲宴后苑，太宗作《钓鱼诗》，有云："欲饵金钩深未达，磻溪须问钓鱼人。"意以属端⁴。后数日，罢蒙正而相端焉。初，端兄余庆，建隆中以藩府旧僚参预大政，端复居相位，时论荣之。端历官近四十年，至是骤被奖擢，太宗犹恨任用之晚。端为相持重，识大体，以清简为务。虑与寇准同列，先居相位，恐准不平，乃请参知政事与宰相分日押班知印，同升政事堂，太宗从之⁵。时同列奏对多有异议，惟端罕所建明。一日，内出手札戒谕⁶："自今中书事必经吕端详酌，乃得闻奏。"端愈谦让不自当。

  初，李继迁扰西鄙，保安军奏获其母⁷。至是，太宗欲诛之，以寇准居枢密副使⁸，独召与谋。准退，过相幕⁹，端疑谋大事，邀谓准曰："上戒君勿言于端乎？"准曰："否。"端曰："边鄙常事，端不必与知，若军国大计，端备位宰相，不可不知也。"准遂告其故，端曰："何以处之？"准曰："欲斩于保安军北门外，以戒凶逆。"端曰："必若此，非计之得也，愿少缓之，端将复奏。"入曰："昔项羽得太公，欲烹之，高祖曰：'愿分我一杯羹¹⁰。'夫举大事不顾其亲，况继迁悖逆之人乎？陛下今日杀之，明日继迁可擒乎？若其不然，徒结怨仇，愈坚其叛心尔¹¹。"太宗曰："然则何如？"端曰："以臣之愚，宜置于延州，使善养视之，以招来继迁。虽不能即降，终可以系其心，而母死生之命在我矣。"太宗抚髀[12]称善曰："微卿，几误我事。"即用其策。其母后病死延州，继迁寻亦死，继迁子竟纳款请命[13]，端之力也。进门下侍郎兼兵部尚书。

　　太宗不豫，真宗为皇太子，端日与太子问起居[14]。及疾大渐，内侍王继恩忌太子英明[15]，阴与参知政事李昌龄、殿前都指挥使李继勋、知制诰胡旦[16]谋立故楚王元佐[17]。太宗崩，李皇后[18]命继恩召端，端知有变，锁继恩于阁内，使人守之而入。皇后曰："宫车已晏驾[19]，立嗣以长，顺也，今将如何？"端曰："先帝立太子正为今日，今始弃天下，岂可遽违命有异议邪？"乃奉太子至福宁庭中[20]。真宗既立，垂帘引见群臣，端平立殿下不拜，请卷帘，升殿审视，然后降阶，率群臣拜呼万岁。

——《宋史·卷二百八十一》

◆注 释

1. 幽州安次：即今河北廊坊市安次区。
2. 吕蒙正：字圣功，河南人，太平兴国二年进士第一，后官至司空、门下侍郎、太子太师，封为莱国公。
3. 相端：以吕端为相。或曰：有人说。
4. 曲宴：一旁奏有乐曲的酒宴。后苑：宫后花园。会：逢，赶上。磻（pán）溪：水名，在今陕西宝鸡市东南，源出南山兹谷，北流入渭水，相传吕尚垂钓于此而遇周文王。意以属端：诗句的意思是在说吕端。
5. 寇准：参阅本书第129页《寇准刚直尽职》。初，吕端与寇准都任左谏议大夫，参知政事，故为同列，同列即官职相同相近者。押班：上朝时位在百官之首，即职掌朝班。知印：执印。政事堂：唐宋时宰相的总办公处，北宋就中书内省设政事堂，简称中书，与枢密院分掌政、军，号称"二府"。
6. 手札：手书，此指皇帝亲手所写敕令。戒：告诫。谕：告知。
7. 李继迁：党项族人，西夏国建立者，公元990年被辽封为夏国王，宋太宗赐姓名为赵宝吉，真宗即位后予以夏、绥、银、宥、静五州之地，使充定难军节度使，1002年攻取宋灵州（今宁夏灵武），后在进攻西藩时中箭死。西鄙：西部边境。保安军：军是宋代地方行政区划名，或与府、州同级，隶属于路，或与县同级，隶属于府、州，太平兴国二年（公元977年）改延州（治肤施，今陕西延安）永康镇置保安军，治所在今陕西志丹。

8. 枢密副使：枢密院（最高军事机构）副长官。
9. 相幕：即相府。
10. 楚汉相争时，项羽获刘邦之父、欲烹之，以胁迫刘邦，刘邦回答说，我与你俱受命怀王，我翁即汝翁，必欲烹汝翁，愿分我一杯羹。烹：把人投入开水中煮死的酷刑。羹：此指肉汤。
11. 悖逆：悖情逆理，即大逆不道。
12. 抚髀：一拍大腿。
13. 纳款请命：投诚、归顺。
14. 不豫：不安适，即不舒服，有病。真宗：赵恒，时为皇太子。
15. 大渐：指病情非常严重，渐：加剧，病重。王继恩：太监，甚得赵匡胤重用，开宝九年（公元976年），赵匡胤驾崩，宋皇后欲以皇子赵德芳继位，命王继恩去召赵德芳进宫，王继恩竟然私自去召赵光义，致使赵光义当了皇帝。
16. 参知政事：相当于副宰相。李昌龄：字天锡，宋州楚丘（今河南滑县）人。殿前都指挥使：官名，殿前司长官，统领禁军。李继勋：大名元城（今河北大名东）人，官至侍中，太子太师。知制诰：官名，掌起草诏令。胡旦：字周父，渤海（今山东惠民）人，太平兴国三年（公元978年）状元。
17. 故楚王元佐：太宗长子，初名得崇，字惟吉，元德皇后所生，初封卫王，进封楚王。初，周世宗柴荣驾崩，幼子柴宗训嗣位，年仅七岁，赵匡胤兵变陈桥，当了皇帝。其母杜太后以为，赵匡胤之所以能够夺取天下，就是因为后周恭帝柴宗训年幼，若其年长，赵匡胤就不可能兵变成功，所以他们赵家不能立少子为帝，因而母子约定，赵匡胤之后，传位给二弟赵光义，赵光义之后，传位给三弟赵廷美，赵廷美再传位于赵匡胤之子赵德昭，这就是"金匮之盟"。但赵光义当了皇帝以后，先后逼死赵德昭和赵廷美，为传位给自己的儿子扫清了道路。赵廷美被逼死时，元佐悲叔父之死，愤父亲所为，悲愤交加，以致发狂，后疾愈。太宗曾于重阳日召诸王内宴，元佐不至,太宗发忿,废元佐为庶人。
18. 李皇后:即太宗明德皇后,太平兴国三年(公元978年)入宫,雍熙元年(公元984年)立为皇后,真宗立,尊为皇太后。
19. 宫车已晏驾:皇帝已死的婉转说法。
20. 福宁:宫殿名。

◇赏 析

"小事糊涂,大事不糊涂"说明吕端并不糊涂,只是他不重小事,而精于谨慎谋划大事。止诛李继迁之母,乃是军国大事,其谋断甚为深远;助真宗即位,以安天下,更是精明强干。故曰,吕端不仅不糊涂,而且甚为明达,宋太宗可谓有知人之鉴矣。

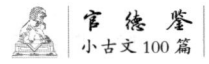

59 明仁宗重西杨[1]

　　时藩司守令来朝，尚书李庆建议发军伍余马给有司，岁课其驹[2]。士奇曰："朝廷选贤授官，乃使牧马，是贵畜而贱士也，何以示天下后世。"帝许中旨罢之，已而寂然[3]。士奇复力言。又不报。有顷，帝御思善门[4]，召士奇谓曰："朕向者岂真忘之？闻吕震[5]李庆辈皆不喜卿，朕念卿孤立，恐为所伤，不欲因卿言罢耳，今有辞矣[6]。"手出陕西按察使陈智言养马不便疏，使草敕行之[7]，士奇顿首谢。群臣习朝正旦仪，吕震请用乐，士奇与黄淮疏止[8]，未报。士奇复奏，待庭中至夜漏十刻，报可。越日，帝召谓曰："震每事误朕，非卿等言，悔无及。"命兼兵部尚书，并食三禄[9]，士奇辞尚书禄。

　　帝监国时，憾御史舒仲成，至是欲罪之[10]。士奇曰："陛下即位，诏向忤旨者皆得宥[11]。若治仲成，则诏书不信，惧者众矣。如汉景帝之待卫绾[12]，不亦可乎？"帝即罢弗治。或有言大理卿虞谦言事不密，帝怒，降一官。士奇为白其罔，得复秩[13]。又大理少卿弋谦以言事得罪[14]，士奇曰："谦应诏陈言，若加之罪，则群臣自此结舌矣。"帝立进谦副都御史，而下敕引过[15]。

　　时有上书颂太平者，帝以示诸大臣，皆以为然。士奇独曰："陛下虽泽被天下，然流徙尚未归，疮痍尚未复，民尚艰食。更休息数年，庶几太平可期[16]。"帝曰："然。"因顾蹇义[17]等曰："朕待卿等以至诚，望匡弼[18]，惟士奇曾五上章，卿等皆无一言，岂果朝无阙政[19]，天下太平耶？"诸臣惭谢。是年四月，帝赐士奇玺书曰:"往者朕膺监国之命,卿侍左右,同心合德,徇国忘身,屡历艰虞,曾不易志[20]。及朕嗣位以来,嘉谟入告,期予于治,正固不二,简在朕心[21]。兹创制《杨贞一印》赐卿,尚克交修[22],以成明良之誉。"

——《明史·卷一百四十八》

◆ 注 释

1. 明仁宗:明成祖朱棣之子朱高炽,在位不足一年,其政可称,后宣宗即位,治亦可嘉,史有"仁、宣之治"之说。西杨:明代仁、宣时,朝中有三位姓杨的贤臣:杨士奇、杨荣、杨溥,时以居第位置称其三人,杨士奇住处靠西,故人称西杨,杨荣住处在东,人称东杨,杨溥住南为南杨。杨士奇:名寓,泰和(今属江西)人,历仕五朝,宣、英时长期辅政。
2. 藩司守令:指各地方军政长官。李庆:字德孚,顺义(今属北京)人,官至工部尚书、太子少保。有司:指各地方军政长官。岁课其驹:要求每年繁殖一定数额的马驹。
3. 寂然:指以后未实施"罢之"之诏,亦不提此事。
4. 有倾:不久。御思善门:到思善门去。
5. 吕震:字克声,临潼(今属陕西)人,官至太子太保、礼部尚书。
6. 辞:理由、托词。
7. 按察使:各省的司法长官。疏:一种文章体裁。草敕行之:起草诏令施行。
8. 习朝正旦仪:演习正月初一朝贺仪式,正旦:正月初一。黄淮:字宗豫,永嘉(今属浙江)人,官至太保、户部尚书,死后谥文简。疏止:上疏谏止。
9. 待庭中:在朝庭等待。夜漏十刻:漏是古代滴水计时的仪器,有刻度,视漏水多少来计时间早晚。并食三禄:时士奇官为大学士、少傅、加尚书,为三职,食三禄。
10. 帝监国时:仁宗乃成祖朱棣长子,永乐二年(公元1404年)立为太子,成祖数北征,则太子监国,裁决庶政。憾:恨。
11. 诏向忤旨者皆得宥:令以前曾违旨的人都得以宽恕。
12. 卫绾:西汉人,汉景帝为太子时,邀百官会饮,绾不赴,景帝即位后,人以为必治卫绾之罪,而景帝宽,待卫绾甚厚。

13. 大理卿：官名，即大理寺（主管刑狱的机构）的最高长官，下文大理少卿为副长官。虞谦：字伯益，金坛（今属江苏）人。罔：诬罔。秩：品级。
14. 弋谦：代州人，永乐九年进士，官至大理少卿、副都御使，为人耿直敢言。
15. 下敕引过：下诏承认过失。
16. 泽被天下：恩泽广施天下。流徙：因荒乱而流离家园者。疮痍：创伤。艰食：难食。庶几：希望，差不多。期：盼望。
17. 蹇（jiǎn）义：字宜之，巴（今属四川）人，官至吏部尚书，与夏原吉皆一时重臣，人称"蹇、夏"，仁宗赐银章一，文曰："绳愆纠缪"。死后赠太师，谥忠定。
18. 匡弼：辅佐，辅助。
19. 阙政：政治上的过失。阙：同"缺"。
20. 艰虞：若今之所言困难和忧虑。曾：乃。
21. 嘉谟（mó）：良谋，善策。期：盼望。正固：当为贞固，即坚贞不渝之意。简：在、存留。
22. 尚克交修：意为希望还能继续修养德行。

◇赏 析

明仁宗恐杨士奇为他人所伤，乃借他辞而从谏，又赐《杨贞一印》以励之，可以说在使用人才和保护人才方面，明仁宗用心良苦；当然，杨士奇亦不负明仁宗重望，知无不言，尽力辅政，多有匡救。

爱才是一种美德，注重培养人才，尽力保护人才，正确使用人才都是爱才的具体表现，在这方面，明仁宗确有可称之处。

第八章

纳　谏

纳谏是为官从政处理政务的一种工作态度，也是为官从政所必须具备的一种可贵品德。这种品德表现为两个方面，一是上司欣悦诚服地接受并采纳下属的正确意见，二是下属诚恳地向上司提出自己的正确见解。

一个人的才智往往是有局限的，上司在处理政务时的立场、观点和方法难免会有失妥当；而群众的智慧则是无限的，若能集中群众的智慧并运用于工作之中，就可避免工作中的失误。而纳谏正是集中群众智慧最直接最有效的方法。同事、下属或群众发现了问题或有了良好的见解，及时地提出合理的建议，若能采纳，则可使工作趋利避害。人们提出正确的建议，就等于把自己的才智贡献出来，为上司所用，上司当然应该借用别人的才智，增强自己的工作能力。反之，如果自以为是，固执己见，不肯接受别人的正确建议，那其实是愚蠢的，可悲的，就像一个人负重上山，因力微而不胜其劳，别人主动热情地帮助他，而他不用，终为重物所压倒，摔个头破血流，其何愚之甚！故曰，纳谏为哲，拒谏为愚，为官要取得政绩，就须谦恭纳谏，切勿拒也。

上司和下属同心协力是做好工作取得成就的决定因素，下属诚心进谏，上司诚恳纳谏，则上下同心同德，可创辉煌；若下欲进而上不纳，或上欲纳而下不进，此是离心离德，这是任何工作也做不好的。作为上司，要特别注重调动下属的积极性，以便使之尽心尽力地做好工作。若其提出了正确意见，而上司并不采纳，却坚持自己的错误，必然伤害下属的工作热情。时间一久，所伤必多，若众皆寒心，不肯尽力，上司就会孤掌难鸣，必然会给工作造成损失，同时也会损及上司的个人名望，继之而来的很可能是丢官罢职，身败名裂。可见，对于公务和企事业管理者来说，纳谏之德显得尤为重要，绝对不可等闲视之。

第八章 纳 谏

　　有人错误地认为，听取了别人的意见，就等于承认了自己不如别人，有损于个人名望。其实不然，能够听取别人的意见，表明他为人正直而谦虚，因而会受到人民的尊敬。反之，若固执己见，刚愎自用，听不进别人的意见，表明他心胸狭隘，嫉贤妒能，无豁达之量，因而会遭到鄙视。所以说，纳谏不但不损个人名望，而且会使个人名望更高；拒谏不但不能维护面子，反而会丢面子。自古至今，无论是职务高低，还是地位尊卑，凡是有纳谏之德的官员，多为人民所颂扬，而失此德者则必为人民所贬斥。

　　纳谏如此重要，进谏亦然。

　　有人为官，只知明哲保身，对上司政务的是非得失虽有所见，但却因私心作祟，瞻前顾后，顾虑重重，因而不敢向上司提出自己的见解。而有人则当仁不让，无所顾忌，敢于进谏，知无不言。这两种态度的根本原因在于有无公心，有无责任感，有则敢谏，无则不言。

　　进谏需要勇气。如果是向明智的上司进谏，有无勇气尚不重要，但若向愚顽刚愎者进谏，没有勇气是不行的。明智的上司能够准确地判断所谏的是非及进谏者的动机和纳谏的益处，故能悦而纳之。愚顽刚愎者则不然，这种人不明事理却总以为自己正确，尤其是对否定自己的意见极为反感，所以往往拒谏不纳。遇到这种情况，进谏的难度是很大的，需极力抗争，才能有所补救，所以，进谏是特别需要勇气的。

　　进谏有不同的方式，有直谏和曲谏之分，有书谏和面谏之别。直谏即不讲究方式地直接向上司提出自己的观点和主张，曲谏是采用妥当的方式，委婉曲折地表达自己的见解；书谏即写出书面材料进谏，面谏即当面陈述自己的主张。这几种进谏方式虽然不同，但目的是相同的，都是为了使上司接受自己的正确观点。采

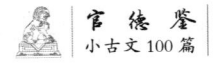

用哪种方式，当视被谏者的性情和所谏的内容的性质及时间、场合、地点等而定。若上司性直而明达，可用直谏；若上司有识而深沉，可用曲谏，若事关重大，须反复斟酌，宜用书谏，若事件急切，不可拖延，当用面谏。不管采用哪种方式，都要态度诚恳，不可只走形式，不尽其诚。

当然，进谏必须是站在公正的立场上，从人民的利益出发，提出对社会对群众对工作有益的主张，即要做到动机纯正，目的端良，而不掺杂任何个人私欲，这才是真正意义上的进谏。若动机不良，目的不纯，为了达到个人的某种目的，向上司提出有利于自己而无益于政务的主张和要求，那不是进谏，而是干政乱政，是对社会对人民的犯罪。

历史上有许多不顾个人得失，勇于进谏的典范人物，如辛毗之谏曹丕，张玄素之谏李世民，刘栖楚之谏唐敬宗，李绛之谏唐宪宗，李涛之谏石敬瑭等等，他们那种可贵的精神和品质是值得后人学习的。

60 任棠曲谏庞仲达

郡人任棠者,有奇节,隐居教授[1]。参到,先候之[2]。棠不与言,但以薤一大本,水一盂,置户屏前,自抱孙儿伏于户下[3]。主簿白以为倨[4]。参思其微意[5],良久曰:"棠是欲晓太守也。水者,欲吾清也。拔大本薤者,欲吾击强宗也[6]。抱儿当户,欲吾开门恤孤也[7]。"于是叹息而还。参在职,果能抑强助弱,以惠政得民。

——《后汉书·卷五十一》

◆ 注 释

1. 郡:指汉阳郡。郡人:汉阳郡人。汉阳郡,东汉永平十七年(公元74年)改天水郡置,辖境相当于今甘肃定西、陇西、礼县以东、静宁、庄浪以西,黄河以南,嶓冢山以北地。有奇节:有出奇的节操。隐居:有才干而不为官仕宦。教授:教生徒,传授学问。
2. 参:即庞参,字仲达,河南缑氏人。时庞参新任汉阳太守,刚到任。先候之:指任棠等候庞参,古代地方官员到任,往往要拜访地方上有名望的人,此是汉阳太守庞参去访任棠而任棠候之于自家。
3. 薤:音 xiè,一种植物,可食。一大本:一大棵。盂:容器名,若今之盆。置:放。户屏:门内的屏风,即门内挡风的设施。伏于户下:蹲于门下,户指门。
4. 主簿:掌管文书的官员。白:禀报。倨:傲慢,无礼。
5. 微意:隐含之意。
6. 强宗:豪族。
7. 恤孤:抚恤、救助孤苦者。

◇ 赏 析

地方官员为国分治一方,职权颇重。民逢良吏,若逢救星,

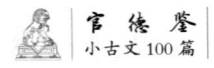

如遇奸吏，灾难无穷，故地方官员品行如何，与一方人民相关。良吏必清，清者才能安民恤民，故任棠谏太守，欲其清如水；豪强势族往往凌辱弱小，不惩豪强则民不得安宁，故任棠谏以铲除强宗；为政恤民，必须救贫助弱，济困扶危，故任棠谏以开门恤孤。此三者皆为政之要务，能行之者，即不失为良吏了。

61 辛毗引裾谏曹丕

帝欲徙冀州士家十万户实河南[1]。时连蝗民饥，群司以为不可，而帝意甚盛[2]。毗与朝臣俱求见，帝知其欲谏，作色以见之[3]，皆莫敢言。毗曰："陛下欲徙士家，其计安出？"帝曰："卿谓我徙之非耶？"毗曰："诚以为非也[4]。"帝曰："吾不与卿共议也。"毗曰："陛下不以臣不肖，置之左右，厕之谋议之官[5]，安得不与臣议邪！臣所言非私也，乃社稷之虑也，安得怒臣[6]！"帝不答，起入内；毗随而引其裾，帝遂奋衣不还[7]，良久乃出，曰："佐治，卿持我何太急邪[8]？"毗曰："今徙，既失民心，又无以食也。"帝遂徙其半。尝从帝射雉，帝曰："射雉乐哉！"毗曰："于陛下甚乐，而于群下甚苦。"帝默然，后遂为之稀出[9]。

——《三国志·卷二十五》

◆ 注 释

1. 帝：指魏文帝曹丕，三国时曹魏政权的第一个皇帝，公元220年至227年在位。冀州：汉武帝所定十三刺史部之一，辖境相当今河北中南部，山东西部及河南北部，东汉时治所在高邑（今河北柏乡北），末期移治邺县（今河北临漳西南），至三国魏时移治信都（今河北冀州区）。士家：魏晋时称兵士的家庭为士家，士家子弟世代为兵，士家一般都集中居住，另编户籍，不与民户相混。徙：搬迁。实：充实。
2. 连蝗：连年闹蝗虫。群司：各有关部门及其官员。盛：强烈。
3. 作色：变脸色，即现出威严怒色。
4. 非：不妥，错误。诚：确实。
5. 厕：意同"置"。之：代我。不肖：无才干，此是谦辞。

6. 社稷：帝王所祭祀的土地神和谷神，多用以代指国家。安得：怎么能够。
7. 内：指内室。引：拉，拽。裾：音jū，衣襟，亦指衣袖。奋：抖动，甩。
8. 良久：形容时间很久。佐治：辛毗的字，他是三国时魏人，籍本是颍川阳翟（今河南禹县），官任丞相长史、侍中、卫尉，封颖乡侯。
9. 雉：音zhì，野鸡。群下：侍从人员。稀出：少出，即射猎的次数减少了。

◇赏 析

　　曹丕执意迁徙士家，群臣皆知其不可而不敢谏，独辛毗知帝意甚盛，而不畏怒颜作色之威，不惧批逆鳞之祸，勇于抗言廷争，犯颜直谏，进而拉扯帝衣，据理力争，确有直臣之勇，诤臣之风。

　　下之于上，固需尊重之，然又不可唯命是从。若上执政不妥，下当勇于谏止，下谏而上虚心以纳，如此方可上下相辅，同治共理。若为下而唯唯诺诺，知上之令不可行而奉行之，懦而不争，非辅佐之任也。

　　为民请命，公也；忧民无食，慈也；知而即谏，直也；引裾固争，勇也。一谏而四德俱彰，甚为可嘉。

62 张玄素谏止修宫殿

贞观四年,诏发卒修洛阳宫乾阳殿,以备巡幸[1]。玄素[2]上书谏曰:"……臣又尝见隋室造殿,楹栋宏壮,大木非随近所有,多从豫章采来[3]。二千人曳一柱,其下施毂[4],皆以生铁为之,若用木轮,便即火出。铁毂既生,行一二里即有破坏,仍数百人别赍铁毂以随之[5],终日不过进三二十里。略计一柱,已用数十万功,则余费又过于此。臣闻阿房成,秦人散;章华就,楚众离;及乾阳毕功,隋人解体[6]。且以陛下今时功力,何如隋日?役疮痍之人,袭亡隋之弊,以此言之,恐甚于炀帝[7]。深愿陛下思之,无为由余所笑[8],则天下幸甚。"

太宗曰:"卿谓我不如炀帝,何如桀、纣?"对曰:"若此殿卒兴,所谓同归于乱[9]。且陛下初平东都,太上皇敕大殿高门并宜焚毁[10],陛下以瓦木可用,不宜焚灼,请赐与贫人。事虽不行,然天下翕然,讴歌至德[11]。今若遵旧制,即是隋役复兴。五六年间,趋舍顿异,何以昭示子孙,光敷四海[12]?"太宗叹曰:"我不思量,遂至于此。"顾谓房玄龄[13]曰:"洛阳土中,朝贡道均[14],朕故修营,意在便于百姓。今玄素上表,实亦可依,后必事理须行[15],露坐亦复何苦,所有作役,宜即停之[16]。然以卑干尊[17],古来不易,非其忠直,安能若此?可赐绢二百匹[18]。"侍中魏征[19]叹曰:"张公论事,遂有回天之力,可谓仁人之言,其利博哉[20]!"

——《旧唐书·卷七十五》

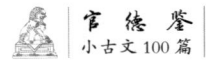

◆ **注　释**

1. 贞观四年：公元630年。诏：皇帝命令。乾阳殿：隋炀帝时所建，规模甚大。巡幸：皇帝巡行临幸。
2. 玄素：即张玄素，蒲州虞乡（今山西永济一带）人，官至太子右庶子，太子少詹事、潮州刺史、邓州刺史，银青光禄大夫，为人正直敢言，多有谏诤。
3. 豫章：地名，在今江西南昌一带。
4. 曳：音yè，牵引、拖。施：安装。轂：此指车轮。
5. 生：装上。破坏：损坏。别：另外。赍：音jī，带着。
6. 阿房：音ē páng，秦代宫名，规模甚大，东西五里，南北千步，后被项羽焚毁。章华：即章华台，楚离宫名，亦为规模宏大的工程。乾阳：即乾阳殿，隋宫名，亦甚宏伟。
7. 时经隋末战乱，唐初国力不振，人民疲困，故财力不如隋时，所以，张玄素认为重修乾阳殿，昏虐过于隋炀帝。疮痍：即创伤。袭：继承。弊：弊病。
8. 由余：春秋时秦国大夫，秦穆公称霸西戎，由余之策也。
9. 桀：夏末暴君。纣：商末暴君。何如桀、纣：与桀、纣相比如何。卒：最后，果真。
10. 东都：即洛阳。太上皇：即指李渊。
11. 翕（xī）然：统一，一致。讴：音ōu，歌，唱。至德：高尚之德。
12. 旧制：以前的敕令。趋舍顿异：取舍向背根本不同。敷：布，施。
13. 房玄龄：参阅本书第50页《唐太宗封功臣》注1。
14. 土中：地处国土中央。朝贡道均：各地向朝廷进贡时道路远近相同。
15. 事理须行：意指要按张玄素所陈述的处理施行。
16. 作役：正在进行的工役。宜即停之：应该立即停止。
17. 以卑干尊：以卑下身份干预尊贵者。
18. 綵：彩也，有色彩的丝绸。
19. 魏征：参阅本书第200页《良臣魏征》。侍中：官名，门下省长官。
20. 博：远大，深远。

◇ **赏　析**

　　张玄素正直敢言，勇于谏诤，皇帝有失，尽力匡救，义无反顾，有力回天，止修乾阳之役，兴益百姓之功，辅政济民，堪称一代贤臣。其耿直谏诤之风，甚为可嘉。

唐太宗勇于纳谏，虚心待下，亦足可称。臣下斥其为政之失而不恼，比之隋炀、夏桀、商纣而不怒，听取逆耳之言，采纳益民之策。这种从政态度是十分端正的，极为可贵的。

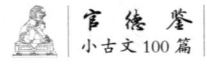

63 良臣魏征[1]

……

左右有毁征阿党亲戚者,帝使温彦博按讯,非是[2]。彦博曰:"征为人臣,不能著形迹,远嫌疑,而被飞谤,是宜责也。"帝谓彦博行让征[3]。征见帝,谢曰:"臣闻君臣同心,是谓一体,岂有置至公,事形迹?若上下共由兹路,邦之兴丧未可知也[4]。"帝矍然[5],曰:"吾悟之矣!"征顿首曰:"愿陛下俾臣为良臣[6],毋俾臣为忠臣。"帝曰:"忠、良异乎?"曰:"良臣,稷、契、咎陶也[7];忠臣,龙逢、比干也[8]。良臣,身荷美名,君都显号,子孙傅承,流祚无疆[9];忠臣,己婴祸诛,君陷昏恶,丧国夷家[10],只取空名。此其异也。"帝曰:"善。"因问:"为君者何道而明,何失而暗[11]?"征曰:"君所以明,兼听也;所以暗,偏信也。尧、舜氏辟四门,明四目,达四聪[12]。虽有共,鲧,不能塞也[13],靖言庸违[14],不能惑也。秦二世隐藏其身,以信赵高,天下溃叛而不得闻;梁武帝信朱异,侯景向关而不得闻;隋炀帝信虞世基,贼遍天下而不得闻[15]。故曰,君能兼听,则奸人不得壅蔽[16],而下情通矣。"

郑仁基息女美而才,皇后建请为充华,典册具[17]。或言许聘矣[18]。征谏曰:"陛下处台榭,则欲民有栋宇;食膏粱,则欲民有饱适;顾嫔御,则欲民有室家。今郑已约昏,陛下取之,岂为人父母意[19]!"帝痛自咎,即诏停册。

……

后宴丹霄楼，酒中谓长孙无忌[20]曰："魏征、王珪事隐太子、巢刺王时[21]，诚可恶，我能弃怨用才，无羞古人。然征每谏我不从，我发言辄不即应，何哉？"征曰："臣以事有不可，故谏，若不从辄应，恐遂行之。"帝曰："弟即应，须别陈论，顾不得[22]？"征曰："昔舜戒群臣：'尔无面从，退有后言。'若面从可，方别陈论，此乃后言，非稷、离所以事尧、舜也[23]。"帝大笑曰："人言征举动疏慢，我但见其妩媚耳[24]！"征再拜曰："陛下导臣使言，所以敢然；若不受，臣敢数批逆鳞哉[25]！"

七年，为侍中[26]。尚书省滞讼[27]不决者，诏征平治。征不素习法[28]，但存大体，处事以情，人人悦服。进左光禄大夫、郑国公[29]。多病，辞职，帝曰："公独不见金在矿何足贵邪？善冶锻而为器，人乃宝之。朕方自比于金，以卿为良匠而加砺焉。卿虽疾，未及衰，庸得便尔[30]？"征恳请，数却愈牢。乃拜特进，知门下省事，诏朝章国典，参议得失，禄赐、国官、防合并同职事[31]。

文德皇后既葬，帝即苑中作层观，以望昭陵[32]，引征同升，征孰视曰："臣眊昏[33]，不能见。"帝指示之，征曰："此昭陵邪？"帝曰："然。"征曰："臣以为陛下望献陵[34]，若昭陵，臣固见之。"帝泣，为毁观。寻以定五礼，当封一子县男，征请封孤兄子叔慈。帝怆然曰："此可以励俗。"即许之[35]。

后幸洛阳，次昭仁宫，多所谴责[36]。征曰："隋惟责不献食，或供奉不精，为此无限[37]，而至于亡。故天命陛下代之，正当兢惧戒约，奈何令人悔为不奢[38]。若以为足，今不啻足矣；以为不足，万此宁有足邪[39]？"帝惊曰："非公不闻此言。"

……

它日，从容问曰："比政治若何？"征见久承平，帝意有所忽[40]，因对曰："陛下贞观之初，导人使谏。三年以后，见谏者悦而从之。比一二年，勉强受谏，而终不平也。"帝惊曰："公何物验之⁴¹？"对曰："陛下初即位，论元律师死，孙伏伽谏以为法不当死，陛下赐以兰陵公主园，直百万⁴²。或曰：'赏太厚。'答曰：'朕即位，未有谏者，所以赏之。'此导人使谏也。后柳雄妄诉隋资，有司得，劾其伪，将论死，戴胄奏罪当徒，执之四五然后赦⁴³。谓胄曰'弟守法如此，不畏滥罚。'此悦而从谏也。近皇甫德参上书言'修洛阳宫，劳人也；收地租，厚敛也；俗尚高髻，宫中所化也⁴⁴。'陛下恚曰：'是子使国家不役一人，不收一租，宫人无发，乃称其意。'臣奏：'人臣上书，不激切不能起人主意，激切即近讪谤⁴⁵。'于时，陛下虽从臣言，赏帛罢之，意终不平。此难于受谏也。"帝悟曰："非公，无能道此者。人苦不自觉耳！"

……

它日，宴群臣，帝曰："贞观以前，从我定天下，间关草昧，玄龄功也⁴⁶。贞观之后，纳忠谏，正朕违⁴⁷，为国家长利，征而已。虽古名臣，亦何以加！"亲解佩刀，以赐二人。帝尝问群臣："征与诸葛亮孰贤？"岑文本⁴⁸曰："亮才兼将相，非征可比。"帝曰："征蹈履仁义，以弼朕躬，欲致之尧、舜，虽亮无以抗⁴⁹。"时上封者众，或不切事，帝厌之，欲加谯黜⁵⁰，征曰："古者立谤木⁵¹，欲闻己过。封事，其谤木之遗乎！陛下思闻得失，当恣其所陈。言而是乎，为朝廷之益；非乎，无损于政。"帝悦，皆劳遣之。

……

是后右仆射缺，欲用征，征让，得不拜。皇太子承乾与魏王泰交恶⁵²，帝曰："当今忠謇贵重无踰征，我遣傅皇太子，一天下之望，羽翼固矣⁵³。"即拜太子太师。征以疾辞，诏答曰："汉太子以四皓为助，我赖公，其义也⁵⁴。公虽卧，可拥全之⁵⁵。"

第八章
纳　谏

　　十七年，疾甚。征家初无正寝，帝命辍小殿材为营构，五日毕[56]，并赐素褥布被，以从其尚[57]。令中郎将宿其第，动静辄以闻，药膳赐遗无算，中使者缀道[58]。帝亲问疾，屏左右，语终日乃还。后复与太子臻至征第，征加朝服，拖带。帝悲憿，拊之流涕，问所欲[59]。对曰："嫠不恤纬，而忧宗周之亡[60]！"帝将以衡山公主降其子叔玉[61]。时主亦从，帝曰："公强视新妇[62]！"征不能谢。是夕，帝梦征若平生，及旦，薨。帝临哭，为之恸，罢朝五日。太子举哀西华堂[63]。诏内外百官朝集使[64]皆赴丧，赠司空、相州都督，谥曰文贞，给羽葆、鼓吹、班剑四十人[65]，陪葬昭陵。将葬，其妻裴辞曰："征素俭约，今假一品礼，仪物褒大[66]，非征志。"见许，乃用素车，白布幨帷，无涂车、刍灵[67]。帝登苑西楼，望哭尽哀。晋王[68]奉诏致祭。帝作文于碑，遂书之。又赐家封户九百。

　　帝后临朝叹曰："以铜为鉴[69]，可正衣冠；以古为鉴，可知兴替；以人为鉴，可明得失。朕尝保此三鉴，内防己过。今魏征逝，一鉴亡矣。朕比使人至其家，得书一纸，始半藁[70]，其可识者曰：'天下之事，有善有恶，任善人则国安，用恶人则国弊。公卿之内，情有爱憎，憎者惟见其恶，爱者止见其善。爱憎之间，所宜详慎[71]。若爱而知其恶，憎而知其善，去邪勿疑，任贤勿猜，可以兴矣。'其大略如此。朕顾思之，恐不免斯过[72]。公卿侍臣可书之于笏，知而必谏也。"

　　征状貌不逾中人，有志胆，每犯颜进谏，虽逢帝甚怒，神色不徙，而天子亦为霁威[73]。议者谓贲、育不能过[74]。尝上冢还，奏曰："向闻陛下有关南之行，既办而止，何也[75]？"帝曰："畏卿，遂停耳。"始，丧乱后，典章湮散[76]，征奏引诸儒校集秘书，国家图籍粲然完整[77]。尝以《小戴礼》综汇不伦[78]，更作《类礼》[79]

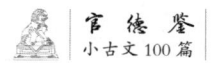

二十篇，数年而成。帝美其书，录寘内府[80]。

——《新唐书·卷九十七》

◆ 注 释

1. 魏征：字玄成，魏州曲城（今河北馆陶）人。
2. 毁：诋毁。阿党：结成党羽。温彦博：参阅本书第127页《诤臣王珪》注17。按讯：即审理。帝：唐太宗。
3. 著形迹：指自己造就良好形象。飞谤：匿名的暗中毁谤。宜：应该。让：批评，指责。
4. 置至公：抛弃大公之心。兹路：此路。邦：国。
5. 矍然：吃惊的样子。
6. 俾：使。
7. 稷：尧时贤臣，周的始祖。契：舜时名臣，仕司徒，掌管教化，传为商的始祖。咎陶：舜时贤臣，掌管刑法。
8. 龙逄：即关龙逄，夏桀时忠臣，以谏死，逄，音 páng。比干：商纣之臣，亦以忠谏被杀。
9. 都：居也。显号：声名昭著的称号。祚：福。疆：边际。
10. 婴：遭到。夷：平，灭。
11. 道：此意是为、作。明：聪明。暗：昏愦，糊涂。
12. 尧、舜氏辟四门，明四目，达四聪：语出《尚书·尧典》，意为：开放明堂的四门，使自己能看到四方的情况，听到四方的声音。
13. 共音 gòng，鲧音 gǔn，皆尧、舜时之臣，与驩兜、三苗合称四凶。塞：壅闭。
14. 靖言：善言。庸：用也，意为实际所行。违：指与靖言相背，此句意为说好话，做坏事。
15. 秦二世委政于赵高，天下叛乱，赵高封锁消息，秦二世不得而知。梁武帝即萧衍，南朝梁的开国皇帝，朱异乃其臣子。侯景原是北齐镇守河南的大将，公元547年降梁，次年以讨朱异为名起兵，朱异却封锁消息，梁武帝不知。虞世基是隋炀帝宠臣，隋末，天下大乱，虞世基一味顺从隋炀帝，却隐瞒天下大乱实情，故隋炀帝不知天下之事。
16. 兼听：听取多人的各种意见。壅蔽：隔绝，蒙蔽。

17. 息女：亲生女儿。充华：宫女的一种称号，九嫔之一。典册具：册封的诏书已准备好。
18. 或言：有人说。
19. 台榭：指亭台馆榭之类建筑。栋宇：房屋。膏粱：膏指鲜肥的肉，粱泛指精美的食物。顾嫔御：面对妃嫔。约昏：即订婚，昏同"婚"。
20. 长孙无忌：参阅本书第251页《唐太宗封功臣》注4。
21. 王珪：参阅本书第126页《诤臣王珪》。初，隐太子李建成居春宫，魏征与王珪皆其属僚，玄武门之变后，隐太子李建成被诛，李世民乃收用二人。巢刺王：即李元吉，封巢王，谥曰刺。
22. 弟：但，只。须：等。别：另。顾不得：就不行吗？顾：表语气，相当于"难道""就"。弟即应，须别陈论，顾不得：意为，只管当即答应，等过后再找机会陈述，不也行吗？
23. 稷和皋都是尧、舜时的贤臣，皋即契。
24. 疏慢：松懈，散漫。妩媚：优美。
25. 然：这样。批逆鳞：喻指犯帝怒。
26. 侍中：门下省最高长官。七年：指贞观七年，即公元633年。
27. 尚书省：执行政务的最高机构。滞讼：得不到及时处理的案件。
28. 不素习法：不拘于文法。
29. 左光禄大夫：高级文散官。
30. 庸：岂，怎么。便：就。尔：这样。
31. 特进：文散官之第二阶，秩为正二品。朝章国典：即国家的典章制度。防合：不详何意。并同职事：即在以上几方面与职事官相同。
32. 文德皇后：长孙氏，祖籍洛阳，唐朝宰相长孙无忌同母妹，唐太宗皇后，唐高宗之母，参阅《文德皇后有贤德》。即苑中作层观：在苑中建高层建筑。昭陵：唐太宗陵墓，在陕西礼泉县东北，此时，文德皇后已先葬昭陵。
33. 眊：音 mào，眼睛失神。
34. 献陵：唐高宗李渊陵墓。
35. 五礼：吉礼、凶礼、军礼、宾礼、嘉礼五种礼制，县男，爵位，魏征因制定五礼，应封其一子为县男。怆然：悲怆的样子。励俗：激励风俗。
36. 次：止、宿。昭仁宫：在河南宜阳县。多所谴责：对接待不满而多有训斥。
37. 为此无限：在这方面没有满足休止之时。

38. 兢惧戒约：怀着警惕恐惧的心情，兢兢业业，约束自己。悔为不奢：因不奢而悔。

39. 不啻：不止。万此：超过现在一万倍。宁：怎，怎么。

40. 从容：口气舒缓，不急迫。比：近来。承平：社会秩序安定。忽：忽视，轻视。

41. 何物验之：什么能证明这一点。

42. 元律师：人名，因何论其死不详。孙伏伽：贝州武城（今山东武城）人，时官大理少卿，后官至民部侍郎、大理卿，为人耿直。兰陵公主：太宗女，名淑，字丽贞。直：通"值"。

43. 柳雄：时为徐州司户参军。妄诉隋资：虚报他在隋朝的官职和资历，唐初根据官员在隋朝的职务和身份任以官职，所以有人谎称自己在隋朝时的官职。戴胄：参阅本书第53页《戴胄执法》。徒：流放的刑法。执之四五：指戴胄三番五次地坚持判流不判死。

44. 皇甫：复姓。德参：名也。修洛阳宫：参阅本书第197页《张玄素谏止修宫殿》。俗尚高髻，宫中所化也：民俗崇尚把头发束成高高的发髻，是宫人影响的结果。

45. 激切：语气严厉，偏激。起：引起。讪谤：毁谤，攻击。讪：音 shàn。

46. 间关：形容道路艰难阻隔。草昧：形容事业尚未创立时的混沌状态。玄龄：即房玄龄，见本书第50页《唐太宗封功臣》。

47. 正朕违：纠正我的过失。

48. 岑文本：字景仁，南阳棘阳（今河南南阳南）人，他为官廉洁，不贪权势，且以文才著称，参阅本书第313页《岑文本忧惧升官》。

49. 蹈履：履行。弼：辅弼。之：代太宗自己。

50. 上封：奏上封事，封即封事，是为防止泄密而封好的密奏。不切事：不切合事实，无关紧要。谯：音 qiào，同"诮"，诮让，谴责。黜：贬退。

51. 相传尧舜时于交通要道竖立木牌，让人们在上面写谏言，"古人立谤木"即指此也。

52. 承乾：太宗长子，文德皇后所生，太宗即位，立为太子，后德行有失，魏王泰有美誉，承乾恐有废立，泰亦有意夺嫡，二人成隙，交恶即指二人关系恶化，后承乾以罪废为庶人，徙黔州（今贵州）。魏王泰：字惠褒，太宗第四子，亦文德皇后所生，与承乾不协，以计倾之，希冀太子之位，后不遂，解其官职，降王东莱。
53. 謇：音 jiǎn，忠诚、正直。踰：超过。傅：辅也。一：统一。
54. 秦末，东园公、甪里先生、绮里季、夏黄公四人隐于商山（今陕西商县东南），年皆八十余，时称商山四皓，四人皆刘邦久请不至者，后刘邦欲废太子刘盈，改立赵王如意，吕后用张良策，令太子卑词安车，请至四皓，刘邦以为四皓辅太子，羽翼已成，故取消了废立之念。我赖公，其义也：意为我靠你像四皓辅汉太子一样辅承乾，这是我的目的。
55. 拥：保护。全：保全。
56. 正寝：正厅。辍：停。毕：完成。
57. 魏征素有俭德，故赐素褥布被，不用锦缎，以从其俭约风尚。
58. 中郎将：宿卫军军官名。宿其第：住在魏征家。动静：指魏征的病情。闻：奏明皇上。遗：音 wèi，赠送。中使：皇帝从宫中派出的使者。缀道：布道，在道，言其多也。
59. 悲懑：悲伤，烦闷。拊：通"抚"。
60. 嫠不恤纬，而忧宗周之亡：语出《左传》，《左传·昭公二十四年》："嫠不恤纬，而忧宗周之陨，为将及焉。"意为：寡妇不担心其织布的纬线少，而担心国家灭亡会祸及自己。嫠：音 lí，寡妇。纬：织布的纬线。魏征引此语，意为：我家没有可求的，只要国家安定就好。
61. 降：公主下嫁臣民为降，臣民娶公主为尚。叔玉：魏征长子。
62. 时主亦从：当时衡山公主也跟太宗来看魏征。强：音 qiǎng，勉强。
63. 魏征乃太子太师，故太子哭于西华堂。
64. 朝集使：各地方长官派往京师拜见皇帝和宰相的使者。
65. 羽葆：用羽毛装饰的，伞状的一种仪仗。班剑：由持剑武士组成的仪仗队。
66. 假一品礼：葬以一品礼节。仪物褒大：仪式，规模盛大。
67. 幨（chān）帷：车帷。涂车：涂彩的送葬车。刍灵：用茅草扎的人、马。
68. 晋王：即李治，亦即后来的唐高宗。
69. 鉴：镜子。
70. 藁：同"稿"。
71. 所宜详慎：意为应该详审、慎重地处理爱憎。
72. 斯过：指上面所说憎惟见其恶，爱只见其善的过错。
73. 不逾中人：不超过一般人。霁威：指怒色消失。霁：音 jì，雨止，天晴。

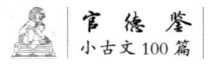

74. 贲、育：是古代两位著名的勇士。
75. 上冢还：上坟回来。关南：地名。
76. 典章湮散：典章文献多已散失。
77. 粲然：崭新貌。
78. 《小戴礼》：其书内容不详。综汇不伦：即大杂烩，不伦不类。
79. 《类礼》：此书内容即前面所说的定五礼。
80. 美：以为好。寘：放置。内府：宫内。

◇赏　析

　　魏征乃中国历史上的著名诤臣，他不仅正直敢谏，而且守正不屈，犯颜无畏，致使其谏多为太宗所接受，进而匡时救世，正如他自己所说，他不仅是忠臣，而且是佐时良臣，又如太宗所言，是一位辅政功臣。

　　魏征有诤臣之声，太宗有明君之誉，魏征之为诤臣，得太宗之助也；太宗之为明君，得魏征之力也。二人相辅相成，有谏有纳，上下一体，理政清明。若太宗不纳忠谏，魏征有谏无从，则难以济时辅政，而不能成为良臣；若魏征不敢进谏，太宗则无以听纳，而不能有兼听之明，难为明君。故曰：魏征逢太宗，以显其诤；太宗逢魏征，以成其明。

64 冯道谏明宗[1]

　　天成、长兴中，天下屡稔，朝廷无事[2]。明宗每御延英[3]，留道访以外事，道曰："陛下以至德承天，天以有年表瑞，更在日慎一日，以答天心[4]。臣每记在先皇霸府日[5]，曾奉使中山，经井陉之险，忧马有蹶失，不敢怠于衔辔[6]；及至平地，则无复持控，果为马所颠仆，几至于损[7]。臣所陈虽小，可以喻大。陛下勿以清晏[8]丰熟，便纵逸乐，兢兢业业，臣之望也。"明宗深然之。他日又问道曰："天下虽熟，百姓得济[9]否？"道曰："谷贵饿农，谷贱伤农，此常理也。臣忆得近代有举子聂夷中[10]《伤田家诗》云：'二月卖新丝，五月粜秋谷，医得眼下疮，剜却心头肉。我愿君王心，化作光明烛，不照绮罗筵，遍照逃亡屋。'"明宗曰："此诗甚好。"遂命侍臣录下，每自讽之[11]。道之发言简正，善于裨益[12]，非常人所能及也。

——《旧五代史·卷一百二十六》

◆注 释

1. 冯道：字可道，瀛洲景城（今河北景县）人，官至司马、司徒、侍中、太尉、中书令，初封鲁国公，后封燕国公，为人廉俭，为相二十余年，以持重镇俗为己任，但他历仕后唐、后晋、后汉、后周四朝，为后代史家所不齿。明宗：即后唐明宗李亶，公元926年至933年在位。
2. 天成、长兴：皆后唐明宗李亶年号。屡稔：连年丰收。稔：音rěn，熟，收成好。
3. 延英：即延英殿。
4. 至德：至高之德。承天：意为承奉上天意旨。有年：即有好收成，丰年。表瑞：降表吉祥。天心：即天意。

5. 先皇：即指李存勖，李存勖初嗣李克用为晋王，置霸府，居太原，冯道曾为霸府从事、太原掌书记等职。
6. 中山：古地名，即今河北定县一带。井陉：地名，在河北西部，多山。衔辔：揽住马缰绳。
7. 无复持控：不再控制缰绳。几至于损：几乎摔坏。
8. 清晏：清平，安定。
9. 济：指人民生活尚可，过得去。
10. 聂夷中：唐诗人，字坦之，河东（今山西永济）人，其诗多为五言，《伤田家》乃是晚唐优秀诗作。
11. 讽：吟，诵。
12. 简正：选择正言，规劝正理。裨益：增补，补益。

◇赏　析

　　冯道以奉使中山为例劝谏后唐明宗理政须日慎一日，说明了一个深刻的道理：谨慎履险，可保平安；大意行夷，可致颠仆。同样的道理，难事亦可成功，大意而惰于政务，易事亦将失误。历代勤谨官员，多有政绩；每朝怠惰之吏，多致丧乱，故古语曰，生于忧患，死于安乐，忧劳可以兴国，逸豫可以亡身。不仅帝王，地方官员亦是如此。古今一理，从政者不可不慎而又慎。

65 李涛敢谏不惜身 [1]

泾帅张彦泽杀记室张式,夺其妻,式家人诣阙上诉[2]。晋祖以彦泽有军功[3],释其罪。涛伏阁抗疏[4],请置于法。晋祖召见谕之,涛植笏叩阶[5],声色俱厉,晋祖怒叱之,涛执笏如初。晋祖曰:"吾与彦泽有誓约,恕其死。"涛厉声曰:"彦泽私誓,陛下不忍食其言;范延光尝赐铁券,今复安在[6]?"晋祖不能答,即拂衣起,涛随之,谏不已。晋祖不得已,召式父铎、弟守贞、子希范等皆拜以官,罢彦泽节制。涛归洛下,赋诗自悼,有"三谏不从归去来"之句。先是,范延光据邺叛,晋祖赐铁券许以不死,终亦不免,故涛引之。晋祖崩,涛坐不赴临,停[7]。未几,起为洛阳令,迁屯田职方郎中、中书舍人。

会契丹入汴,彦泽领突骑入京城,恣行杀害[8],人皆为涛危之。涛诣其帐,通刺谒见[9]。彦泽曰:"舍人惧乎[10]?"涛曰:"今日之惧,亦犹足下昔年之惧也。向使先皇听仆言,宁有今日之事[11]。"彦泽大笑,命酒对酌,涛神气自若。

……

宋初,拜兵部尚书。建隆二年,涛被病[12]。有军校尹勋董浚五丈河[13],陈留丁壮夜溃,勋擅斩队长陈琲等十人,丁夫七十人皆杖一百,刵其左耳[14]。涛闻之,力疾草奏[15],请斩勋以谢百姓。家人谓涛曰:"公久病,宜自爱养,朝廷事且置之。"涛愤言曰:"人孰无死,但我为兵部尚书,坐视军校无辜杀人,乌得不奏[16]?"太祖览奏嘉之,诏削夺勋官爵,配隶许州[17]。涛卒,年六十四,赠右仆射。

——《宋史·卷二百六十二》

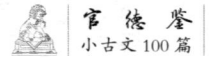

◆注 释

1. 李涛：字信臣，京兆万年人。
2. 张彦泽：太原人，初仕后唐，后仕后晋，为华州节度使，移镇泾州。张式受其知遇，后因故惹恼张彦泽，竟致于被决口割心断手足而死。后契丹南侵，收买张彦泽，张彦泽率兵二千入汴城（今开封），纵军大掠，残害无辜。后张彦泽被杀，人剖其心以祭死者，市人争食其肉。记室：官名，职如今之秘书。诣阙上诉：到京城告御状。
3. 晋祖：即后晋石敬瑭，沙陀人，后唐时为河东节度使，镇守太原，清泰三年（公元936年），勾结契丹灭后唐，并受契丹册封为帝，建都汴，国号晋，公元936年至942年在位。他割燕云十六州给契丹，年献帛三十万匹，并称契丹主为"父皇帝"，自称"儿皇帝"。
4. 伏阁抗疏：跪于殿门外上书力争。
5. 谕之：告谕他。植笏叩阶：直立笏板敲击丹墀之阶。
6. 范延光：字子环，邺郡临漳（今属河北，在河北南部）人，初仕后唐，官至枢密使、太师、中书令，后石敬瑭灭唐建晋，封他为临清王，又反晋，兵败被围，石敬瑭赐他铁券，许以不死，降晋，改封高平郡王，后为杨光远所杀。铁券：古代君王送给功臣的信物，有免死功能，若后有死罪，有铁券可免罪。
7. 不赴临：指不赴石敬瑭之丧。停：罢官。
8. 此事见注2。
9. 刺：名帖。通刺谒见：先用名帖通报而后进见。
10. 舍人：称代李涛，时李涛官为中书舍人。
11. 宁：怎，哪。
12. 建隆：宋太祖赵匡胤年号，建隆二年即公元961年。被病：得病。
13. 军校：低级军官名。董：主管，负责。浚：疏浚。五丈河：古河名，起自今河南开封，流入山东，下接济水。
14. 陈留：县名，在今开封东南。丁壮：役夫。夜溃：夜间逃散。琲：音bèi。刵：音ěr，割掉耳朵的刑罚。
15. 力疾草奏：极力支撑病体起草奏章。
16. 乌：疑问代词，怎，哪。
17. 配隶：发配隶属。许州：今河南许昌一带。

◇**赏　析**

　　张彦泽杀人，皇帝以私誓释其罪，确乎不公不正。李涛天性耿直，疾恶如仇，勇于进谏，致力除恶。他主持公道，竭力抗争，不惧皇帝之威，以笏板叩阶，声色俱厉，敢与皇帝争是非，论曲直。称得上无私无畏，坚强不屈了。

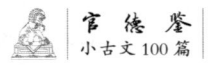

66 雒于仁箴谏万历帝[1]

雒于仁,字少泾,泾阳人[2]。……

于仁举万历十一年进士[3]。历知肥乡、清丰二县,有惠政[4]。十七年入为大理寺评事。疏献四箴以谏[5]。其略曰:

臣备官岁余[6],仅朝见陛下者三。此外惟闻圣体违和[7],一切传免。郊祀庙享遣官代行,政事不亲,讲筵久辍[8]。臣知陛下之疾,所以致之者有由也[9]。臣闻嗜酒则腐肠,恋色则伐性,贪财则丧志,尚气则戕生[10]。陛下八珍在御,觞酌是耽,卜昼不足,继以长夜[11]。此其病在嗜酒也。宠"十俊"以启幸门,溺郑妃,靡言不听。忠谋摈斥,储位久虚[12]。此其病在恋色也。传索帑金,括取币帛[13]。甚且掠问宦官,有献则已,无则谴怒[14]。李沂之疮痍未平,而张鲸之赇贿复入[15],此其病在贪财也。今日榜宫女,明日扶中官[16],罪状未明,立毙杖下。又宿怨藏怒于直臣,如范俊、姜应麟、孙如法辈,皆一诎不申,赐环无日[17]。此其病在尚气[18]也。四者之病,胶绕身心,岂药石所可治?今陛下春秋鼎盛,犹经年不朝,过此以往,更当何如[19]?

孟轲有取于法家弼士[20],今邹元标其人也[21]。陛下弃而置之,臣有以得其故矣[22]。元标入朝,必首言圣躬,次及左右[23]。是以明知其贤,忌而弗用。独不思直臣不利于陛下,不便于左右,深有利于宗社哉[24]!陛下之溺此四者,不曰操生杀之权,人畏之而不敢言,则曰居邃密之地,人莫知而不能言[25]。不知鼓钟于宫,声闻于外,幽独之中,指视所集[26]。且保禄全躯之士可以威权惧之,若怀忠守义者,即鼎锯何避焉[27]!臣今敢以四箴献。若陛下肯用臣言,即立诛臣身,臣虽死犹生也。惟陛下垂察[28]。

酒箴曰:耽彼麹糵,昕夕不辍[29]。心志内愦,威仪外缺[30]。神禹疏狄,夏治兴隆[31]。进药陛下,醲醑勿崇[32]。

色箴曰:艳彼妖姬,寝兴在侧[33]。启宠纳侮,争妍误国[34]。成汤不迩,享有遐寿[35]。进药陛下,内嬖勿厚[36]。

财箴曰:竞彼镠镣,锱铢必尽[37]。公帑称盈,私家悬磬[38]。武散鹿台,八百归心[39]。隋炀剥利,天命难谌。进药陛下,货贿勿侵[40]。

气箴曰:逞彼忿怒,恣睢任情。法尚操切,政鳌公平[41]。虞舜温恭,和以致祥。秦皇暴戾,群怨孔彰。进药陛下,旧怨勿藏[42]。

——《明史·卷二百三十四》

◆注 释

1. 万历帝:万历皇帝,即明神宗朱翊钧。
2. 泾阳:县名,今属陕西。
3. 万历:明神宗年号,万历十一年即1583年。
4. 肥乡:在河北南部。清丰:在河南北部。惠政:有利于人民的政治。
5. 大理寺评事:官名,大理寺设评事四人,秩为正七品。箴:一种文体,多用以规诫。
6. 备官岁余:任官(大理评事)一年多。
7. 惟闻:只听说。圣体违和:龙体不舒服。
8. 郊祀:祭天,历代皇帝多按时祭天于南郊,今北京天坛,即是明清祭天之所。庙享:指祭祀祖宗,即按时到太庙祭祖,这是两项重大礼仪,需皇帝亲行。政事不亲:不亲自处理政事。讲筵:此指给皇帝讲解学问。辍:停止。
9. 疾:病。致:导致,造成。由:原因。
10. 腐:伤害。伐:损伤。戕:音qiāng,伤害。

11. 八珍：本指八种珍贵的食物，此指最好的饭食。御：此指享用。觞：音shāng，盛酒器。酌（zhuó）：斟酒，饮酒。耽：酷好。卜：估计，算计。
12. 十俊：指当时的十个太监。郑妃：神宗妃，大兴人，万历初入宫，封贵妃，生三子，进皇贵妃，神宗甚宠之。靡：无。摈斥：排斥，抛弃。储位：指太子位。虚：空着，未立太子。
13. 传索、括取：皆意为搜刮。帑：音tǎng，国库里的钱财。
14. 掠问宦官：神宗广派宦官到各地搜刮。献：指地方向朝廷献财。谴：斥责。
15. 李沂：字景鲁，嘉鱼（今属湖北）人，万历十四年进士，因谏神宗斥中官张鲸而被杖六十，家居十八年，未召而卒，光宗嗣位，赠光禄少卿。张鲸：太监，本新城人，曾掌东厂，得幸于神宗。
16. 搒：音péng，用棍子或竹板子打。捶：音chì，鞭打，笞。
17. 宿怨：旧恨。范俊：字国士，高安（今属江西）人，万历五年进士，初为义乌知县，后征授御史，十二年正月，因谏而被斥为民，家居数十年，卒，天启初，复官，赠光禄少卿。姜应麟：字泰符，慈溪（今属浙江）人，万历十一年进士，曾官户科给事中，因谏忤帝，贬为大同广昌典史，后家居二十年，崇祯三年卒，赠太常卿。孙如法：官刑部主事，万历皇帝宠郑妃，进封皇贵妃，孙如法谏阻之，被贬为潮阳典史，卒后赠光禄少卿。诎：音qū，同"屈"。不申：不得伸展，意为不得复官。环：通"还"，赐环无日：没有召回（官复原职）的日子。
18. 尚气：爱生气，好斗气。
19. 胶：似胶一样粘连。绕：缠绕。石：针，药石，泛指药物。春秋鼎盛：谓年轻，年富力强，时万历皇帝年二十七岁，故称。犹：还，尚。
20. 《孟子·告子》中有语："入则无法家弼士，出则无敌国外患者，国恒亡。" 法家弼士：指执法公正，辅君佐时的良臣。
21. 邹元标：字尔瞻，吉水（今属江西）人，万历五年进士，官至左都御史，太子太保，为人刚果敢言，不避权贵，曾因劾首辅（实为宰相）张居正，被杖八十。
22. 有以：有根据。得其故：谓掌握了用邹元标的原因。
23. 言：指斥。左右：指左右辅臣。
24. 独：唯独。宗社：宗庙，社稷，此指国家，政权。
25. 溺：沉溺。邃：深邃。

26. 鼓：击，敲。幽独：幽密，独到的地方。指视所集：人们指视的焦点。
27. 保禄全躯：保住俸禄，保全自身。鼎锯：谓各种酷刑。
28. 敢：意为抖胆，大着胆子。即：即使。惟：希望。垂察：察意为察看，垂：皇帝位尊，了解下情，故曰垂察。
29. 耽：酷好，沉溺。彼：那。麴：音 qū，同"曲"，酿酒的材料。糵：音 niè，亦指酿酒的曲。昕：音 xīn，早晨。夕：傍晚。不辍：不停。
30. 懵：音 měng，糊涂，不明事理。威仪外缺：因整天饮酒而糊涂，故缺少威仪。
31. 神禹：即大禹，夏朝的创建者。疏狄：疏远仪狄，仪狄造酒给大禹喝，大禹感到酒会误事，从而疏远仪狄。夏治：夏朝的政治。
32. 药：此指以言为药。醴：音 nóng，酒味浓厚。醑：音 xǔ，美酒。勿崇：不要过分嗜好。
33. 妖姬：妖冶的妃嫔。寝兴在侧：寝指睡下，兴指起床，在侧：在身旁。
34. 启宠：招引皇帝宠爱。纳侮：受忍外侮，指皇帝宠信美女而招致外患。争妍：比着向皇帝献出娇美，迷惑了皇帝而贻误国事。
35. 成汤：即商汤，商朝创建者。不迩：不近，迩：音 ěr，近。遐寿：长寿，遐：远，引申为长。
36. 嬖：宠爱，宠幸。内嬖：对妃嫔的宠爱。勿厚：不要过分。
37. 竞：争。镠：音 liú，纯美的金子。镣：纯美的银子。锱（zī）铢：本为古代两种极小的重量单位，引申为数量很少。必尽：一定争到。
38. 公帑称盈：公款充足。悬磬（qìng）：形容空无所有，贫穷至极。
39. 武：周武王。散：把财物分散给人民。鹿台：纣王所建，后武王攻入，纣王自焚于鹿台。八百归心：形容得到人民的拥护。
40. 隋炀：隋炀帝。剥利：掠夺财利。谌：音 chén，相信。货贿：资财。侵：侵占。
41. 逞：放纵。忿怒：愤怒。恣睢：放纵。法尚操切：愤怒时持法严厉。操：持。切：严。尚：意为崇尚。盭：音 lì，同"戾"，乖戾，违背。
42. 虞舜：即舜。温恭：温和谦恭。祥：祥和。秦皇：秦始皇。暴戾：残暴，凶狠。群怨：人民怨恨。孔：很。彰：显露。藏：怀。

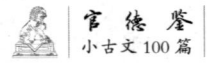

◇赏　析

　　雒于仁之四箴，虽为规诫明神宗而作，然亦适用于一般官员；虽写于四百年前，但直至今日，亦有其重大的借鉴意义。人生在世，当忌酒、色、财、气，为官者尤甚，可以说，酒色财气，乃是为政之四害。贪杯嗜酒，昏醉误政；好色行邪，污名伤政；贪财忘义，渎职害政；意气用事，恣情损政。故为官从政，不可不防四害。

第九章

疾 恶

疾恶就是憎恨并抵制邪恶，即胸怀正义，对违背公理和道义，伤害国家和人民利益的人和事，勇于抵制，除恶务尽。疾恶是一种心理倾向，也是一种性格，同时也是为官从政所必须具备的一种可贵的品德。

　　社会上的人或事往往有善恶之分，正邪之别，符合与代表人民利益的为善、为正，违背与伤害人民利益的为恶、为邪。善良与邪恶是尖锐对立相互排斥的两个反面，善良必然要抵制邪恶，邪恶必然要伤害善良。这就要求每一位正直的社会成员不仅要有敏锐的目光，能够准确地分辨善良与邪恶，并且要立场鲜明，态度坚决，大刀阔斧，理直气壮地扶善抑恶。

　　抑恶扬善也是为官从政者义不容辞的责任。维护人民利益是为官者的基本职责，要维护人民利益，就必须坚持与邪恶做针锋相对的斗争。因为，邪恶必然要侵害人民的利益，不除掉邪恶，就不可能真正做到维护人民的利益，因而，为官就应该疾恶如仇，除恶务尽，也就是说，为官必须有疾恶之德。

　　官员有疾恶之德，可以保证自己行端身正，而无此德，必有与邪恶同流合污之危。邪恶势力为了免遭消灭，常常要在政界寻找靠山。为官有疾恶之德，则邪恶避之犹恐不及，不可能寻求正直官员的庇护，故有疾恶之德，则邪不敢侵，也不能侵。若无疾恶之德，邪恶势力就很可能要拉拢并腐蚀之，无疾恶之德就会给邪恶以可乘之机，一旦伙同之，就会助纣为虐，而难以自拔，最终将受到法律的制裁而身败名裂。个别行政官员身无疾恶之德，被黑恶势力收买，与黑恶势力同流合污，成为黑恶势力的保护伞，甘当黑恶势力的帮凶，在扫黑除恶行动中暴露出来，遭到严惩，就是最好的例证。可见，无疾恶之德，其害甚大。

　　腐败也是邪恶，身有疾恶之德，就应该敢于抵制腐败。应该承认，腐败还没有根本消除，贪污腐化，以权谋私，侵吞国家资财，行贿受贿，甚至是出卖党纪国法，刑事犯罪等现象时有发生。作为公务员或企事业管理者，受任于党和人民，必须要做到自身清正，但是，仅仅做到自身清正是远远不够的，还必须敢于与腐败现象进行坚决的斗争，捍卫党和人民的利益，这当然需有疾恶之德。

疾恶之德需要勇德相辅。疾恶是一种心理，也是一种品德，这种品德必然要体现在行动上，对邪恶不仅要痛恨，而且要极力抵制并灭除之，而抵制和灭除邪恶则必须勇敢无畏，不计个人得失。若对邪恶只有痛恨而无勇气予以抵制，这种恨是没有任何意义的，不是真正的疾恶，而真正意义上的疾恶，是心理和行为的统一。所以说，疾恶之德离不开勇德，懦夫不能疾恶，疾恶者必为勇士。

邪恶得逞是暂时的，正义获胜是永恒的。每一位公、管人员都应该消除顾虑，增强信心，勇于除恶。

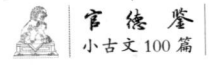

67 龚胜辞官自尽

莽既篡国[1],遣五威将帅行天下风俗[2],将帅亲奉羊、酒存问胜[3]。明年,莽遣使者即拜胜为讲学祭酒,胜称疾不应征[4]。后二年,莽复遣使者奉玺书[5],太子师友祭酒印绶[6],安车驷马迎胜[7],即拜,秩上卿[8],先赐六月禄直以办装[9],使者与郡太守、县长吏、三老官属、行义诸生千人以上入胜里致诏[10]。使者欲令胜起迎,久立门外,胜称病笃[11],为床室中户西南牖下[12],东首加朝服拕绅[13]。使者入户,西行南面立,致诏付玺书[14],迁延再拜奉印绶,内安车驷马[15],进谓胜曰:"圣朝未尝忘君,制作未定[16],待君为政,思闻所欲施行,以安海内"。胜对曰:"素愚,加以年老被病,命在朝夕,随使君上道,必死道路,无益万分[17]。"使者要说[18],至以印绶就加胜身,胜辄推不受。使者即上言:"方盛夏暑热,胜病少气,可须秋凉乃发[19]。"有诏许。使者五日一与太守俱问起居,为胜两子及门人高晖等言:"朝廷虚心待君以茅土之封[20],虽疾病,宜动移至传舍,示有行意,必为子孙遗大业[21]。"晖等白使者语[22],胜自知不见听[23],即谓晖等:"吾受汉家厚恩,无以报,今年老矣,旦暮入地,谊岂[24]以一身事二姓,下见故主哉?"胜因敕以棺殓丧事:"衣周于身,棺周于衣[25]。勿随俗动吾冢,种柏,作祠堂[26]。"语毕,遂不复开口饮食,积十四日死,死时七十九矣。使者、太守临敛,赐复衾祭祠如法[27]。门人衰绖治丧者百数[28]。有老父来吊[29],哭甚哀,既而曰:"嗟乎!薰以香自烧,膏以明自销[30]。龚生竟夭天年,非吾徒也³¹。"遂趋而出，莫知其谁。胜居彭城廉里，后世刻石表其里门³²。

——《汉书·卷七十二》

◆注 释

1. 莽：即王莽，字巨君，汉元帝皇后侄，西汉末，以外戚掌握政权，封为新都侯，初始元年（公元8年）篡汉自立，改国名为"新"，年号"始建国"，更始元年（公元23年），"新"王朝灭亡，王莽也在绿林军攻入长安时被杀。
2. 五威将帅：官职名。行：行视。
3. 奉：送上。存问：慰问。胜：龚胜，字君宾，楚人，曾官谏大夫，光禄大夫，东海太守，其为谏官敢于直言，曾言百姓贫，盗贼多，吏不良，风俗薄，制度太奢，刑罚太深，赋敛太重，宜以俭约率下。后来，王莽秉政，龚胜乃乞骸骨，归老于乡。王莽篡国后，以上卿征龚胜，龚胜疾其篡位，不愿事莽称臣，恐声名被污，乃绝食自尽。
4. 即：就也，就其家而拜。讲学祭酒，官名，为汉代学官。称疾：托辞有病，不应征。不服从朝廷征调。
5. 奉玺书：带着圣旨，玺：音xǐ，即玉玺，秦以后专指皇帝的印。
6. 太子师友：师指太子太师，太子太傅等官职，友指太子舍人等官职。印绶：印指上述几种官职之印，绶指系印纽的丝带。此句意为：王莽把太子太师、太子太傅等重要官职的印绶交给龚胜。
7. 安车驷马：安车是一种小车，可以坐，驷马即四匹马拉安车。朝廷往往以赠安车驷马的形式，表示对朝廷重臣的优待。
8. 秩：品级。上卿：品秩最高的等级。即拜，就家迎之，因拜官。
9. 禄：俸禄。直：通"值"，即价值。汉代官员的俸禄是米，先赐六月禄直：先送给他相当于六个月俸禄的钱。以办装：用来办理行装。
10. 行义诸生：那些品行端正的人。入胜里：进入龚胜所住的里弄。致诏：宣布诏令。
11. 病笃：病重。
12. 牖：窗，此句意设床于户之南窗下。
13. 东首：头朝东。加朝服：穿朝服，此为卧穿朝服。拕：同"拖"。绅：束

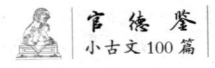

在衣外的带子。
14. 致诏付玺书：把诏书、玺书交给龚胜。致、付都是交付之意。
15. 迁延：即拖延时间。内：通"纳"，交上。
16. 制作未定：指王莽的"新"朝各种典章制度都未制定好。
17. 素：平素，平时。被病：遭病。使君：对使臣的尊称。无益万分：无益于万分之一。
18. 要说：颜师古曰："要音一遥反，说音式锐反。"可知"要说"读 yào shuì，要陈说利害。
19. 须：等也。发：出发，动身。
20. 为：对。茅土之封：古代皇帝社祭的坛用五色土建成，东方青，南方赤，西方白，北方黑，中间黄，分封诸侯时，把一种颜色的土用茅草包好授给受封的人，作为封得土地的象征，故后称封诸侯为授茅土，此处为将封龚胜为侯。
21. 传舍：即驿站，传：音 zhuàn。遗：留下。大业：此指有利于子孙的各种条件和关系。
22. 白：动词，禀明，告知。
23. 胜自知不见听：龚胜知道自己的话不会得到使者的听从。
24. 谊岂：谊指情宜，情理。岂：怎么能。
25. 敕：命令。周：包、围，衣周于身意为衣服能把身体围包起来就行，下"周"字同此。
26. 若随葬物品太多，太贵重，就有可能被人盗掘，故云"动吾家"此语意为：不要随俗以贵重物品随葬，防止被人盗墓，也不要种柏作祠堂，皆不随俗。
27. 敛：通"殓"，给尸体穿衣入棺。衾：音 qīn，此指殓尸的包被。复：通"覆"，遮盖。如法：符合当时的习惯和礼法的规定。
28. 衰：音 cuī，通"缞"，丧服。绖：音 dié，丧服中的麻带，如首绖、腰绖之类。
29. 父：音 fǔ，指老人。吊：哭吊，吊唁。
30. 薰：音 xūn，香草。膏：灯油。此两句意为：香草因为香才使自己被烧掉，灯油因为能带来光明，所以才使自己被消耗掉。这是喻指龚胜因有才名而至于自尽。
31. 非吾徒也：和我不是一类人。徒：类别。
32. 彭城：即今江苏徐州。廉里：彭城内的一个地方。里：若今之街道。里门：

即里弄的门。表：彰扬，褒扬。

◇赏 析

王莽以上卿要职征龚胜，龚胜憎其篡汉，不欲同流，以防声名受辱，故而绝食自尽，是其既有疾恶之操，又有廉洁之守。此等操守，历史不乏其人，苏武宁受饥寒之苦，不肯为官于匈奴；文天祥甘愿被杀于刑场，而不肯任宰相于元朝，此皆重节操而轻富贵者。

正是因为他们有疾恶之操，廉洁之守，重节操而轻富贵，所以他们能够垂名万世，流芳千古，为后人所怀念，所敬重。

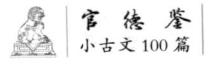

68 韩棱疾恶守正

　　和帝即位[1]，侍中窦宪使人刺杀齐殇王子都乡侯畅于上东门[2]，有司畏宪，咸委疑于畅兄弟[3]。诏遣侍御史之齐案其事[4]。棱上疏以为贼在京师，不宜舍近问远[5]，恐为奸臣所笑。窦太后怒[6]，以切责棱，棱固执其议[7]。及事发[8]，果如所言。宪惶恐，白太后求出击北匈奴以赎罪。棱复上疏谏，太后不从。及宪有功，还为大将军，威震天下，复出屯武威[9]。会帝西祠园陵，诏宪与车驾会长安[10]。及宪至，尚书以下议欲拜之，伏称万岁[11]。棱正色曰："夫上交不谄，下交不黩，礼无人臣称万岁之制[12]。"议者皆惭而止。尚书左丞王龙私奏记上牛酒于宪，棱举奏龙，论为城旦[13]。棱在朝数荐举良吏应顺、吕章、周纡等，皆有名当时。及窦氏败，棱典案其事，深竟党与，数月不休沐[14]。帝以为忧国忘家，赐布三百匹。

——《后汉书·卷四十五》

◆ 注 释

1. 和帝：刘肇（zhào），建初七年立为皇太子，章和二年（公元88年）即位，年仅十岁，窦太后临朝。
2. 侍中：官职名，秩比二千石，常侍皇帝左右，赞导众事，顾问应对。窦宪：字伯度，窦太后之兄，封武阳侯，食邑二万户，广树党羽，权势倾朝，后以罪迫令自杀，亲党皆罢。齐殇王：名石，光武帝刘秀之兄伯升之曾孙，封于齐。都乡侯畅：即刘畅，封为都乡侯，刘畅乃是齐殇王刘石之子。上东门：东汉都洛阳，洛阳城有十二门，东面有三，最北者即上东门，中者为中东门，南者曰秏门，十二门配十二地支，一面有三，上东门位在寅位。时太后欲召

第九章 疾恶

刘畅诣上东门，窦宪惧刘畅得幸于太后，乃使人杀之，而嫁祸于刘畅之弟利侯刘刚，事觉，太后怒，闭宪宫中，宪惧诛，自求击匈奴，有功，权势渐重。

3. 有司：主管部门，即主管审理案件者。咸：都。委疑：推诿。
4. 诏：皇帝的命令。遣：派。侍御史：官名，掌察举非法，受公卿奏事，有违失即奏劾之，秩为六百石，东汉设侍御史十五人。之：去、到。案：调查、审理。
5. 疏：一种文体，用于臣下向君王进谏言事。不宜：不应该。棱：即韩棱，字伯师，颍川人。
6. 窦太后：大司空窦融之曾孙女，建初二年入宫，后立为孝章帝之后，无子，宋贵人与梁贵人俱生子，窦后嫉之，先后害死二贵人，养梁贵人之子为己子，后来即位，是为和帝，年仅十岁，窦太后临朝，其兄窦宪，弟窦笃、窦景并显贵，永元四年，窦氏被诛。
7. 固：坚决。执：坚持。
8. 发：暴露，显露。
9. 窦宪乃和帝之舅，窦太后之兄，以亲故，有罪不诛，命以车骑将军征匈奴，位在公下，还为大将军，位在公上。屯：驻军镇守。武威：郡名，西汉元狩二年（公元前121年）置，治所初在武威（今甘肃民勤东北），东汉移治姑臧（今甘肃武威）。当时武威北邻匈奴，是边防重地，故派兵驻守。
10. 会：逢，正赶上。西祠园陵：即西行去长安周围西汉诸陵上坟祭祖。车驾：指皇帝。
11. 尚书：官职名，东汉时的尚书职权并不高，时置尚书令一人，秩千石。尚书仆射一人，秩六百石。尚书六人，秩六百石。尚书左右丞各一人，秩四百石。以上官员皆属少府，掌章奏文书，少府掌皇宫内诸事务，设卿一人，秩中二千石。伏：跪伏。
12. 上交不谄，下交不黩：此《易经》语，意为：与地位高于自己的人相交，不可阿谀谄媚。与地位低于自己的人相交，不可轻慢不敬。黩：音dú，轻慢不敬。制：规矩，规定。
13. 牛酒：牛和酒，亦指牛肉和酒。城旦：一种较轻的刑罚，四年刑，白天司寇房，夜幕筑长城。故曰城旦。
14. 典案其事：负责调查审理此案。深竟党与：彻底清除窦宪的同党，党与即指亲朋同党。休沐：古代官员定时休假，回家洗沐，称休沐。

◇赏 析

　　古代为官，惩不法之民易，抗权臣难，窦宪身为帝舅，太后之兄，尊贵至极，其为非行恶，人皆知而不言，唯韩棱能抗之，可见韩棱之品格，确实高于他人。人欲阿谀窦宪，伏称万岁，韩棱又敢于据理力争，设阻抵制，这种不阿权贵，疾恶如仇，守正不挠的气节在封建士大夫之中堪称标范，可称可赞，非正人无此胸怀，无此气魄。有人为官，无所操守，只知伺察风云变幻，一味取悦权贵，利己则为，不论是非，致与邪恶同流。这种人与韩棱相比，其善恶邪正不言自辨矣。

69 贾秀守正抗乙浑[1]

　　高宗以秀东宫旧臣,进爵阳都子,加振威将军[2]。时丞相乙浑擅作威福,多所杀害[3]。浑妻庶姓而求公主之号[4],屡言于秀,秀默然。浑曰:"公事无所不从[5],我请公主,不应何意?"秀慷慨大言,对曰:"公主之称,王姬之号,尊宠之极,非庶族所宜。若假窃此号,当必自咎[6]。秀宁死于今朝,不取笑于后日[7]。"浑左右莫不失色,为之震惧,而秀神色自若。浑夫妻默然含忿。他日,乃书太医给事杨惠富臂作"老奴官悭"字,令以示秀[8]。浑每欲伺隙陷之,会浑伏诛[9],遂得免难。秀执正守志[10],皆此类也。

——《魏书·卷三十三》

◆注 释

1. 贾秀:武威姑臧(今甘肃武威)人,为官正直守志,不阿权贵。乙浑:官至侍中、车骑大将军、太尉,曾矫诏杀尚书杨保年、平阳公贾爱仁、南阳公张天度,又杀平原王陆丽,后因欲谋不轨,为文明太后所诛。
2. 高宗:即北魏文成皇帝拓跋濬,公元452年至466年在位。东宫旧臣:贾秀曾任太子中庶子,事太子于东宫。进爵阳都子:此前,贾秀官爵为阳都男,由男至子,爵升一级,故曰进爵。振威将军:官衔。
3. 乙浑专擅朝政,谋杀大臣。
4. 公主乃是皇室之女的称号,乙浑妻非皇族,而求公主称号,在当时亦非所宜。
5. 公事:意为您的事,公:对对方的尊称。
6. 假窃:不当有其称号而妄取之。自咎:给自己造成不利。
7. 若轻以公主称号妄授他人,必为后世所非,若不与之,乙浑专权,恐危自身,故有此言。
8. 太医给事:官名。杨惠富:人名。悭:音qiān,吝啬,"老奴官悭"是乙

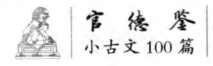

浑骂贾秀不肯以官名授人。令以示秀：目的在于以此污辱贾秀。
9.伺隙：寻找机会。会：赶上。浑伏诛：即乙浑因欲谋不轨，为文明太后所诛。
10.执正守志：坚持正义，坚持自己的志向，保持自己的气节。

◇赏 析

　　贾秀为官守正，抵制邪恶，不阿权贵，力抗丞相，可谓刚正耿直，无私无畏。尤其是他宁死今朝不取笑于后世的誓言，渗透着一种英勇无畏的精神。确实，抗权贵则危及自身，屈从邪恶则取笑于后世，而贾秀取舍分明，确有几分英勇无畏、大义凛然、宁死不屈的气势，这无论是在当时还是在现代，都是值得称道的。

第九章 疾恶

70 梁毗疾恶斥权臣[1]

开皇初,置御史官,朝廷以毗鲠正,拜治书侍御史,名为称职[2]。寻转大兴令,迁雍州赞治[3]。毗既出宪司,复典京邑[4],直道而行,无所回避,颇失权贵心,由是出为西宁州刺史,改封邯郸县侯[5]。在州十一年。先是,蛮夷酋长皆服金冠,以金多者为豪俊,由此递相陵夺,每寻干戈,边境略无宁岁[6]。毗患之。后因诸酋长相率以金遗毗[7],于是置金坐侧,对之恸哭而谓之曰:"此物饥不可食,寒不可衣。汝等以此相灭,不可胜数。今将此来,欲杀我邪?"一无所纳,悉以还之。于是蛮夷感悟,遂不相攻击。高祖闻而善之,征为散骑常侍、大理卿。处法平允,时人称之。岁余,进位上开府[8]。

毗见左仆射杨素贵宠擅权[9],百僚震慑[10],恐为国患,因上封事[11]曰:"臣闻臣无有作威福。臣之作威福,其害乎而家,凶乎而国[12]。窃见左仆射、越国公素,幸遇愈重,权势日隆,搢绅之徒,属其视听[13]。忤意者严霜夏零,阿旨者膏雨冬澍,荣枯由其唇吻,废兴候其指麾[14]。所私皆非忠谠,所进咸是亲戚,子弟布列,兼州连县[15]。天下无事,容息异图,四海稍虞[16],必为祸始。夫奸臣擅命,有渐而来[17]。王莽资之于积年,桓玄基之于易世,而卒殄汉祀,终倾晋祚[18]。季孙专鲁,田氏篡齐,皆载典诰,非臣臆说[19]。陛下若以素为阿衡,臣恐其心未必伊尹也[20]。伏愿揆鉴古今,量为外置,俾洪基永固,率土幸甚[21]。轻犯天颜,伏听斧锧[22]。"高祖大怒,命有司禁止[23],亲自诘之。毗极言曰:"素既擅权宠，作威作福，将领之处，杀戮无道。又太子及蜀王罪废之日，百僚无不震悚，惟素扬眉奋肘，喜见容色，利国家有事以为身幸[24]。"毗发言謇謇，有诚亮之节[25]，高祖无以屈也，乃释之。素自此恩宠渐衰，但素任寄隆重，多所折挫，当时朝士无不慑伏，莫有敢与相是非。辞气不挠者，独毗与柳彧及尚书右丞李纲而已[26]。后上不复专委于素，盖由察毗之言也[27]。

——《隋书·卷六十二》

◆ 注　释

1. 梁毗：字景和，安定乌氏（今属甘肃）人，为人刚正不阿，清廉有守。
2. 开皇：隋文帝年号。置：设置。御史：官名。治书侍御史：唐改称为御史中丞。鲠正：即耿直。名为称职：有称职的名声。
3. 寻：不久。大兴：县名，隋开皇三年（公元583年）改万年县置，与长安县同治大兴城内。大兴城：开皇二年至三年筑，故址在今西安城和城南、城东、城西一带，开皇三年，隋迁都于此。雍州：辖境相当今陕西、甘肃、宁夏各一部分地区。赞治：官名，助州郡长官为治，故名。
4. 既出宪司：离开御史台。宪司：指御史台。典：主管、执掌。京邑：京城。
5. 西宁州：治所在今青海西宁。梁毗初封易阳县子，后进爵为侯，又封为邯郸县侯，故曰改封。
6. 服：戴。豪俊：豪杰，英武之士。陵：通"凌"。略无宁岁：没有安宁的岁月。
7. 因：就着。相率：一起，一个跟着一个。遗：音wèi，送，给。
8. 散骑常侍：官名，在皇帝左右规谏过失，以备顾问，隋代属门下省，乃是尊贵之官。大理卿：掌管祭祀礼乐的官员，汉代九卿之一，历代沿置。进位：升位，升秩。上开府：上指上等，开府是指官衔达到一定级别，即可设置官署。
9. 杨素：字处道，弘农华阴（今属陕西）人，官至太子太师、司徒、尚书令、左仆射，封楚国公，为人多有奸谋，曾与杨广（杨坚第二子）谋害太子杨勇（杨坚长子），杨勇被废，杨广立为太子，后即位，是为隋炀帝。
10. 慑：惧怕，威慑。
11. 封事：臣下奏事上书，防止泄露，用袋封缄，称为封事，亦即密奏。

12. 而：通"尔"，第二人称代词。
13. 杨素初封越国公，后改封楚国公，故称。搢绅之徒：指大小官员，搢绅本指高级官员的装束，亦用为官宦的代称，《晋书·舆服志》中说"所谓搢绅之士者，搢笏而垂绅带也。"属其视听：意为听命于他。
14. 忤：违也。零：下、落。阿旨：阿谀逢迎。膏雨：极好的雨，及时的雨，比喻恩泽。澍：音 shù，本意为好雨，此意为下。荣枯：喻指仕途通达与否。唇吻：指嘴。废兴：意同荣枯。指麾：指挥，意为他挥手一指就决定别人的命运，可见专权之甚。
15. 谠：音 dǎng，正直。兼州连县：形容各州县都有。
16. 容息：容让，姑息。异图：指谋篡之心。虞：意即不虞，料想不到，暗指不安定。
17. 有渐而来：意为从来已久，早即有之。
18. 王莽：字巨君，汉元帝皇后之侄。西汉末，以外戚掌权，元始五年（公元 5 年）毒死平帝，自称假皇帝，次年立年仅二岁的刘婴为太子，号孺子，初始元年（公元 8 年）称帝，改国号为"新"。桓玄：字敬道，东晋谯国龙亢（今安徽怀远西）人，隆安二年（公元 398 年），起兵反对专擅朝政的会稽王司马道子及其子司马元显。朝廷任之为江州刺史，以求妥协。元兴元年（公元 402 年），司马元显对他发动进攻，他举兵东下，攻入建康，杀司马元显，掌握朝政，次年代晋自立，国号"楚"。不久刘裕起兵讨之，他退回江陵，兵败被杀。资：养。积年：多年。易世：换了世代，意为不止一世。卒殄汉祀：到底断绝了汉家香火，殄：音 tiǎn，灭绝。终倾晋祚：最后颠覆了晋朝的皇位，祚：音 zuò，君主的位置。
19. 季孙：即季孙氏，春秋时鲁国贵族，从季文子起，经季武子（季文子之子），季平子（季武子之孙），季桓子（季平子之子），到季康子（季桓子之子）等相继执政，专政于鲁。田氏篡齐：周武王灭殷，封吕太公姜尚于齐，姜氏遂有齐国，世代相袭。至春秋末，田氏几代均为齐之权臣，齐康公十九年，康公卒，田氏遂篡齐，此后，齐国非姜氏所有，归田氏。典诰：指经典文献。臆说：猜测，主观推想之说。
20. 伊尹：商初大臣，伊是其名，尹是官名，一说名挚，辅成汤灭夏桀，建商朝，被视为著名贤臣，一说阿衡乃伊尹所任官名，此指重要辅佐之臣。
21. 揆：借，引，揆鉴即借鉴。量为外置：意为认真对待和处理。俾：使。率土：

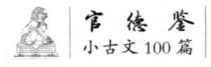

犹言四海之内。
22. 锧：音 zhì，刑具，斩腰用的垫座。
23. 禁止：囚禁。
24. 太子：即杨勇，隋文帝长子，因被杨素和杨广陷害而被废。蜀王：即杨秀，隋文帝第四子，封于蜀，后被废为庶人。
25. 謇謇（jiǎn）：忠言、忠诚、正直。诚：忠诚。亮：公正无私。
26. 柳彧：字幼文，河东解（今属山西）人，曾官治书侍御史，尚书虞部侍郎，为官正直，廉洁，为隋文帝所重。李纲：字文纪，观州蓚人（今河北景县人），为人以刚直见称，后仕唐至礼部尚书，太子少保，少师。
27. 杨素死后，其子杨玄感果然作乱。

◇赏 析

　　杨素深为杨坚所信任，任寄隆重，位高权大，乃是一时宠贵，加以为人专横，口决他人废兴荣辱，故朝野无不慑伏，莫有敢与相是非者。而梁毗禀性刚勇，疾恶憎邪，能够不顾个人安危，不思忤权贵之后果，勇于揭露邪恶，痛斥宠贵，以正制邪，确有无畏之勇，果敢之资。且犯帝怒而不屈，有大义凛然之风，威武不屈之节，加以为官廉洁，不受赠金，集勇敢、耿直、嫉恶、清廉数德于一身，确实值得称道。

71 宋璟抗奸邪[1]

　　璟寻迁左御史台中丞[2]。张易之与弟昌宗纵恣益横，倾朝附之[3]。昌宗私引相工李弘泰观占吉凶，言涉不顺，为飞书所告[4]。璟廷奏请穷究其状[5]，则天曰："易之等已自奏闻，不可加罪。"璟曰："易之等事露自陈，情在难恕，且谋反大逆，无容首免。请敕就御史台勘当[6]，以明国法。易之等久蒙驱使，分外承恩[7]，臣必知言出祸从，然义激于心，虽死不恨。"则天不悦。内史杨再思恐忤旨，遽宣敕令璟出[8]。璟曰："天颜咫尺，亲奉德音，不烦宰臣擅宣王命[9]。"则天意稍解，乃收易之等就台，将加鞫问[10]。俄有特敕原之[11]，仍令易之等诣璟辞谢[12]，璟拒而不见，曰："公事当公言之，若私见，则法无私也。"

　　璟尝侍宴朝堂，时易之兄弟皆为列卿，位三品，璟本阶六品，在下坐[13]。易之素畏璟，妄悦其意，虚位[14]揖璟曰："公第一人，何乃下座？"璟曰："才劣品卑，张卿以为第一人，何也？"当时朝列[15]，皆以二张内宠，不名官，呼易之为五郎，昌宗为六郎。天官侍郎郑善果[16]谓璟曰："中丞奈何呼五郎为卿？"璟曰："以官言之，正当为卿；若以亲故，当为张五。足下非易之家奴，何郎[17]之有？郑善果一何懦哉！"其刚正皆此类也。自是易之等常欲因事伤之，则天察其情，竟以获免。

　　神龙元年，迁吏部侍郎[18]。中宗嘉璟正直，仍令兼谏议大夫、内供奉，仗下后言朝廷得失[19]。寻拜黄门侍郎。时武三思[20]恃宠执权，尝请托于璟，璟正色谓之曰："当今复子明辟，王宜以侯

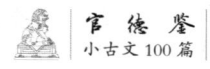

就第[21]，何得尚干朝政？王独不见产、禄之事乎[22]？"俄有京兆人韦月将上书讼三思潜通宫掖[23]，将为祸患之渐，三思讽有司[24]奏月将大逆不道，中宗[25]特令诛之。璟执奏请按其罪状，然后申明典宪[26]，月将竟免极刑，配流岭南而死[27]。

中宗幸西京，令璟权检校并州长史[28]，未行，又带本官检校贝州刺史[29]。时河北频遭水潦[30]，百姓饥馁，三思封邑在贝州，专使征其租赋，璟又拒而不与，由是为三思所挤。又历杭、相[31]二州刺史，在官清严，人吏莫有犯者。

……

开元初[32]，征拜刑部尚书。四年，迁吏部尚书，兼黄门监[33]。明年，官名改易，为侍中，累封广平郡公。其秋，驾幸东都，次永宁之崤谷[34]，驰道隘狭，车骑停拥，河南尹李朝隐、知顿使王怡并失于部伍[35]，上令黜其官爵。璟入奏曰："陛下富有春秋，方事巡狩，一以垫隘，致罪二臣，窃恐将来人受艰弊[36]。"于是遽令舍之[37]。璟曰："陛下责之，以臣言免之，是过归于上而恩由于下。请且使待罪于朝，然后诏复其职，则进退得其度矣[38]。"上深善之。

——《旧唐书·卷九十六》

◆注 释

1. 宋璟：邢州南和（今属河北）人，官至御史大夫、刑部尚书、黄门监（即侍中，门下省最高长官，正二品），封广平郡公，为人刚正疾恶，敢于抑恶扬善，亦唐代名相，与姚崇齐名，史称"姚宋"，唐代贤相，前有"房杜"，后有"姚宋"。

2. 寻：不久，此文选于《旧唐书·卷九十六·宋璟传》，承前而述，故曰"寻"。左御史台中丞：唐初，设御史台，以纠察天下百官，光宅元年（公元684年），分御史台为左右，左台专知京百司，右台按察诸州。中丞：御史台副长官，与御史大夫（御史台最高长官）同掌邦国刑宪典章，以肃正朝廷。

-236-

第九章
疾 恶

3. 张易之、张昌宗：二人为兄弟，定州人，俱得幸于武则天，赏赐甚丰，二张常与诸武并侍则天内宴，武则天年高，政事多委张氏兄弟，由是权势倾朝，引用朋党，陷害忠良。易之封恒国公，昌宗封邺国公。神龙元年（公元705年），宰臣崔玄暐、张柬之等奉太子诛二张，附之者多流逐。附：依附、交结。

4. 相工：看风水，相面的人。占：音zhān，占卜。言涉不顺：言及反逆之意。飞书：即匿名信，张氏兄弟权势倾朝，故告者匿名，以防其害。

5. 廷奏：在朝堂奏请。穷究：彻底追究。

6. 敕：皇帝的命令。就：到，去。勘当：核对、查问、推究。

7. 分外承恩：恩宠非凡。

8. 杨再思：郑州原武（今河南原阳）人，官至天官侍郎、御史大夫、凤阁侍郎、内史，封郑国公，为人善阿附，善查主意，曲从无持，依附张昌宗，为时所鄙。内史：官名。遽：急忙，赶紧。

9. 天颜：指皇帝。咫尺：形容很近。奉：意为听。擅：擅自。宣：宣布。

10. 收：拘捕。台：御史台。鞫问：审问。

11. 特敕：特殊命令。原：饶恕，宽恕。

12. 仍：乃也。谢：谢罪，认过。

13. 自魏晋至明清，官级皆分九品，唐制官分流内九品，三十阶。一至九品皆分正、从，四品以下正、从又各分为上下两阶，即分为：正一品、从一品、正二品、从二品、正三品、从三品、正四品上、正四品下、从四品上、从四品下……正九品上、正九品下、从九品上、从九品下，计阶三十。宋璟时官御史中丞，当为正四品下，此处曰"璟本阶六品"何故不详。

14. 虚位：空着座位。

15. 朝列：即朝士、朝官。

16. 疑此处史家有误。郑善果，郑州荥泽（今郑州西北）人，官至民、礼、刑部尚书，岐州、江州刺史，封荥阳郡公。他本是一位清官，清谨闻名，奉公守法。郑善果于贞观三年死于江州刺史任上，五十余年以后，武则天才登基为帝，故二张得势的武则天时不可能有郑善果，且《旧唐书·卷六十二·郑善果传》亦不载郑善果曾任天官侍郎。而郑善果有从孙名郑果，则天时曾任天官侍郎，故此处当为天官侍郎郑果。

17. 郎：奴仆对主人的称呼。

18. 神龙：唐中宗李显年号，神龙元年即公元705年。吏部侍郎：吏部副长官，

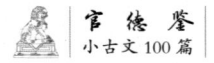

掌百官任免。
19. 谏议大夫：门下省官员，掌侍从赞相，规谏讽喻。内供奉：亦门下省官员，职责同谏议大夫。仗：依仗，依靠。
20. 武三思：武则天之侄，则天临朝，擢拜夏官尚书（即兵部尚书）、天官尚书（即吏部尚书）、春官尚书（即礼部尚书），后官至特进（文散官，正二品），司空（正一品），封梁王，又改封德静郡王，他倚仗武后，权势盛灼，排斥正直大臣，阴有谋逆之心，时人比之曹孟德、司马仲达，后为太子重俊所杀，睿宗时，下令斩棺暴尸，平其坟墓。
21. 复子明辟：此指中宗复位。王：指武三思。宜：应该。以侯就第：以侯爵身份家居。
22. 产、禄：即吕产、吕禄，二人皆西汉吕后之侄，吕后临朝，二人皆封为王，而专朝政，吕后一死，周勃与陈平诛诸吕，二人皆死。此处是宋璟警告武三思，喻以祸福。
23. 宫掖：指皇宫，后宫，武三思暗通韦后。
24. 讽：劝、令。有司：主管部门。
25. 中宗：名李显，高宗李治之子，武则天所生，弘道元年（公元683年）高宗崩，李显继位，不久被武则天废为庐陵王，705年，宰相张柬之等人扶中宗复位，故中宗先后两次在位。
26. 典宪：法律制度。
27. 配流：发配流放。岭南：五岭以南地区。
28. 西京：即长安。权：暂代官职，暂任。检校（jiào）：散官，唐有检校官，是诏除而非正名的加官。并州：唐代并州辖境相当今山西阳曲以南，文水以北的汾河中游地区。长史：州府的副长官。
29. 贝州：唐辖境相当今河北清河、山东临清和武城、夏津两县地。刺史：州府最高长官。
30. 潦：音lào，同"涝"。
31. 杭州：在今浙江，即今浙江杭州一带。相州：即今河北与河南交界处一带。
32. 开元：唐玄宗李隆基年号。
33. 黄门监：门下省最高长官，即侍中，开元元年称黄门监，开元五年复称侍中，正二品。
34. 东都：即洛阳。次：此意为经过。永宁：县名，在今河南洛宁。崤：音

xiáo，山名。
35. 李朝隐：京北三原（今陕西三原）人，曾官河南尹、大理卿、御史大夫，为官清正，不阿权贵。知顿使：官名。王怡：其生平不详。部伍：队伍。
36. 富有春秋：谓其年轻，时唐玄宗年三十三，故曰富有春秋。人受艰弊：谓人们苦于事奉玄宗。
37. 遽令舍之：立刻命令放过他们。
38. 得其度：谓适度、得体。

◇赏 析

　　自古至今，人有善恶之分，事有正邪之别，而扬善抑恶，乃是为官者之本分；扶正抑邪，乃是从政之职责。见善而不好之近之，视恶而不憎之去之，绝非良官之所为；好善如亲，疾恶如仇，方是可赞之官。

　　张氏兄弟得幸于武则天，贵宠用事，权势倾朝，乃是害政之奸邪；武三思身为贵戚，亦权高势重，排斥正直，乃是误国之佞贼。宋璟嫉恶，不惮权势，品位虽低，却敢力抗贵幸，弹劾二张，指斥武三思，有威武不屈、大义凛然之势，勇、直、公、正四德俱高。

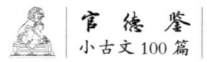

72 陈禾碎帝衣

陈禾，字秀实，明州鄞县人[1]。举元符三年进士[2]。……迁左正言，俄除给事中[3]。

时童贯权益张，与黄经臣胥用事，御史中丞卢航表里为奸，搢绅侧目[4]。禾曰："此国家安危之本也。吾位言责，此而不言，一迁给舍，则非其职矣[5]。"未拜命，首抗疏劾贯[6]。复劾经臣："怙宠弄权，夸炫朝列[7]。每云诏令皆出其手，言上将用某人，举某事，已而诏下，悉如其言。夫发号施令，国之重事，黜幽陟明，天子大权，奈何使宦寺得与[8]？臣之所忧，不独经臣，此涂一开，类进者众，国家之祸，有不可遏，愿亟窜之远方[9]。"

论奏未终，上拂衣起。禾引上衣，请毕其说。衣裾落，上曰："正言碎朕衣矣[10]。"禾言："陛下不惜碎衣，臣岂惜碎首以报陛下？此曹[11]今日受富贵之利，陛下他日受危亡之祸。"言愈切，上变色曰："卿能如此，朕复何忧？"内侍请上易衣，上却之曰："留以旌直臣[12]。"翌日，贯等相率前诉，谓国家极治，安得此不详语[13]。卢航奏禾狂妄，谪监信州酒[14]。遇赦，得自便还里[15]。

初，陈瓘归自岭外[16]，居于鄞，与禾相好，遣其子正汇从学。后正汇告京罪，执诣阙，瓘亦就逮[17]。经臣莅其狱，檄禾取证[18]，禾答以事有之，罪不敢逃。或谓其失对[19]，禾曰："祸福死生，命也，岂可以死易不义耶？愿得分贤者罪。"遂坐瓘党停官。

遇赦，复起知广德军，移知和州[20]。寻遭内艰，服除，知秀州²¹。王黼新得政²²，禾曰："安能出黼门下？"力辞，改汝州²³。辞益坚，曰："宁饿死。"黼闻而衔之。禾兄秉时为寿春府教授，禾侍兄官居²⁴。适童贯领兵道府下，谒不得入，馈之不受²⁵。贯怒，归而谮之，上曰："此人素如此，汝不能容邪？"久之，知舒州，命下而卒，赠中大夫，谥文介²⁶。

——《宋史·卷三百六十三》

◆ 注 释

1. 明州鄞（yín）县：今浙江宁波市鄞州区。
2. 元符：宋哲宗年号。元符三年：即公元 1100 年。
3. 左正言：官名，属谏官。给事中：官名，为门下省之要职，职掌驳正政令之违失。
4. 童贯：字道夫，开封人，宦官，与蔡京相勾结，掌军权近二十年，权势倾朝，为六贼之一，封广阳郡王，钦宗立，处死。黄经臣：亦太监。胥：相与，皆。搢绅：官员，士流。侧目：不敢正视，畏惧貌。
5. 言责：谏官职责为进言。给舍：指给事中和舍人，因陈禾将除给事中，故言。
6. 首抗疏劾贯：先上疏严词弹劾童贯。
7. 怙：音 hù，依靠，凭恃。弄权：专权。夸炫朝列：在朝官中炫耀自己。
8. 黜幽陟明：贬斥昏庸无才者，提拔明智有才者。陟：升，引申为提拔。宦寺：指宦官。得与：得以参与。
9. 涂：通"途"。遏：止。亟：急、快。窜：流放。
10. 裾：音 jū，衣服的前襟。正言：称陈禾之官。
11. 此曹：这种人，这些人。
12. 内侍：宫中侍皇帝者，亦太监。易：换。却：辞、退。旌：表彰。
13. 相率：一起。安：怎、哪。不详：不祥。
14. 谪：音 zhé，贬谪。信州：治所在今江西上饶。
15. 还里：回故乡，回家。
16. 陈瓘：字莹中，南剑州沙县人。岭外：即指岭南。
17. 执诣阙：押到京城。就逮：被逮捕。
18. 涖：同"莅"，临，此意为负责此案。檄：此指下文书给陈禾。

19. 或：有人。失对：回答失当。
20. 广德军，行政区域名，与州同，太平兴国四年（公元979年），分宣州置广德军，治所在广德（今安徽广德）。和州：辖境相当今安徽和县、含山等地，治所在历阳（今和县）。
21. 寻遭内艰：不久，遭母丧，内艰指母丧。服除：除去丧服，意为守丧结束。秀州：治所在嘉兴，辖境相当今浙江杭州湾以北、桐乡市以东地区及上海市所辖吴淞江以南诸县地。
22. 王黼：字将明，开封祥符（今开封）人，由宰相何执中、蔡京汲引进用，宣和二年（1120）代蔡京为政，假装依顺民心，一反蔡京所为，号称贤相，不久便大肆搜刮，以饱私囊，官至少傅，被称为"六贼"之一，钦宗即位，被流放，途中被杀。
23. 汝州：治所在今河南临汝。
24. 衔：恨。教授：掌教育的学官。
25. 道府下：从寿春府经过。谒：求见，拜见。馈：赠送。
26. 谮：音zèn，说人的坏话。命下而卒：知舒州任命一下，陈禾即逝，卒：死。赠：指赠官。

◇赏　析

　　童贯、黄经臣相与用事，误国害政，陈禾敢于抗疏劾奏，唯恐不及，后童贯欲结之，谒不得入，馈之不受；又王黼秉政，陈禾宁饿死而不肯出其门下，可见他洁身自好，不附奸邪，勇于去恶。且童贯、王黼皆一时权贵，势倾天下，人所不敢轻，而陈禾忧国忘身，勇于指斥，碎帝衣而不惧，其耿直、勇敢之操守，非常人所能及也。

73 蒋钦斥刘瑾

　　蒋钦,字子修,常熟人。弘治九年进士。授卫辉推官[1]。征擢南京御史,数有论奏。

　　正德元年,刘瑾逐大学士刘健、谢迁,钦偕同官薄彦徽等切谏[2]。瑾大怒,逮下诏狱,廷杖为民。居三日,钦独具疏曰:"刘瑾,小竖耳。陛下亲以腹心,倚以耳目,待以股肱,殊不知瑾悖逆之徒,蠹国之贼也[3]。忿臣等奏留二辅,抑诸权奸,矫旨逮问,予杖削职[4]。然臣思献亩犹不忘君,况待命衽席,目击时弊,乌忍不言[5]。昨瑾要索天下三司官贿,人千金,甚有至五千金者。不与则贬斥,与之则迁擢[6]。通国皆寒心,而陛下独用之于左右,是不知左右有贼,而以贼为腹心也。给事中刘蒨指陛下暗于用人,昏于行事,而瑾削其秩,挞辱之[7]。矫旨禁诸言官[8],无得妄生议论。不言则失于坐视,言之则虐以非法。通国皆寒心,而陛下独用之于前后,是不知前后有贼,而以贼为耳目股肱也。一贼弄权,万民失望,愁叹之声动彻天地。陛下顾恬然不闻[9],纵之使坏天下事,乱祖宗法。陛下尚何以自立乎?幸听臣言,急诛瑾以谢天下,然后杀臣以谢瑾。使朝廷一正,万邪不能入;君心一正,万欲不能侵,臣之愿也。今日之国家,乃祖宗之国家也。陛下苟重祖宗之国家,则听臣所奏。如其轻之,则任瑾所欺。"疏入,再杖三十,系狱。

　　越三日,复具疏曰:"臣与贼瑾势不两立。贼瑾蓄恶已非一朝,乘间起衅[10],乃其本志。陛下日与嬉游,茫不知悟[11]。内外臣庶,凛如冰渊[12]。臣昨再疏受杖,血肉淋漓[13],伏枕狱中,终难自默,愿借上方剑斩之。朱云何人，臣肯少让[14]？陛下试将臣较瑾，瑾忠乎，臣忠乎？忠与不忠，天下皆知之，陛下亦洞然知之，何仇于臣，而信任此逆贼耶？臣骨肉都销，涕泗交作[15]，七十二岁老父，不顾养矣。臣死何足惜，但陛下覆国丧家之祸起于旦夕，是大可惜也！陛下诚杀瑾枭之午门[16]，使天下知臣钦有敢谏之直，陛下有诛贼之明。陛下不杀此贼，当先杀臣，使臣得与龙逄、比干同游地下[17]，臣诚不愿与此贼并生。"疏入，复杖三十。

……杖后三日，卒于狱，年四十九。瑾诛，赠光禄少卿。嘉靖中，赐祭葬，录一子入监[18]。

——《明史·卷一百八十八》

◆ 注　释

1. 常熟：今江苏常熟。弘治：明孝宗朱佑樘年号，弘治九年即公元1496年。卫辉：府名，辖今河南汲县、新乡一带地。推官：职掌一府勘问刑狱。
2. 正德：明武宗朱厚照年号，正德元年即公元1506年。刘瑾：明代专权太监，得幸于武宗，本姓谈，陕西兴平人，因依中官刘姓者进宫，冒其姓，他权擅天下，镇压异己，斥逐大臣，夺民间土地，多行不义，后宦官张永告他谋反，被杀。逐：斥逐。刘健：字希贤，洛阳人，官至礼部尚书、文渊阁大学士、太子太傅，为人正色敢言，以身任天下之重，乃一时重臣，谋去八党（八党是以刘瑾为首的八位专权用事者），不遂，被逐致仕，后瑾诛，复官。谢迁：字于乔，余姚人，官至太子太傅、兵部尚书、东阁大学士。谢迁与刘健、李东阳同辅政，迁见事明敏，善持论，时人语曰："李公谋，刘公断，谢公尤侃侃。"天下称为贤相，因与刘健谋诛刘瑾，不遂，乃致仕。薄彦徽：阳曲（今属山西）人，官御史，有直声。
3. 小竖：小子，古代骂人的话。倚：靠，意为重用。股肱：股指大腿，肱指手臂，股肱喻指帝王左右不可缺少的臣子。蠹：此意为害。
4. 忿：愤。奏留二辅：上奏挽留刘健，谢迁二位辅臣。抑：抵制。
5. 畎（quǎn）亩：本意为田间、田地，此意身在田间耕种的人。衽（rèn）席：床席，喻指官职。弊：弊病。乌：怎、岂。

6. 索：求、要。三司：指各省的都指挥使司、布政使司、按察使司。迁擢：迁升，提拔。
7. 暗：糊涂，后文昏亦然。削其秩：取消其官职。挞：音 tà，用鞭子或棍子打。刘蕡：字惟馨，涪州（今四川涪陵一带）人，弘治十二年进士，授户科给事中。
8. 禁：制止，不准言。言官：谏官。
9. 顾：却、反而。懵：音 méng，无知、糊涂。
10. 乘间：趁机。起衅：挑起事端。
11. 嬉：音 xī，游戏、玩耍。游：游乐。茫：迷茫。
12. 凛如冰渊：言对臣庶冷酷如冰，狠毒。
13. 淋漓：形容被打得血肉滴垂。
14. 朱云：参阅本书第 62 页《朱云折槛》。臣肯少让：意为刚勇正直不肯低于朱云。
15. 骨肉都销：意为粉身碎骨。涕：眼泪。泗：鼻涕。
16. 枭：音 xiāo，悬头示众。午门：宫门，在天安门北，端门之后。
17. 龙逢（páng）是夏桀臣，比干是商纣臣，二人均以忠谏被杀。
18. 嘉靖：明世宗年号。录一子入监：录其一子为国子监生员。

◇赏 析

　　刘瑾专权，横行邪恶，害政误国，肆虐良善。蒋钦身怀义愤，痛斥权奸，实出于疾恶。他连续上疏，三次被杖，然他一意惩恶，不畏淫威，可谓百折不挠，坚贞不渝矣。

第十章

勤 政

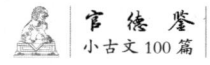

  勤劳是中华民族的传统美德。

  无论是为民还是为官，勤德都是必不可少的。为民不可无勤德，因为，任何财富都是劳动创造的，勤能生财，勤能致富，不勤则无财，不勤则不富。同样，为官不可无勤德。纵观历史可知，那些不辞劳苦，勤于理政的官员，多有政绩，那些贪图享乐，荒于治理的官员，则多有败政。可见，勤则致理，惰则荒政。为民不勤，必有饥寒，而受其害者只限于其个人或家庭，故其害尚小，而为官不勤，就会败政害民，受其害者，不限于自身，而是必然要祸及广大人民群众，故其害甚大。所以为官要有勤德，较为民为甚。

  一个人的能力有强弱之别，行政官员也是如此，要做好工作，取得政绩，不论才能高低，都需有勤德相辅。才高而有勤德，可使其才干得以充分地发挥；才低而有勤德，可补其拙。能力差点固然不利于工作，但只要肯下功夫，肯花力气，就一定能够取得成就。相反，无论才能强弱，若无勤德，都是很危险的。才高而懒惰，其才干必为懒惰所削弱，而成为平庸之辈，懒散无为，舍不得花费气力，只图享乐，其能力再强，也不可能取得业绩。才低而懒惰，就如劣马跛足，站且不稳，更不用说驰骋奔腾了，这种人才干平庸，又不尽力，身懒心惰，是什么工作也做不好的，因而不可委以重任。

  工作中遇到的问题有难易之分，任务有轻重之别，其难者重者的实施和完成，虽然需要较强的能力，但更需要勤德。有勤德者能够坚持不懈地努力，再严重的问题，再繁重的任务也终究要为勤奋所攻克。愚公移山的故事告诉我们一个深刻的道理，只要勤奋努力，锲而不舍，有恒心，有毅力，多大的困难也能克服。而若无勤德，懒惰成性，终日里吃喝玩乐睡大觉，再简单易行的事也不能办好。就像种地一样,人勤地不懒,必有好收成。理政也是如此,有勤无难,无勤无易,勤而难者成易,懒而易者成难。故从政不可没有勤德。

历史上有好多勤政爱民的典范,他们受命之后,就兢兢业业,尽职尽责,勤政爱民,克己奉公,成为受人民爱戴的官员,理当成为后人学习的榜样。

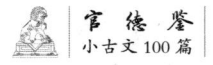

74 民之"召父"召信臣

召信臣字翁卿，九江寿春人也[1]。以明经甲科为郎[2]，出补谷阳长。举高第，迁上蔡长[3]。其治视民如子，所居见称述，超为零陵太守[4]，病归。复征为谏大夫，迁南阳太守[5]，其治如上蔡。

信臣为人勤力有方略[6]，好为民兴利，务在富之。躬劝耕农，出入阡陌，止舍离乡亭，稀有安居时[7]。行视郡中水泉，开通沟渎，起水门提阏凡数十处[8]，以广溉灌，岁岁增加，多至三万顷。民得其利，蓄积有余。信臣为民作均水约束，刻石立于田畔[9]，以防分争。禁止嫁娶送终奢靡，务出于俭约。府县吏家子弟好游敖[10]，不以田作为事，辄斥罢之，甚者案其不法，以视好恶[11]。其化大行，郡中莫不耕稼力田，百姓归之[12]，户口增倍，盗贼狱讼衰止[13]。吏民亲爱信臣，号之曰"召父"。荆州刺史奏信臣为百姓兴利，郡以殷富，赐黄金四十斤。迁河南太守，治行常为第一，复数增秩赐金[14]。

竟宁中，征为少府，列于九卿[15]，奏请上林诸离远宫馆稀幸御者，勿复缮治供张[16]，又奏省乐府黄门倡优诸戏[17]，及宫馆兵弩什器减过泰半[18]。太官园种冬生葱韭菜茹[19]，覆以屋庑[20]，昼夜燃蕴火[21]，待温气乃生。信臣以为此皆不时之物[22]，有伤于人，不宜以奉供养，及它非法食物[23]，悉奏罢，省费岁数千万。信臣年老以官卒[24]。

元始四年[25]，诏书祀百辟卿士有益于民者[26]，蜀郡以文翁[27]，九江以召父应诏书。岁时郡二千石率官属行礼，奉祠信臣冢[28]，而南阳亦为立祠。

——《汉书·卷八十九》

◆注 释

1. 召：音 shào，同"邵"。寿春：县名，治所在今安徽寿县。
2. 明经：选拔官吏的科目，汉代课士分甲乙丙三科。郎：帝王侍从官的通称，郎官的职责为护卫陪从，随时建议，备顾问及差遣，汉代有议郎、中郎、侍郎、郎中，郎官属郎中令统辖，郎中令后改名为光禄勋。
3. 出：京官到地方任职。谷阳：县名。上蔡：县名，即今河南上蔡。长：县的行政长官，同令而有别，大县长官曰令，小县长官曰长。
4. 超：破格提拔，升迁。零陵：郡名，西汉元鼎六年（公元前 111 年），分桂阳郡置，辖境相当于今湖南邵阳以南的资水上游、衡阳道县之间的湘江潇水流域，和广西桂林市、永福以东阳朔以北地，治所在零陵（今广西全州西南），东汉移治泉陵（今湖南零陵）。
5. 征：调，召。谏大夫：官名，负责进谏。南阳：郡名，辖境相当于今河南熊耳山以南和湖北大湖山以北，治所在今河南南阳。
6. 勤力：勤劳尽力。方略：办法和谋略。
7. 阡陌：田间小路。止舍：休息，住下。离乡亭：远离乡亭，乡亭是供官吏外出时住的地方，此言休息时皆在野外。稀：少。
8. 渎：音 dú，水渠。起：修建。水门：水闸。阏：音 è，闸板。凡：共。
9. 约束：此指用水的规定。田畔：田边，地头。
10. 敖：音 áo，游。
11. 视：同"示"。
12. 归之：外郡人也来南阳居住。
13. 衰：减少。
14. 复数增秩赐金：又多次提高他的官品级别和赐给黄金。
15. 竟宁：汉元帝年号，即公元前 33 年。少府：官名，掌山海池泽收入和皇室手工业制造，为皇帝的私府。九卿：是朝廷所设各行政机构的长官，指奉常（太常）、郎中令（光禄勋）、卫尉、太仆、廷尉、典客（大鸿胪）、宗正、治粟内史（大司农）、少府。

16. 此句意为：那些距离远，皇帝又很少去的宫馆，不要再修缮摆设。供张：供奉、摆设。
17. 省：省去。乐府：音乐官署。黄门：亦官署名，服务于皇帝，有供皇帝娱乐的艺官。倡优：以乐舞戏谑为业的艺人。
18. 什器：器具。泰半：太半，大半。
19. 太官：掌管皇帝饭食的官员。茹：音 rú，蔬菜的总称。
20. 覆：盖。庑：音 wǔ，大屋。
21. 蕴火：蓄火。
22. 不时之物：不按季节而生之物。
23. 非法食物：违背常规，习惯的食物。
24. 以官卒：死于任上。
25. 元始：汉平帝年号，元始四年即公元4年。
26. 祀：祭祀。百辟：即百官。
27. 文翁：庐江人，景帝末，为蜀郡太守，为官仁爱，好教化，兴学施教，甚得蜀人心，终于蜀，民为立祠，岁时祭祀。
28. 二千石：汉代官员的高等级别，地方最高长官多属二千石。奉祠信臣冢：在召信臣的坟旁建祠堂而祭之。冢：坟墓。

◇ 赏　析

　　召信臣为官，勤政爱民，为民兴利，力求富之；民得其利，故称之为"召父"。召信臣死后，民犹怀之，而按时祭祀他，可见，爱民者，民即爱之。他之所以深得民心，为人所敬重，就是因为他为官爱民、恤民、利民。此外，他为官勤劳，不惮辛苦，身为太守，竟能躬劝耕农，出入阡陌，止舍离乡亭，稀有安居时。这是他勤政爱民的写照，其勤德可谓高矣。

75 陶侃勤于吏职[1]

侃性聪敏，勤于吏职，恭而近礼，爱好人伦。终日敛膝危坐，阃外多事，千绪万端，罔有遗漏[2]。远近书疏，莫不手答，笔翰如流，未尝壅滞[3]。引接疏远，门无停客[4]。常语人曰："大禹圣者，乃惜寸阴，至于众人[5]，当惜分阴，岂可逸游荒醉，生无益于时，死无闻于后，是自弃也。"诸参佐或以谈戏废事者[6]，乃命取其酒器、蒲博之具[7]，悉投之于江，吏将则加鞭扑，曰："樗蒲者，牧猪奴戏耳！《老》《庄》浮华[8]，非先王之法言[9]，不可行也。君子当正其衣冠，摄其威仪，何有乱头养望自谓宏达邪[10]！"有奉馈者，皆问其所由。若力作所致，虽微必喜，慰赐参倍[11]；若非理得之，则切厉诃辱，还其所馈。尝出游，见人持一把未熟稻，侃问："用此何为？"人云："行道所见，聊取之耳。"侃大怒曰："汝既不田，而戏贼人稻[12]！"执而鞭之。是以百姓勤于农殖，家给人足。时造船，木屑及竹头悉令举掌之，咸不解所以[13]。后正会[14]，积雪始晴，庭事前余雪犹湿[15]，于是以屑布地。及桓温伐蜀[16]，又以侃所贮竹头作丁装船。其综理微密，皆此类也。

——《晋书·卷六十六》

◆ **注　释**

1. 陶侃：字士行，鄱阳（今属江西）人，曾官江夏太守，武昌太守、广州刺史、侍中、太尉、都督交、广、宁七州军事，封长沙郡公，为官雄毅勤劳，明悟善断。
2. 敛膝危坐：盘腿正坐，危坐即端坐。阃：音 kǔn，阃外，指京城或朝廷以外，

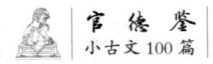

此处指外任官员管辖之地。罔：无。
3. 疏：一种文体。翰：文词。壅：音 yōng，阻塞。滞：停滞。
4. 引接疏远，门无停客：接见关系疏远的来访者，门外没有不获引见的客人。
5. 众人：凡人，一般人。
6. 参佐：指官府的属员，下属、助手。参：本指参军，地方军政机关负责某种工作的官员，佐：辅佐，参军为军政长官的辅佐官员。废事：即耽误工作，耽误政事。
7. 蒲：音 pú，即樗（chū）蒲，是古代的一种赌具。
8. 《老》指《老子》，《庄》指《庄子》。浮华：虚妄而不实际。
9. 法言：正言，应当宗法的言论。
10. 摄：摆出、作出。威仪：威严仪表。乱头养望：不重仪表，玩世不恭。宏达：才识宏大通博。
11. 奉馈：奉送财物。参：同"叁"。
12. 不田：不种田。戏：儿戏。贼：残害、毁坏。
13. 举掌：收集、管理。咸：都、指众人。
14. 正会：遇有官员集会。
15. 庭事：院子。
16. 桓温：东晋时的权臣，字元子，谯国龙亢（今属安徽）人，尚晋明帝女南康长公主，官至大司马、丞相，专制朝政，大和六年废海西公，立简文帝。桓温伐蜀，事在永和二年，即公元346年。

◇赏　析

　　勤劳是一种美德。自古以来，有此美德者多为世人所称颂。为民勤劳，衣食得丰；为官勤劳，政绩兴隆。反之，为民懒惰，必受其穷；为官懒惰，必乱其政。所以，无论是为官还是为民，都必须具备勤劳美德。陶侃为官勤劳，珍惜分阴，不仅自己勤于吏职，而且严格管教属下，禁其饮酒赌博，以确保上下同勤于政。正是由于他为官勤劳，所以身居要职，政务千绪万端，而能无所遗漏，政绩卓然，故为一时所重，这都是勤劳的结果。

76 高浟清廉勤政

彭城景思王浟，字子深，神武第五子也[1]。……
武定六年，出为沧州刺史，为政严察，部内肃然[2]。守令参佐，下及胥吏，行游往来，皆自赍粮食[3]。浟纤介知人间事[4]。有湿沃县主簿张达尝诣州[5]，夜投人舍，食鸡羹，浟察知之。守令毕集，浟对众曰："食鸡羹何不还价直也[6]？"达即伏罪。合境号为神明。又有一人从幽州来[7]，驴驮鹿脯[8]。至沧州界，脚痛行迟，偶会一人为伴，遂盗驴及脯去。明旦，告州。浟乃令左右及府僚吏分市鹿脯，不限其价[9]。其主见脯识之，推获盗者[10]。转都督、定州刺史[11]。时有人被盗黑牛，背上有白毛。长史韦道建谓中从事魏道胜[12]曰："使君在沧州日[13]，擒奸如神，若捉得此贼，定神矣。"浟乃诈为上府市牛皮，倍酬价直，使牛主认之，因获其盗。建等叹服。又有老母姓王，孤独，种菜三亩，数被偷。浟乃令人密往书菜叶为字，明日市中看菜叶有字，获贼。尔后境内无盗，政化为当时第一[14]。天保初[15]，封彭城王。四年，征为侍中[16]，人吏送别悲号。有老公数百人相率具馔[17]曰："自殿下至来五载[18]，人不识吏，吏不欺人，百姓有识已来，始逢今化。殿下唯饮此乡水，未食此乡食，聊献疏薄[19]。"浟重其意，为食一口。七年，转司州牧[20]，选从事皆取文才士明剖断者[21]，当时称为美选。州旧案五百余，浟未期悉断尽[22]。别驾羊修等恐犯权威，乃诣合谘陈[23]。浟使告[24]曰："吾直道而行，何惮权威，卿等当成人之美，反

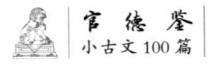

以权戚为言。"修等惭悚而退[25]。

——《北齐书·卷十》

◆注 释

1. 神武：即高欢，北齐文宣帝高洋之父，仕魏至大丞相。高洋之弟高淯，封为彭城景思王。
2. 武定六年：即公元548年。部内：所辖境内。肃然：形容人不敢为非。
3. 守：州长官。令：县长官。参佐：辅佐守令的官员。胥吏：官府中办理文书的小吏。赉：音lài，本意为赏赐，赠送，此意为自带自给。
4. 纤介：细微，此句意为民间细小之事也知道。人间：即民间。
5. 湿沃：县名。主簿：官名，掌管文书。
6. 毕：都。直：通"值"。
7. 幽州：今北京一带。
8. 驴驮鹿脯：用驴驮着鹿肉。
9. 明旦：天明后。告州：告到州官处。市：买。
10. 推：侦破。
11. 定州：北魏天兴三年（公元400年）改安州置，辖境相当今河北满城以南，安国、饶阳以西，井陉、藁城、束鹿以北地区，治所在今定州。
12. 长史、中从事：皆官职名。韦道建：京兆杜陵（陕西西安附近）人，官至司农卿。魏道胜：其生平不详。
13. 使君：对州郡长官的尊称。
14. 政化：指政治教化。
15. 天保：北齐文宣帝高洋年号。
16. 侍中：南北朝时侍中权势甚重，实际即为宰相。
17. 老公：即老人。具馔：准备食物，饭菜。
18. 殿下：高淯乃文宣帝高洋之弟，故称之为殿下。
19. 疏薄：谓饭食粗劣。
20. 司州：辖境相当今河南洛阳一带。牧：指州的军政长官。
21. 从事：州郡长官自辟的僚属称从事。明：明习，精通。剖断：审理案件，判案。

22. 旧案：积压的案子。期：音 jī，周年。未期悉断尽：不到一年全部断完。
23. 别驾：州郡重要官职，总理众务，职权甚重。羊修：太山钜平（今属山东）人，有才干，官至尚书左丞。恐犯权戚：恐怕冒犯当权的贵戚。诣合谘陈：登门询问和陈述自己的观点。
24. 使告：使人告诉羊修等。
25. 悚：音 sǒng，恐惧。

◇赏 析

　　高湝勤政爱民，明练事务，有着卓越的治才，治沧、定二州，俱有政声，为当时第一，此是他为民所爱的原因之一。为民所爱的原因之二便是他为官清廉，他出身显贵，身居外任，若取财宝于民间，何求不得，何人不与；然他天性廉洁，严于律己，造福一方而只饮其水，不食其食，加以他严以御下，至吏不欺人，故深得民心，至离任之时，人吏悲号，老人具馔相送。可见，他以治才得政声，以清廉得美誉，为百姓所爱乃是理之必然。

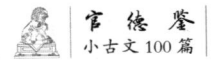

77 勤政良吏苏琼

苏琼，字珍之，武强人也¹。父备，仕魏至卫尉少卿²。琼幼时随父在边，尝谒东荆州刺史曹芝。芝戏问曰："卿欲官不？"对曰："设官求人，非人求官。"芝异其对，署为府长流参军³。文襄以仪同开府⁴，引为刑狱参军⁵，每加勉劳。并州尝有强盗，长流参军推其事，所疑贼并已拷伏⁶，失物家并识认，唯不获盗赃。文襄付琼更令穷审⁷，乃别推得元景融等十余人，并获赃验。文襄大笑，语前妄引贼者曰："尔辈若不遇我好参军，几致枉死。"

除南清河太守⁸，其郡多盗，及琼至，民吏肃然，奸盗止息。或外境奸非，辄从界中行过者，无不捉送。零陵县民魏双成失牛，疑其村人魏子宾，送至郡，一经穷问，知宾非盗者，即便放之。双成诉云："府君放贼去⁹，百姓牛何处可得？"琼不理，密走私访，别获盗者。从此畜牧不收，多放散，云："但付府君¹⁰。"有邻郡富豪将财物寄置界内以避盗，为贼攻急，告曰："我物已寄苏公矣。"贼遂去。平原郡有妖贼刘黑狗，构结徒侣¹¹，通于沧海。琼所部人连接村居，无相染累。¹²邻邑于此伏其德¹³。郡中旧贼一百余人，悉充左右，人间善恶，及长吏饮人一杯酒，无不即知。琼性清慎，不发私书。道人道研为济州沙门统¹⁴，资产巨富，在郡多有出息，常得郡县为征¹⁵。及欲求谒，度知其意，每见则谈问玄理¹⁶，应对肃敬，研虽为债数来，无由启口。其弟子问其故，研曰："每见府君，径将我入青云间，何由得论地上事。"郡民赵颖曾为乐陵太守，八十致事归¹⁷。五月初，得新瓜一双自来送。

颍恃年老，苦请，遂便为留，仍致于庭事梁上，竟不剖[18]。人遂竞贡新果，至门，闻知颍瓜犹在，相顾而去。有百姓乙普明兄弟争田，积年不断，各相援引[19]，乃至百人。琼召普明兄弟对众人谕之曰："天下难得者兄弟，易求者田地，假令得地失兄弟心如何？"因而下洒，从人莫不泪泣。普明弟兄叩头乞外更思[20]，分异十年，遂还同住。每年春，总集大儒卫觊隆、田元凤等讲于郡学[21]，朝吏文案之暇，悉令受书，时人指吏曹为学生屋[22]。禁断淫祠，婚姻丧葬皆教令俭而中礼[23]。又蚕月预下绵绢度样于部内，其兵赋次第并立明式[24]，至于调役，事必先办，郡县长吏常无十杖稽失[25]。当时州郡无不遣人至境，访其政术。天保中，郡界大水，人灾，绝食者千余家。琼普集部中有粟家，自从贷粟以给付饥者。州计户征租，复欲推其贷粟。纲纪谓琼曰："虽矜饥馁，恐罪累府君[26]。"琼曰："一身获罪，且活千室，何所怨乎？"遂上表陈状，使检皆免[27]，人户保安。此等相抚儿子，咸言府君生汝[28]。在郡六年，人庶怀之，遂无一人经州[29]。前后四表，列为尤最[30]。遭忧解职[31]，故人赠遗，一无所受。寻起为司直、廷尉正，朝士嗟其屈[32]。尚书辛述曰："既直且正，名以定体，不虑不申[33]。"

初，琼任清河太守，裴献伯为济州刺史[34]，酷于用法，琼恩于养人。房延祐为乐陵郡[35]，过州[36]，裴问其外声[37]，祐云："唯闻太守善，刺史恶。"裴云："得民誉者非至公[38]。"祐答言："若尔，黄霸、龚遂君之罪人也[39]。"后有敕，州各举清能。裴以前言，恐为琼陷，琼申其枉滞，议者尚其公平[40]。毕义云为御史中丞，以猛暴任职，理官忌惮[41]，莫敢有违。琼推察务在公平，得雪者甚众，寺署台案[42]，始自于琼。迁三公郎中。赵州及清河、南中有人频告谋反[43]，前后皆付琼推捡，事多申雪。尚书崔昂[44]谓琼曰：

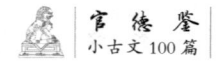

"若欲立功名，当更思余理，仍数雪反逆，身命何轻[45]？"琼正色曰："所雪者怨枉，不放反逆。"昂大惭。京师为之语曰："断决无疑苏珍之。"

迁左丞，行徐州事[46]。徐州城中五级寺忽被盗铜像一百躯[47]，有司征检，四邻防宿及踪迹所疑，逮系数十人，琼一时放遣[48]。寺僧怨诉不为推贼[49]，琼遣僧，谢[50]曰："但且还寺，得像自送。"尔后十日，抄贼姓名及赃处所，径收掩，悉获实验，贼徒欸引，道俗叹伏[51]。旧制以淮禁不听商贩辄度，淮南岁俭，启听淮北取籴。后淮北人饥，复请通籴淮南，遂得商估往还[52]，彼此兼济，水陆之利，通于河北。后为大理卿而齐亡，仕周为博陵太守。

——《北齐书·卷四十六》

◆注 释

1. 武强：今河北武强。
2. 魏：南北朝时北朝之魏，鲜卑族拓跋氏（后改为汉姓元）政权。卫尉少卿：掌管宫门警卫的官员。
3. 署：代理、充任。长流参军：官职名。
4. 文襄：即高澄，高欢长子，北齐文宣帝高洋之兄，北魏中兴二年，高澄官拜侍中，开府仪同三司。以仪同开府：以仪同三司设置官府，即非三公者按三公的规格设置官府。
5. 刑狱参军：主管刑狱的参军，参军：魏晋南北朝时诸王及将军开府者，皆置参军，为重要幕僚。
6. 并州：辖境为今山西中北部。推：审理。拷伏：因拷打而屈认。
7. 穷审：详审。穷，穷究，追根问底。
8. 南清河：今河北东南部及山东临清一带。
9. 府君：对太守的敬称。
10. 畜牧不收，多放散：指牲畜散放而不丢。付：交给。
11. 构结徒侣：意为勾结党羽。

12. 所部人：所辖境内之人。无相染累：指刘黑狗不能为害其境内之民。
13. 邻邑：指临郡。伏：同"服"。
14. 济州：辖境相当今河南范县、山东聊城、东阿、肥城、阳谷、高唐等县间地。沙门：佛教用语，此指佛教徒。沙门统：佛教中有权者。
15. 出息：放债以求其息。常得郡县为征：常常需要郡县官府为其征息收债。
16. 求谒：求见。度：音 duó，估计，猜测。玄理：佛道理论。
17. 致事：即致仕，即官员因年老而卸职，即退休。
18. 仍：因而，乃。致于庭事梁上：把瓜悬于屋梁上。竟不剖：一直没有切开吃。
19. 各相援引：谓兄弟二人各自找证人，以证明田是自己的。
20. 乞外更思：请求到外面反思。
21. 总集：召集。郡学：郡办的学校。
22. 朝吏：朝廷所任命的官员，此指郡府官员。文案之暇：意为工作之余，文案指处理公务，暇：空闲。悉令受书：都让他们学习知识。吏曹：郡中所设的管理官吏的机构。
23. 禁断淫祠：禁止各种不符合正统思想的祭祀活动。俭而中礼：节俭而符合礼制。
24. 每到养蚕季节，提前把要征收的绵绢的样式通告于所辖境内，兵赋的先后顺序都有明确的规定。
25. 杖：用棍棒或板子打，十杖：打十下，是较轻的刑罚。稽失：过失，不当。
26. 纲纪：负责监督百官执行朝政法纪的官员。矜：音 jīn，怜悯，同情。饥餧：指饥饿而需给以食物的人。餧：同"喂"。
27. 表：奏章的一种。使检皆免：免去租税。
28. 此等：指苏琼所救活的饥民。咸言府君汝：都说是太守救活了你。
29. 经州：甚为费解，疑指离开此州境去他州居住。
30. 尤最：指最好的，一等。
31. 遭：逢。忧：指父或母之丧。解职：解除清河太守之职，古代父母之丧需守孝三年，故需解除职务。
32. 寻：不久。起：重又起用。司直：官名，属廷尉，掌出使推按。廷尉正：官名，属廷尉。朝士嗟其屈：朝官们为苏琼屈居下职而嗟叹，苏琼由郡太守转任司直、廷尉正是由高而低，大材小用，故朝士嗟其屈。

33. 尚书：官职名。辛述：字怀哲，曾官清河太守、并州长史、殿中尚书、吏部尚书，为官有能声，勤于其职，性清俭。名以定体：犹今所说名实相符。不虑不申：不用忧虑得不到显达。

34. 裴献伯：河东闻喜（今属山西）人，曾官廷尉卿，济州刺史，为政严酷，不得吏人之和，但以清白流誉，卒于殿中尚书。《北史》《裴献伯传》不载其为齐州刺史，只载其为济州刺史，何误不详。齐州：北魏皇兴三年（公元469年）改冀州置，治所在历城（今济南市）。

35. 房延祐：清河人，唐代名相房玄龄之族祖父。为：治理，管辖，或解为任职。乐陵：在今山东西北部。

36. 过州：从州城经过。

37. 外声：在民间的声誉。

38. 得民誉者非至公：得到人民赞誉的人不一定是大公无私者。

39. 若尔：如果是这样。黄霸、龚遂：皆汉代有名的良吏。

40. 琼申其枉滞：苏琼申明裴献伯滞官不升的枉屈。尚：推崇，赞扬。

41. 毕义云：兖州（今山东西南）人，官至御史中丞，兖州刺史，为御史中丞，虽勇于弹劾，然豪横不平，为人恣情骄侈，故《北齐书》列之于酷吏传。理官：掌管狱讼之官。

42. 寺署台案：大理寺署理御史台的案件。

43. 赵州：北齐改殷州置，治所在广阿（今河北隆尧东旧城），辖今宁晋、元氏、赵县、赞皇、高邑、栾城、临城、柏乡等县。清河：辖境即今河北东南部。南中：即今四川南部和云南、贵州一带。

44. 崔昂：字怀远，博陵安平（今山东益都）人，官至大司农卿、右仆射、廷尉卿，本性清严，疾恶如仇，然治狱有失平恕。

45. 当更思余理：意为另寻他途。仍：乃、竟。反逆被视为大罪，雪反逆者必招灾祸，故曰身命何轻。

46. 左丞：即尚书左丞。行：兼代官职，多指大官代行小官事。行徐州事，即代理徐州事务。

47. 五级寺：寺名。躯：指铜像。

48. 有司：主管官员。征检：调查，核实。防宿：此指夜间防盗巡逻者，如更夫等人。逮：逮捕。系：囚禁。放遣：放归。

49. 推：追查，推验。

50. 谢：道歉。
51. 径：一直，突然。收掩：捕捉。实验：实物证据，此指铜像。欸：音 kuǎn，欸引即款引，指罪人吐出实情，承认罪过。道俗：僧道与普通民众。叹伏：叹服。
52. 商估：商贾，估：贾的通假字。

◇赏　析

　　苏琼才德兼备，为官勤于职守，故能所在称职，多有政声，列为尤最，人庶怀之。他治清河政绩甚高，深为人民所信任，以至清河人畜牧不收，曰"但付府君"，临郡人把财物存放清河境内以避盗，曰"物寄苏公"。此外，苏琼善断疑案，力雪冤狱，为官清廉，不受馈赠，爱民救饥，不避个人灾祸，如此等等，足见其勤劳、公正、清廉、慈恤、勇敢、刚正，正是由于他的这些品德，加之以精明强干的识才和治才以及他为官理政的非凡政绩，《北齐书》把他列入良臣循吏。

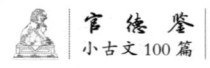

78 民之慈母辛公义[1]

……

从军平陈,以功除岷州刺史[2]。土俗畏病[3],若一人有疾,即合家避之,父子夫妻不相看养,孝义道绝,由是病者多死。公义患之,欲变其俗。因分遣官人巡检部内,凡有疾病,皆以床舆来,安置厅事[4]。暑月疫时,病人或至数百,厅廊悉满。公义亲设一榻,独坐其间,终日连夕[5],对之理事。所得秩俸,尽用市药,为迎医疗之,躬劝其饮食,于是悉差[6],方召其亲戚而谕之曰:"死生由命,不关相着[7]。前汝弃之,所以死耳。今我聚病者,坐卧其间,若言相染,那得不死,病儿复差!汝等勿复信之。"诸病家子孙惭谢而去。后人有遇病者,争就使君,其家无亲属,因留养之。始相慈爱,此风遂革,合境之内呼为慈母[8]。

后迁牟州刺史,下车[9],先至狱中,因露坐牢侧,亲自验问。十余日间,决断咸尽,方还大厅。受领新讼,皆不立文案,遣当直佐僚一人[10],侧坐讯问。事若不尽,应须禁者,公义即宿厅事,终不还阁[11]。人或谏之曰:"此事有程[12],使君何自苦也!"答曰:"刺史无德可以导人,尚令百姓系于囹圄[13],岂有禁人在狱而心自安乎?"罪人闻之,咸自款服[14]。后有欲诤讼者,其乡闾父老遽相晓[15]曰:"此盖小事,何忍勤劳使君。"讼者多两让而止。时山东霖雨,自陈、汝至于沧海,皆苦水灾[16]。境内犬牙,独无所损。山出黄银,获之以献[17]。诏水部郎娄崱就公义祷焉。乃闻空中有金石丝竹之响[18]。

仁寿元年，追充扬州道黜陟大使[19]。豫章王暕恐其部内官僚犯法[20]，未入州境，预令属公义[21]。公义答曰："奉诏不敢有私。"及至扬州，皆无所纵舍，暕衔之[22]。及炀帝即位，扬州长史王弘入为黄门侍郎，因言公义之短，竟去官。吏人守阙诉冤[23]，相继不绝。后数岁，帝悟，除内史侍郎[24]。丁母忧[25]。未几，起为司隶大夫，检校右御卫武贲郎将[26]。从征至柳城郡卒[27]，时年六十二。

——《隋书·卷七十三》

◆ 注　释

1. 辛公义：陇西狄道（今甘肃临洮）人，仕隋官至内史侍郎、司隶大夫，为官勤于职守，慈善爱民，为一时良吏。
2. 陈：南朝最后一个朝代，公元589年为隋所灭。岷州：治所在溢乐（今甘肃岷县）。
3. 土俗：当地风俗。
4. 部内：辖境内。以床舆来：用床、车把病人接来。厅事：即厅堂。
5. 终日连夕：意即夜以继日。
6. 秩奉：根据品级而给的俸禄。市：买。躬：亲自。差：音chài，通"瘥"，病愈。
7. 谕：告诉，吩咐。着：接触，传染。
8. 就：靠近，依靠。使君：对郡太守或州刺史的尊称。革：除。合境：全境。
9. 牟州：在今山东。下车：意为到任。
10. 新讼：新案。当直佐僚：值班的属官。
11. 禁：囚禁，拘禁。阁：内室。
12. 程：程序。
13. 囹圄：音líng yǔ，监狱。
14. 咸：都。款服：认罪。
15. 诤讼：即争讼，打官司。乡闾：即乡里。闾：音lú，古代里巷的大门，此指里巷，若今之街道。遽：音jù，急忙。晓：告知，劝导。
16. 霖雨：久下不晴的雨。陈指陈州，汝指汝州，均在今河南。

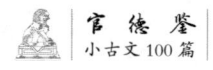

17. 献：献给朝廷。
18. 诏：皇帝命令。娄崱：人名。金石丝竹之响乃是迷信之说，不可信。
19. 仁寿：隋文帝年号，仁寿元年即公元601年。扬州道：当时的一个行政区域。黜陟大使：官名，职责为考核百官并决定升降之。
20. 豫章王暕：字世胐，隋炀帝之次子，开皇中，封为豫章王，炀帝即位，进封齐王，为人骄恣不法，荒淫残暴，后为宇文化及所杀。
21. 属：音 zhǔ，通"嘱"。
22. 衔：怀恨。
23. 守阙诉冤：到京城宫门为辛公义申冤。
24. 内史侍郎：即中书侍郎，隋曾改中书省为内史省。
25. 丁母忧：遭丧母之忧。
26. 司隶大夫：隋炀帝改革官制，于大业三年（公元607年）增置谒者台，司隶台，与御史台为三台，司隶大夫掌诸巡察。检校右御卫武贲郎将：亦官名。
27. 柳城郡：在今辽宁朝阳一带。

◇ 赏　析

　　辛公义致力于革除弊习，广集病者，除疾救民，用俸禄买药，又躬劝病人饮食，确如慈母所为。"慈母"称号，辛公义当之无愧，此称号一方面反映了辛公义为官无私，慈恤爱民的高尚胸怀和品质，另一方面又体现了人民对辛公义的爱戴，是人民对辛公义为官的最为妥当的评价。他与病者相处，终日连夕，对之处理公务，而不忧相染，审案未决不宿寝室，不忍系人于狱而求自安，都是常人所做不到的，而辛公义身为刺史，能够如此勤政爱民，故他堪称勤劳和恤民的典范，值得学习。

79 况钟勤政爱民

况钟,字伯律,靖安人[1]。初以吏事尚书吕震,奇其才,荐授仪制司主事。迁郎中[2]。

宣德五年,帝以郡守多不称职,会苏州等九府缺,皆雄剧地,命部、院臣举其属之廉能者补之[3]。钟用尚书蹇义、胡濙等荐,擢知苏州,赐敕以遣之[4]。

苏州赋役繁重,豪猾舞文为奸利,最号难治[5]。钟乘传至府[6]。初视事,群吏环立请判牒[7]。钟佯不省,左右顾问,惟吏所欲行止[8]。吏大喜,谓太守暗,易欺[9]。越三日,召诘之曰:"前某事宜行,若止我[10];某事宜止,若强我行;若辈舞文久,罪当死。"立捶杀数人,尽斥属僚之贪虐庸懦者[11]。一府大震,皆奉法。钟乃蠲烦苛,立条教[12],事不便民者,立上书言之。……

当是时,屡诏减苏、松重赋。钟与巡抚周忱悉心计划[13],奏免七十余万石。凡忱所行善政,钟皆协力成之。所积济农仓粟岁数十万石,赈荒之外,以代民间杂办及逋租[14]。其为政,纤悉周密[15]。尝置二簿识民善恶,以行劝惩。又置通关勘合簿,防出纳奸伪[16]。置纲运簿,防运夫侵盗。置馆夫簿,防非理需求。兴利除害,不遗余力。锄豪强,植良善[17],民奉之若神。

先是,中使织造采办及购花木禽鸟者踵至[18]。郡佐以下,动遭笞缚[19]。而卫所将卒,时凌虐小民。钟在,敛迹不敢肆。虽上官及他省吏过其地者,咸心惮之。

钟虽起刀笔,然重学校,礼文儒,单门寒士多见振赡[20]。有

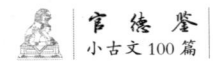

邹亮者，献诗于钟。钟欲荐之，或为匿名书毁亮。钟曰："是欲我速成亮名耳。"立奏之朝。召授吏、刑二部司务[21]。迁御史。

初，钟为吏时，吴江平思忠亦以吏起家[22]，为吏部司务，遇钟有恩。至是钟数延见，执礼甚恭，且令二子给侍，曰："非无仆隶，欲籍是报公耳。"思忠家素贫，未尝缘故谊有所干[23]。人两贤之。

钟尝丁母忧，郡民诣阙乞留[24]。诏起复。正统六年，秩满当迁[25]，部民二万余人，走诉巡按御史张文昌，乞再任。诏进正三品俸[26]，仍视府事。明年十二月卒于官。吏民聚哭，为立祠。

钟刚正廉洁，孜孜爱民，前后守苏者莫能及。钟之后李从智、朱胜相继知苏州，咸奉敕从事，然敕书委寄不如钟矣[27]。

——《明史·卷一百六十一》

◆ 注 释

1. 靖安：今属江西。
2. 吕震：参阅本书第187页《明仁宗重西杨》注5。仪制司：礼部下属机构，掌确定重大活动的仪式，仪制司设郎中一人，正五品，员外郎一人，从五品，主事一人，正六品。
3. 宣德：明宣宗年号，宣德五年即公元1430年，帝：即明宣宗朱瞻基。缺：指知府缺。雄剧地：繁杂难治之地。部、院：指六部和都察院，皆为朝中重要机构。
4. 用：因。蹇义：参阅本书第188页《明仁宗重西杨》注17。胡濙：字源洁，武进（今属江苏）人，官至太子太傅，历事六朝，谥忠安。赐敕：皇帝予以嘱托。
5. 豪猾：横霸狡猾者。舞文：舞文弄墨。号：号称。
6. 乘传（zhuàn）：乘驿站的传车，此意为乘车。
7. 视事：处理公务。牒：音dié，公文。
8. 佯：假装。不省：不懂。惟吏所欲行止：是行是止完全凭属吏。

9. 暗：糊涂，昏愦。
10. 诘：质问。宜：应该。若：你。
11. 捶杀：用棍棒打死。斥：退，不用。
12. 蠲（juān）烦苛：废除扰民的苛政。立条教：分项建立教令。
13. 周忱：字恂如，吉水（今属江西）人，永乐二年进士，洪熙元年（公元1425年），忱迁工部右侍郎，巡抚江南诸府，总督税粮，忱在江南，多有建树，利国利民，当时理财无出其右者，民亦悦之，有政声。
14. 逋：音 bǔ，拖欠。
15. 纤悉：仔细，细致。
16. 出纳奸伪：粮、钱的收入和支出时的弄虚作假。
17. 锄：同"除"，铲锄。植：扶助。
18. 先是：此前。中使：宫中派出的由太监担任的使者。踵至：一个跟着一个，踵：脚跟。
19. 郡佐：知府、知州的佐官。笞缚：挨棍棒或被捆绑。
20. 振赡：周济，给以钱粮。
21. 明代六部各设司务二人，从九品。
22. 吴江：县名，今属江苏。
23. 未尝缘故谊有所干：不曾因与况钟有旧交而有所干请。
24. 丁母忧：遭母丧。诣阙：进京。
25. 正统六年：公元1441年，正统：英宗年号。秩满当迁：任某职有年限规定，到年限即迁官。
26. 明代知府秩为正四品，进正三品俸：即给以高于本职的俸禄。
27. 奉敕从事：按皇帝命令处理政务。敕书委寄：皇帝的委任和寄托。

◇赏 析

　　况钟为官，勤于政事，尽心尽力，纤悉周密，孜孜爱民，至生则民乞留，死则民聚哭，其为民所爱可知矣。其治苏州，他人所不及，其原因除才干以外，便是勤政爱民胜他人一筹。

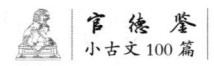

80 王翱公勤廉正[1]

翱在铨部，谢绝请谒[2]，公余恒宿直庐，非岁时朔望谒先祠，未尝归私第[3]。每引选，或值召对，侍郎代选[4]。归虽暮，必至署阅所选，惟恐有不当也。论荐不使人知，曰："吏部岂快恩怨地耶。"自奉俭素，景帝知其贫，为治第盐山[5]。孙以荫入太学[6]，不使应举，曰："勿妨寒士路。"婿贾杰官近畿，翱夫人数迎女[7]，杰恚曰："若翁典铨，移我官京师，反手尔。何往来不惮烦也[8]！"夫人闻之，乘间请翱[9]。翱怒，推案，击夫人伤面。杰卒不得调。其自辽东还朝也，中官同事者重翱，赆明珠数颗，翱固辞[10]。其人曰："此先朝赐也，公得毋以赃却我乎。"不得已，纳而藏焉。中官死，召其从子还之[11]。为都御史时，夫人为娶一妾，逾半岁语翱。翱怒曰："汝何破我家法！"即日具金币返之[12]。妾终不嫁，曰："岂有大臣妾嫁他人者？"翱卒，妾往奔丧，其子养之终身。

——《明史·卷一百七十七》

◆注 释

1. 王翱：字九皋，盐山（今属河北）人，官至吏部尚书，死后赠太保，谥忠肃。
2. 铨部：指吏部，铨：音 quán，指量才授官，此是吏部之职，王翱于景泰四年任吏部尚书，故曰"在铨部"。谢绝请谒：不赴请，不接见，此言不徇私情。
3. 公余：工作之余。恒：经常。宿：住。直庐：若今之所言值班室，直通"值"。朔：旧时指每月初一。望指十五，初一、十五乃是祭祀之日。谒先祠：祭祀祖先。私第：自己家。
4. 引选：引拔选用官员。或值召对：有时遇到皇帝召见问答。侍郎：吏部侍郎，副长官。

5. 景帝：即代宗朱祁钰。为治第盐山：给王翱在他的老家盐山盖房子。
6. 孙：指王翱之孙。荫：子孙赖祖、父辈的庇护即得到优待为荫。太学：朝廷办的大学。
7. 官近畿：在京城附近为官。数迎女：多次接女儿回娘家。
8. 恚：气愤。若翁：你父。典：负责，专管。
9. 乘间：找机会。
10. 王翱曾于正统七年（公元1442年）提督辽东军务。赆：临别而送。
11. 从子：侄子，从：音 zōng。
12. 逾半岁语翱：过了半年才告诉王翱。具：备。返之：把所娶妾送回其娘家。

◇ **赏 析**

　　王翱为官，可称者有四，公余恒宿直庐，而不归私第，勤于政事，忧国忘家，勤德甚高；职掌选调天下官员，而不私其婿，公德可嘉；不受馈赠，还珠不昧，清而不贪，廉德非凡；备金返妾，不贪女色，正德堪称。故曰，王翱为官，勤、公、廉、正，四德俱高，确乎操守不俗，足可称道。

第十一章

俭 朴

俭德是历代人民所推崇的一种高尚的道德品质，也是中华民族的传统美德之一。此德往往表现为：珍惜财物，节用衣食，生活朴素，不图享乐，在居住、衣着、饮食等方面要求偏低，自奉甚薄。

自古至今，有俭德者多为人民所敬重，无俭德者多为人民所鄙视，贫而俭者，民犹是之；富而俭者，民犹是之。也就是说，无论贫富，都应该具备俭德，为民须有俭德，为官也需有俭德。

为民而俭，可以兴家。一个家庭的贫富，固然与其收入多少密切相关，但是，能否以俭持家亦非常重要。若不知节用，挥霍无度，纵然是收入甚多，亦不能富。所以，为民不可无俭德。

为官而俭，可以养廉。生活简朴，不需要更多钱财，也就没有贪念，没有贪念则可以保持廉洁，所以说，俭可以养廉。反之，若生活奢靡，必然需要大量钱财，就会产生贪念，进而成为腐败分子。所以，为官不可无俭德。

涓涓细流，汇成江海，这是极为通俗的道理。财富也是如此，积少可以成多。俭才能节用，节用才能积累，积累才能成其富，若用财而不知珍惜，奢侈无度，有多少就耗费多少，甚而寅吃卯粮，必是为民害己，为官害民。所以，无论是为民还是为官，俭德都是必不可少的。

为民与为官都要具备俭德，但为民与为官又有所不同。为民无俭德，只能挥霍个人财产，最终受其饥寒者是其自身及其家人，无害于人民。为官则不然，为官有权，可以支配人民的财富，若无俭德，再无廉德，必然是大肆挥霍人民的财富，挥霍殆尽之后，就要苛敛于民，故受其害者非其自身，而是广大人民群众。所以说，为民无俭德，其害尚小；为官无俭德，其害甚大。因而，对于为官者来说，俭德显得尤为重要。

第十一章 俭朴

从社会学角度看，社会财富是全社会的，供养全部社会成员，每一位社会成员都可以享用，但无权浪费。若自己不需要，而仗着手中有钱，强取之而糟蹋，便是对社会、对广大劳动人民的极大的犯罪。所以，每个人都应注意俭朴节用，不可奢侈浪费。

当然，俭不等于吝啬，奢不等于大方，当俭而俭为俭，不当俭而俭为吝；当大方而大方为大方，不当大方而大方为奢。无论是为官还是为民，也不管是花公款还是用私财，都应端正态度，视所需而定，明确俭与吝啬、奢与大方的区别，保持清醒头脑，准确分辨是非。若视人俭而讥之为吝啬，乃是歪理；若视人奢而誉为大方，必是悖论。

俭德与其他官德是相互联系的。首先，为官而俭，方能节用公财，以就公德，一般来说，为官而有俭德者多怀公心，为官奢侈者多怀私欲，简言之，俭德养公德，公德助俭德。其次，俭德高尚，方能为官清廉。俭生廉，奢生贪，生活俭朴，可抑贪心，以成廉德，这也是一条规律。再次，俭者多无虚荣之心，故能谦；奢者多有炫耀之意，故必傲。所以说，俭生谦，奢生傲。此外，俭德与勤德关系更为密切。勤和俭是相辅而生，不可分割的，俭者能勤，奢者必惰，有勤德方能俭，有俭德才能勤。为官须有爱民之德，有俭德者能爱其民，一般说来，俭者心慈，故有爱民之德；奢者性暴，故不恤其民。总之，俭德与公德、廉德、谦德、勤德、慈德都是密切相关的，可以说，俭是百德之基，俭可养德。从事公、管工作者必须十分重视自身俭德的培养。

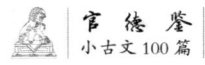

81 羊续清俭去妻子

　　中平三年[1],江夏兵赵慈反叛,杀南阳太守秦颉,攻没六县,拜续为南阳太守[2]。当入郡界,乃羸服间行[3],侍童子一人,观历县邑,采问风谣[4],然后乃进。其令长贪洁[5],吏民良猾,悉逆知其状,郡内惊竦,莫不震慑[6]。乃发兵与荆州刺史王敏共击慈,斩之,获首五千余级,属县余贼并诣续降,续为上言,宥其枝附[7]。贼既清平,乃班宣政令,候民病利[8],百姓欢服。时,权豪之家多尚奢丽[9],续深疾之,常敝衣薄食,车马羸败[10]。府丞尝献其生鱼,续受而悬于庭[11];丞后又进之,续乃出前所悬者以杜其意[12]。续妻后与子秘俱往郡舍,续闭门不纳妻,自将秘行[13],其资藏惟有布衾、敝袛裯,盐、麦数斛而已[14],顾敕秘曰:"吾自奉若此,何以资尔母乎[15]?"使与母俱归。

　　六年,灵帝欲以续为太尉[16]。时拜三公者,皆输东园礼钱千万[17],令中使督之,名为"左骖[18]"。其所之往[19],辄迎致礼敬,厚加赠赂。续乃坐使人于单席,举缊袍以示之[20],曰:"臣之所资,惟斯而已。"左骖白之,帝不悦,以此故不登公位。而征为太常[21],未及行,会病卒,时年四十八。遗言薄敛,不受赗遗[22]。旧典,二千石卒官赙百万,府丞焦俭遵续先意,一无所受[23]。诏书褒美,敕太山太守以府赙钱赐续家云[24]。

——《后汉书·卷三十一》

第十一章 俭 朴

◆ 注 释

1. 中平：汉灵帝年号，中平三年即公元186年。
2. 江夏：地名。赵慈：人名。秦颉：字初起，中平元年（公元184年），从江夏都尉迁任南阳太守，中平三年（公元186年）被赵慈杀死，羊续继任南阳太守。羊续，字兴祖，太山平阳（山东）人。
3. 赢服：打扮成贫苦人。赢：音léi，本义为瘦弱，此意为扮装成瘦弱者。间行：潜行。
4. 风谣：流行于民间，能反映政治得失和人民心愿的歌谣。
5. 令长：大县长官为令，小县长官为长。贪：贪图资财。洁：廉洁。
6. 悉：都。逆知：预先猜度，了解。竦：音sǒng，通"悚"，恐惧。震慑：震惊，害怕。
7. 并：都，一起。诣：拜见。上言：向皇帝请求。宥：音yòu，宽恕。枝附：指从犯。
8. 班宣：颁布。候：问，察，了解。病：有损于民者。利：益于民者。
9. 多：大多。尚：崇尚。奢丽：奢侈华丽。
10. 敝衣：穿破旧衣服。薄食：吃下等的饭食。赢：指拉车的马很瘦弱。败：指车破。
11. 府丞：官名，太守的助手。庭：厅堂。
12. 杜：绝、断。
13. 秘：其子名秘。俱往：一同去。郡舍：指太守的公署。不纳：不让进。将：扶、携。
14. 衾：音qīn，被子。敝：破。袛裯：音dīdāo，短衣，《说文》曰："袛裯，短衣也"，《广雅》云即袛裯也。
15. 顾敕秘曰：看着秘说（秘是羊续的儿子）。自奉：自养，供养自己。资：资养，以财物供养。
16. 六年：即中平六年，即公元189年，太尉，三公之一，掌军权。
17. 输：交纳。东园：汉代官署名，掌管陵墓内器物、葬具的制造与供应，属少府。
18. 中使：帝王从宫廷中派出的使者。驺：音zōu。
19. 之：动词，去，到。
20. 坐使人于单席：让使者坐于单席，此乃不敬中使之意。缊：旧棉絮。

21. 太常：官名，汉代九卿之一，掌宗庙礼仪，兼掌选试博士。
22. 薄敛：不以贵重物品殓葬。敛：通"殓"。赗：音 fèng，指送给丧家送葬之物。遗：音 wèi，送。
23. 旧典：以前的惯例，规定。二千石：太守官阶多为二千石。赙：音 fù，以财物助人办丧事。遵：遵照。卒官：死于任上。
24. 此句意为：皇帝下诏书表彰羊续，并下令让泰山太守用官府钱送给羊续家，云：无义。

◇赏　析

　　羊续为官，躬行俭约，"敝衣薄食，车马羸败"，以此率下，欲移权豪奢丽之风，身为太守，自奉甚薄，官居一方，竟养不起妻子，妻子来投，闭门不纳，何其廉哉！灵帝欲用为太尉，而无钱可输，亦可见其不为权势失节，不为地位易操，其廉洁、耿直之德亦赫然可见矣。

82 江统论俭奢[1]

古之圣王莫不以俭为德，故尧称采椽茅茨[2]，禹称卑宫恶服[3]，汉文身衣弋绨，足履革舄，以身先物，政致太平，存为明王，没见宗祀[4]。及诸侯修之者，鲁僖以躬俭节用，声列《雅》《颂》[5]；蚡冒以筚路蓝缕，用张楚国[6]。大夫修之者，文子相鲁，妾不衣帛；晏婴相齐，鹿裘不补，亦能匡君济俗，兴国隆家[7]。庶人修之者，颜回以箪食瓢饮，扬其仁声；原宪以蓬户绳枢，迈其清德[8]。此皆圣主明君贤臣智士之所履行也。故能悬名日月[9]，永世不朽，盖俭之福也。及到末世[10]，以奢失之者，帝王则有瑶台琼室，玉杯象箸，肴膳之珍则熊蹯豹胎，酒池肉林[11]。诸侯为之者，至于丹楹刻桷，饩征百牢[12]。大夫有琼弁玉缨，庶人有击钟鼎食[13]。亦罔不[14]亡国丧宗，破家失身，丑名彰闻，以为后戒。窃闻后园镂饰金银，刻磨犀象，画室之巧，课试日精[15]。臣等以为今四海之广，万物之富，以今方古，不足为侈也。然上之所好，下必从之，是故居上者必慎其所好也。昔汉光武帝时[16]，有献千里马及宝剑者，马以驾鼓车，剑以赐骑士。世祖武皇帝有上雉头裘者，即诏有司焚之都街[17]。高世之主，不尚尤物，故能正天下之俗，刑四方之风[18]。臣等以为画室之功，可且减省，后园杂作，一皆罢遣，肃然清静，优游道德，则日新之美光于四海矣[19]。

——《晋书·卷五十六》

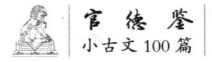

◆ 注 释

1. 江统：字应元，陈留（今河南开封一带）人。晋惠帝即位后，立其长子司马遹（yù）为皇太子，以江统为太子洗马（太子属官名），事太子于东宫，累年。太子奢费过度，江统乃上书陈五事谏太子，此处所选，即是五事之三。太子不能用五事，竟为贾后所害，被废，徙许昌，贾后又遣人至许昌杀之，时年二十三。

2. 椽：即椽子。茨：音 cí，用草苇等盖的屋顶，茅是一种草，茅茨：即用茅草盖成屋顶。采：采集。此句意为尧以居室简陋著称。

3. 卑宫：低矮简陋之宫。恶服：破旧的服装。

4. 汉文：即汉文帝刘恒。衣：穿。弋：黑色。绨：厚缯。履：穿，踩。革：生皮，未细加工者。舃：音 xì，鞋。存：指活着。没：死后。宗祀：宗庙。文帝：名恒，刘邦之子，薄太后所生，汉十一年，立为代王。吕后崩，诸吕欲危刘氏，周勃与陈平诛诸吕，乃迎立代王，是为文帝，前 179 年至前 156 年在位，计二十三年。崩，葬霸陵，在长安东南。文帝轻徭薄赋，勤政爱民，励精图治，且崇尚节俭，身体力行。文帝与景帝刘启并称西汉明主，开西汉盛世，史称文景之治。

5. 鲁僖：即鲁僖公。《雅》《颂》：皆诗经中的诗类名。

6. 蚡冒：人名，楚臣。筚路：指乘用荆、竹、树枝编成的车，荜：音 bì，用树枝编成的车。蓝缕：形容衣服破旧。张：开创。

7. 文子：《汉书·艺文志》注以为，文子系老子的弟子，与孔子同时，北魏人李暹谓文子姓辛名钘，号曰计然，受业于老子。晏婴：齐之贤相，据说他有一裘，穿了三十年。

8. 颜回：即颜渊，春秋末鲁国人，孔子的学生，据载，他贫居陋巷，箪食瓢饮，而不改其乐，孔子称赞他的德行，早卒，孔子极悲。箪：音 dān，竹制的盛饭器具。原宪：字子恩，春秋时鲁国人，亦孔子学生，后隐居于卫。蓬户：用树枝或草编成的门。绳枢：用绳子拴住草门以供开关，枢是门窗的转轴，此意为以绳代枢。迈：此意为行，表现。

9. 悬名日月：意为其名声如日月之明。

10. 末世：指一个朝代的末期，含有丧乱之意。

11. 瑶台：雕饰华丽，结构精巧的楼台，《淮南子.本经训》："帝有桀纣，为璇室、瑶台。"琼：音 qióng，美玉，琼室：即装饰得非常精美的屋子。

玉杯：用玉做的杯子。象箸：用象牙制成的筷子。熊蹯：即熊掌。酒池肉林：传说殷纣王以酒为池，以肉为林，为长夜之饮。
12. 丹楹：丹是红色，楹是厅堂前部的柱子。刻桷：刻即雕刻。桷：音jué，方的椽子。饫：本意为赠送，奉送，此意为求取。征：征求。牢：祭祀的牺牲，有太牢、少牢之分。百牢：言祭品甚多而奢也。
13. 弁：音biàn，帽子，琼弁即饰有美玉的帽子。缨：帽上的装饰品，玉缨：即用玉装饰的帽缨。钟：古代打击乐器。击钟：即奏乐。鼎食：即列鼎而食，形容生活豪侈，鼎，古代的三足而立的器皿。
14. 罔不：无不。
15. 镂：音lòu，刻镂。犀象：指犀角象牙。课试日精：意为装饰宫室的标准、要求一天比一天高。从"窃闻后园……"一句始，是江统针对太子司马遹的所作所为而言。
16. 汉光武帝：即东汉开国皇帝刘秀。
17. 世祖武皇帝：即晋武帝司马炎。雉头裘：以雉头毛制成的皮衣，雉即野鸡。裘：皮衣。据载，司马炎曾下令把雉头裘烧掉，以示去奢从俭。
18. 尚：崇尚，喜欢。尤物：指珍奇的物品。刑：治理、形成。
19. 后园杂作：在后园进行的各种建筑和粉饰。肃然：庄重、严肃貌。优游：本意为悠闲，优游道德：意为轻松自然地养就道德。美：即美德。光：发扬光大。四海：指天下。

◇ **赏 析**

俭朴是一种美德，奢侈是一种恶习，中华民族历来有崇尚节俭，鄙视奢侈的传统。汉之文帝，唐之魏征，宋之太祖皆以俭德流芳千古；商之纣王，晋之石崇，清之和珅，皆以奢侈遗臭万年。故无论是为官还是为民，要修身律行，必须注重培养俭德。俭德成就，还可利于其他品德的培养，廉、勤、慈、公等德都可以从俭德中派生出来。所以说，在一定程度上，从一定的角度看，俭德是他德之基，培养俭德尤为重要。

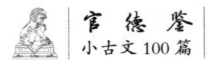

83 沈庆之"与马成二"

世祖晏驾¹,庆之与柳元景等并受顾命²,遗诏若有大军旅及征讨,悉使委庆之。前废帝即位,加庆之几杖,给三望车一乘³。庆之每朝贺,常乘猪鼻无幰车⁴,左右从者不过三五人。骑马履行园田,政一人视马而已⁵。每农桑剧月⁶,或时无人⁷,遇之者不知三公也。及加三望车,谓人曰:"我每游履田园,有人时与马成三,无人则与马成二。今乘此车,安所之乎⁸。"及赐几杖,并固让。

——《宋书·卷七十七》

◆注 释

1. 世祖:即宋孝武帝刘骏,文帝刘义隆第三子,公元454年至465年在位。
2. 庆之:即沈庆之,字弘先,吴兴武康(今属浙江)人,官至车骑大将军,开府仪同三司,持节使,都督南兖、徐、兖三州诸军事,以武功封始兴郡公,曾授侍中、左光禄大夫、司空,皆固辞不受,乃使之朝贺位次司空。柳元景:字孝仁,河东解(今属山西)人,官至侍中、领军将军、尚书令、骠骑将军。宋孝武帝刘骏死后,其长子刘子业即位,时年十五,沈庆之与柳元景、江夏王义恭、尚书仆射颜师伯等并受遗诏辅幼主。
3. 前废帝:即沈庆之等所辅幼主刘子业,宋孝武帝刘骏之子,大明八年(464年),宋孝武帝去世,刘子业继位,他荒淫无道,凶残暴虐,后被杀,死时十七岁。加:此意为赐。几杖:老人居则凭几,行则携杖,古时常用以表示敬老,赠几杖,表示皇帝对老臣的尊敬。三望车:六朝时,王公大臣乘的车,有窗可望。
4. 猪鼻:车前形状似猪鼻。幰:音 xiǎn,车的帷幔。
5. 履行园田:巡视田园。政:令,命。

6. 农桑剧月：农桑繁忙的月、季。
7. 或时：有时。
8. 安：哪里。之：去、到。安所之乎：意为到哪里去呢？

◇ **赏 析**

　　沈庆之身为顾命大臣，位列三公，可谓官高位重了，然其居官轻视荣耀，不求名望，出入无仪仗，无侍从，甚而孤身一人，巡视田园如常人，以至与马成二。他不携仆役，不重声势，不炫耀地位，不显逞权势，不施威于百姓，不凌傲于人民，可见其俭朴、谦恭、廉洁三德俱高。而有人为官则不然，官职不高却出入前呼后拥，声势浩大，人皆避而远之，以致官民相隔，有损于政，无益于己。两相比较，何优何劣，不言自喻矣。

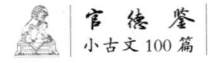

84 长孙道生责子弟[1]

道生廉约,身为三司,而衣不华饰,食不兼味[2]。一熊皮鄣泥,数十年不易,时人比之晏婴[3]。第宅卑陋,出镇后,其子弟颇更修缮,起堂庑[4]。道生还,叹曰:"昔霍去病以匈奴未灭,无用家为[5],今强寇尚游魂漠北[6],吾岂可安坐华美也!"乃切[7]责子弟,令毁宅。其恭慎如此。世祖世[8],所在著绩,每建大议,多合时机[9]。为将有权略,善待士众。帝命歌工历颂群臣,曰:"智如崔浩[10],廉如道生。"

——《魏书·卷二十五》

◆注 释

1. 长孙道生:代(今山西代县)人,仕魏官至司空、侍中,封上党王。
2. 廉:指廉洁。约:指俭朴。三司:即指三公,长孙道生身为司空,乃是三公之一。兼味:指两个菜,两种饭食。
3. 鄣泥:一种外衣。晏婴:春秋时齐国名相,以才干著称,据载,晏婴有一皮裘,穿三十年,故其廉俭之德为历代所称。
4. 第宅卑陋:长孙道生所住的房子很破旧,很矮,第:房子。出镇:指朝官去镇守某地。庑:音 wǔ,有走廊的屋子。
5. 霍去病:西汉名将,河东平阳(今山西临汾西南)人,官至骠骑将军,封冠军侯。元狩二年,两次大败匈奴,控制河西地区,元狩四年,又与卫青击败匈奴主力。汉武帝曾为他建造府第,他拒绝说:"匈奴未灭,无用家为。"他前后六次出击匈奴,解除了匈奴对西汉的威胁。
6. 强寇:指北方少数民族政权。尚:还。游魂:形容苟延残喘或比喻残留的生命。漠北:指蒙古高原大沙漠以北地区,自汉代以后常称之为漠北。
7. 切:严厉。

8. 世祖世：指北魏太武皇帝拓跋焘在位的时候，世祖即指拓跋焘，公元424年至452年在位。
9. 所在著绩：意为所任官职，都很有政绩。大议：对国家大事的评议。
10. 崔浩：字伯渊，清河东武城（今山东武城西）人，官至司徒，仕明元帝、太武帝二朝，太武帝灭赫连昌、击败柔然、取北京，他都参与策划，为人智谋深远，有才略。

◇赏　析

长孙道生具有清操洁守，不肯安坐华美，恐生贪图享乐之心，故子弟起堂屋而切责之，令毁宅。不只可见其忧国忘家，公而忘私之胸怀，亦足以知其俭德之高也。晏子以一裘穿三十年而俭名流传，长孙道生亦一件外衣，数十年不易，且又第宅卑陋，食不兼味，以此观之，道生之俭德，有过于晏子。他以廉约而得时誉，是理所当然的。

85 酒训[1]

自古圣王,其为飨也,玄酒在堂而酏酒在下[2],所以崇本重原,降于滋味[3]。虽泛爵旅行,不及于乱[4]。故能礼章而敬不亏,事毕而仪不忒[5]。非由斯致,是失其道[6]。将何以范时轨物[7],垂之于世?历观往代成败之效,吉凶由人,不在数也[8]。商辛耽酒,殷道以之亡;公旦陈诰,周德以之昌[9]。子反昏酣而致毙,穆生不饮而身光[10]。或长世而为戒,或百代而流芳。酒之为状,变惑情性,虽曰哲人,孰能自竞[11]?在官者殆于政也,为下者慢于令也,聪达之士荒于听也,柔顺之伦兴于诤也,久而不悛,致于病也[12]。岂止于病,乃损其命。谚亦有云:其益如毫,其损如刀[13]。言所益者止于一味之益,不亦寡乎?言所损者夭年乱志,夭乱之损,不亦夥乎[14]?无以酒荒而陷其身,无以酒狂而丧其伦[15]。迷邦失道,流浪漂津[16]。不师不遵,反将何因[17]。《诗》不言乎:"如切如磋,如琢如磨",朋友之义也[18]。作官以箴之,申谟以禁之,君臣之道也[19]。其言也善,则三覆而佩之;言之不善,则哀矜而贷之[20]。此实先王纳规之意[21]。往者有晋[22],士多失度,肆散诞以为不羁,纵长酣以为高达[23],调酒之颂,以相眩曜[24]。称尧舜有千钟百觚之饮,著非法之言,引大圣为譬,以则天之明,岂其然乎[25]?且子思有云:夫子之饮,不能一升[26]。以此推之,千钟百觚皆为妄也。

——《魏书·卷四十八》

◆ 注 释

1. 《酒训》一文，作者高允（公元 390 年—公元 487 年），字伯恭，北魏渤海蓨（今河北景县）人，官至中书令，曾与崔浩同修国史，后崔浩因在国史中暴露国耻而被杀，高允因曾授太子经书，因太子营救得免。他前后历经五帝，历任要职，达五十年。《酒训》一文，是高允写给北魏孝文帝的，孝文帝常置左右。参阅本书第 121 页《高允临危守正直》。
2. 飨：音 xiǎng，本意为用酒食款待人，此指饭食。玄酒：古代称行酒祭时当酒用的水为玄酒。
3. 崇：推崇，重视。原：同"源"。降于滋味：降低滋味。
4. 此句意为：即使杯盏往来而不至于喝醉。爵：酒杯。乱：头脑昏乱。
5. 礼章：即礼彰，即礼仪周全。敬不亏：不失敬重。仪：亦即礼仪。忒：音 tè，差错。
6. 此句意为：不这样，就违背了喝酒的目的和原则。
7. 范时轨物：为时代规范，人物行为的准则。
8. 数：天数，即天命。
9. 商辛：即商纣王辛。耽酒：沉醉于酒。公旦：即周公姬旦。陈诰：陈述命令。周德：即周的国运。昌：兴隆。
10. 子反：即公子侧，字子反，春秋时楚国司马，楚共王十六年，率军与晋战于鄢陵，因贪酒误事，贻误战机，引咎自杀。穆生：汉代鲁人，楚元王刘交敬礼穆生，常为设醴，后刘交之孙刘戊嗣立，忘设醴，穆生知其意怠，遂去。身光：意为身受荣光。
11. 状：作用，危害。哲人：明智之人。自竞：自控、自制。
12. 殆：通"怠"。为下者：官员的下属。荒：荒废。柔顺之伦兴于诤也：温柔和顺的人兴于争吵，伦：辈，人。诤：此意为争吵。悛：改。
13. 毫：毛，此指细小。损：害也。
14. 寡：少。夥：多。天年乱志：减少寿命惑乱精神。
15. 酒荒、酒狂：皆指饮酒过度。陷其身、丧其伦：皆指酒对人的身体和精神的损害。
16. 此句指饮酒过多，精神恍惚，不辨东西的状态。
17. 此句意为：喝酒没有老师，不遵从师教，是怎么因循相传的呢。
18. 如切如磋，如琢如磨：语出《诗经·卫风·淇奥》，原指加工玉石制造

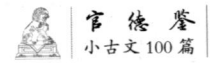

器物而言，引申为对问题的商讨研究。
19. 箴：音zhēn，劝告，规诫。谟：音mó，计谋，谋略。
20. 善：正确。三：多次。覆：反复。佩：遵照实行。哀矜：谅解。贷：宽恕。
21. 从"诗不言乎"一句至"纳规之意"一段不是再谈酒的危害，而是写人应该接受劝告，目的是要拓跋焘听从自己的规劝。
22. 有晋：指司马氏政权。
23. 士：统治阶层。多：大都，大部分。失度：违背做人应遵循的准则。肆：放肆。散诞：不受约束，狂妄，荒诞。羁：音jī，束缚。纵长酣：放纵地长时酣饮。高达：非凡，不俗。
24. 调酒之颂：写或吟颂酒的诗歌。眩曜：即炫耀，夸示也。
25. 钟、觚都是古代盛酒的器具。觚：音gū。著：提出。非法：不能效法的言论。引大圣为譬：引用尧舜这样的大圣人作比喻。则：法则、准则，则天之明：意为引用尧舜能饮，目的在于表明人应学尧舜而多饮酒。岂其然乎：真的是这样吗？
26. 子思（公元前483年—公元前402年）战国初哲学家，姓孔名伋，孔子之孙，相传他曾受业于曾子。有云：曾经说过。夫子：本指老师，此指孔子。升：容量单位。

◇赏 析

自古以来，酒之为害甚多，官员因酒而误政损身者，历史上大有其人。而今，喝酒之风日盛，各行各业，时时处处，酒杯相碰，盘箸狼藉。私交喝酒，公务往来喝酒，该办的事，酒后才办，不该办的事，酒后也办，狂吃暴饮之后，头昏志迷，政务误废，造成工作损失。诸如此等现象，比比皆是，屡见不鲜。因而，《酒训》一文在当前来看，还有其深远的意义，但愿嗜酒者认真阅读此文，一定会有所收益。

86 "独立君"裴侠[1]

侠躬履俭素，爱民如子，所食唯菽麦盐菜而已[2]。吏民莫不怀之。此郡旧制[3]，有渔猎夫三十人以供郡守。侠曰："以口腹役人，吾所不为也。"乃悉罢之。又有丁三十人，供郡守役使。侠亦不以入私，并收庸直，为官市马[4]。岁月既积，马遂成群。去职之日，一无所取。民歌之曰："肥鲜不食[5]，丁庸不取，裴公贞惠，为世规矩。"侠尝与诸牧守俱谒太祖[6]。太祖命侠别立[7]，谓诸牧守曰："裴侠清慎奉公，为天下之最，今众中有如侠者，可与之俱立。"众皆默然，无敢应者。太祖乃厚赐侠。朝野叹服，号为独立君。

侠又撰九世伯祖贞侯潜传[8]，以为裴氏清公，自此始也，欲使后生奉而行之，宗室中知名者，咸付一通[9]。从弟伯凤、世彦，时并为丞相府佐[10]，笑曰："人生仕进，须身名并裕。清苦若此，竟欲何为？"侠曰："夫清者莅职之本，俭者持身之基[11]。况我大宗，世济其美，故能：存，见称于朝廷；没，流芳于典策。今吾幸以凡庸，滥蒙殊遇，固其穷困[12]，非慕名也。志在自修，惧辱先也。翻被嗤笑[13]，知复何言。"伯凤等惭而退。……

迁民部中大夫[14]。时有奸吏，主守仓储，积年隐没至千万者。及侠在官，励精发摘，数旬之内，奸盗略尽[15]。转工部中大夫。有大司空掌钱物典李贵乃于府中悲泣[16]。或问其故[17]。对曰："所掌官物，多有费用，裴公清严有名，惧遭罪责，所以泣耳。"侠闻之，许其自首。贵言隐费钱五百万。侠之肃遏奸伏[18]，皆此类也。

初，侠尝遇疾沉顿，大司空许国公宇文贵、小司空北海公申徽并来伺候侠[19]。侠所居茅屋，不免风霜。贵等还，言之于帝。帝矜其贫苦[20]，乃为起宅，并赐良田十顷，奴隶、耕牛、粮粟，莫不备足。搢绅咸以为荣[21]。武成元年，卒于位[22]。赠太子少师、蒲州刺史，谥曰贞[23]。河北郡前功曹张回及吏民等，感侠遗爱，乃作颂纪其清德焉[24]。

——《周书·卷三十五》

◆ 注 释

1. 裴侠：字嵩和，河东解（今山西）人，官至骠骑大将军，开府仪同三司，他刚正清廉，生活俭朴，为一时所称。
2. 躬履俭素：即身行俭朴，履：行也。菽：豆类。此时，裴侠官为河北郡守。
3. 此郡即指河北郡。旧制：以前的惯例，规定。
4. 此句意为：裴侠不私用这三十人，而是收其庸钱，为官府买马。
5. 肥鲜不食：此是针对裴侠罢渔猎夫而言。
6. 牧守：州牧、太守等直接对朝廷负责的地方最高长官。太祖：即宇文泰，时宇文泰为西魏第一权臣。
7. 别立：单独站立一旁。
8. 贞侯：爵位也。潜：名也。
9. 后生：晚辈。宗室中知名者：家族中凡是知道其名的。咸付一通：都给一本，一通即一本。
10. 从弟：堂弟。丞相府佐：丞相府的佐僚。
11. 莅职：临职，任职。持身：立身。
12. 固：安守。
13. 翻：反，反而。
14. 民部：官署名，即户部。中大夫：北周时官爵分为公、孤、卿、大夫、士几等，又分为九命，九命为最高，一命为最低，三公九命、三孤八命、六卿七命、上大夫六命、中大夫五命、下大夫四命、上士三命、中士二命、下士一命。
15. 隐没：贪污。发摘：揭露，清除。略尽：大体上清除完。
16. 工部：亦官署名，主管工程营造。大司空：三公之一。掌钱物典：掌管钱物,典亦主管,执掌之意。
17. 或:有人。
18. 肃遏奸伏:肃清、抵制隐伏的奸邪。
19. 沉顿:形容病情较重。宇文贵:夏州人,仕魏官至侍中、骠骑大将军,仕周至大司空、大司徒、太保,封许国公,以军功称。申徽:字世仪,魏郡人,官至尚书右仆射、侍中、骠骑大将军,为官勤于理政,清正廉慎,为吏人所爱。伺候:探望。
20. 矜:怜悯。
21. 搢绅:指官宦。
22. 武成元年:即公元559年,武成是北周明帝的年号。卒于位:死于任上。
23. 古代官员死后,为表彰其功德,常赠以生前未任之官,太子少师和蒲州刺史即是裴侠的赠官。谥:是在人死之后根据其生前特点送给的称号。
24. 功曹:官职名。作颂:写颂文、颂词。

◇赏 析

"清者莅职之本,俭者持身之基"是裴侠为官为民的行为准则,所以他能一生清俭,驰名朝野。他身为方伯,官居郡守,竟能躬行俭朴,不以口腹役人,"肥鲜不食,丁庸不取",食唯菽麦盐菜,直至身为朝官,居室简陋,不免风霜,可谓清俭一生。"独立君"的称号体现着人们对裴侠的尊崇,是对他清俭无比,天下第一的高度赞美,裴侠当之无愧。

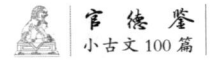

87 杨绾以俭化奢

杨绾字公权，华州华阴人也¹。……

时元载秉政，公卿多附之²，绾孤立中道，清贞自守，未尝私谒³。载以绾雅望素高，外示尊重，心实疏忌。会鱼朝恩死，载以朝恩尝判国子监事，尘污太学，宜得名儒，以清其秩，乃奏为国子祭酒，实欲以散地处之。载贪冒日甚⁴，天下清议，亦归于绾，上深知之，以载久在枢衡，未即罢遣。仍迁绾为太常卿，充礼仪使，以郊庙礼久废，藉绾振起之也，亦以观其效用。是年三月，载伏诛，上乃拜绾中书侍郎、同中书门下平章事、集贤殿崇文馆大学士，兼修国史。绾久积公辅之望⁵，及诏出，朝野相贺。绾累表恳让，上属意稍重⁶，绾不敢辞。

绾素以德行著闻，质性贞廉⁷，车服俭朴，居庙堂⁸未数月，人心自化。御史中丞崔宽，剑南西川节度使宁之弟⁹，家富于财，有别墅在皇城之南，池馆台榭¹⁰，当时第一，宽即日潜遣¹¹毁拆。中书令郭子仪在邠州行营¹²，闻绾拜相，座内音乐减散¹³五分之四。京兆尹黎干以承恩¹⁴，每出入驺驭¹⁵百余，亦即日减损车骑，唯留十骑而已。其余望风变奢从俭者，不可胜数，其镇俗移风若此。

——《旧唐书·卷一百一十九》

◆注 释

1. 华州华阴：即今陕西华阴。杨绾官至中书舍人、礼部侍郎、吏部侍郎、中书侍郎、同中书门下平章事，他为人清廉俭朴，厌恶奢靡，时望甚重。
2. 元载：凤翔岐山（即今陕西岐山县）人，官至同中书门下平章事、中书侍郎、银青光禄大夫,为官奢侈,阿谀谄佞,多引朋党,权倾天下,妻子并为恶,后获罪被杀,妻子并诛。秉政:掌权。附:依附。
3. 孤立中道:意为只有他坚持操守,不与他人同流合污。私谒:以私人身份相见。
4. 元载为人贪秽,其执政,贿赂公行。
5. 绾久积公辅之望:朝野寄希望于杨绾任宰相,公辅意指三公等辅臣,即宰相之任。
6. 上属意稍重:皇上对他寄托之情意渐重。上:皇上。属(zhǔ):寄托。稍:渐。
7. 质性贞廉:意为品性清贞廉洁。
8. 居庙堂:谓执政。
9. 崔宽:卫州(今河南汲县一带)人,其兄崔宁,官至左仆射、司空、御史大夫,曾镇守成都。剑南:道名,以在剑阁之南而得名,治所在益州(今四川成都市),剑南西川:唐方镇名,至德二年(公元757年)分剑南西部地置,治所在成都府。
10. 榭:音xiè,建在高台或水上的敞屋。
11. 潜:暗中。遣:派人。
12. 郭子仪:华州郑县(今陕西华县)人,官天德军使并九原太守,朔方节度使,安史作乱,肃宗讨贼,任子仪为关内河东副元帅,收复大量失地,因功官升中书令,封为汾阳郡王,德宗即位,尊为尚父。
13. 减散:减少,撤掉。
14. 黎干:戎州(今四川宜宾一带)人,官至谏议大夫、京兆尹、刑部侍郎、御史大夫、兵部侍郎,为官贪暴,力求财色,后获罪,除名长流,既行,市里儿童数千人怀瓦砾投击之,又赐死于蓝田驿。
15. 驺(zōu)驭:达官贵人出行时,在前后侍从的骑卒。

◇ **赏 析**

　　古往今来,俭德高尚者比比皆是,然审而视之,多为独善其身者,而以俭化奢,兼善天下者却实为罕见。杨绾俭德高尚,镇俗移风,致使望风变奢从俭者,不可胜数,实为难能可贵,可以说,

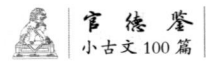

杨绾有济世之美德,救时之良才。

　　以俭化奢有两个条件,一是德高望重,为世人所尊崇,二是得时重用。古代隐士多有俭德,而不能化天下,时不用其德也;而多数权臣位高而无俭德,故亦不能抑奢倡俭,所以说,两个条件缺一不可。因而,重用俭德高尚者,以期以俭化奢,移风易俗,可以抵制奢靡之风。

第十二章

谦 恭

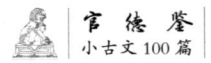

　　谦恭是一种高尚的品德。人生在世，无论是为官还是为民，都应具备谦恭之德。

　　在中国的传统文化中，温良恭俭让备受推崇，这不仅是人的五种修养，也是人的五种可贵品德，其中的"让"，就是指为人谦让。

　　谦恭既是一种品德，又表现为待人接物为人处事的一种态度。作为品德的谦恭和作为态度的谦恭虽是密切联系的，却又是有区别的。这种区别主要表现在其谦恭是否与人的身份和地位相联系，若不以自己的身份和地位而易其操守，对上谦恭，对下亦谦恭，贱时谦恭，贵亦谦恭，此谓之谦恭之德。若随身份地位的变化而有所不同，有时谦恭，有时傲慢，贱时谦恭，贵时傲慢，这种一时一事的谦恭，只能谓之谦态，而非谦德。

　　作为普通民众而待人谦恭，这本在情理之中，地位卑微，无权无势，没有傲慢的资本和条件，受其身份和地位的影响，其情必恭，其态必谦。但若身份和地位一变，情况就不同了，一旦为官，则人多敬之，为人所敬，易生骄态；且行使权力，指令下属，易生不谦之嫌；再加上人们往往以为为官无威，难以御下，因而故作威仪，致使自己凌下之威有余，待下谦恭不足。这是没有谦德的平庸之态。而真正道德高尚的人却是与此相反，他们位卑时自重自爱，不阿谀，无媚骨，正直做人；一旦为官，反而谦恭待人，礼贤爱民，这才是真正具备谦德者的非凡的绝俗之操。

　　俗话说，人外有人，天外有天，这就是说，每个人都不能自以为高，傲视他人。纵然是很有才干的人，也应看到自己的不足，你在这一方面有一技之长，他在那一方面有可称之处，别人身上往往有值得自己学习的地方。所谓"三人行，必有我师"，说的就是这个道理。即使是在自己所长的领域，也没有资格自高自大，智者千虑，必有一失；愚者千虑，必有一得；三个臭皮匠，顶个诸葛亮。这些格言深刻地揭示了谦恭待下的重要性和必要性。

为人谦恭，可看到自己的不足，进而努力向别人学习，使自己得以不断进步。傲慢者相反，因其看不到自己的不足，而不肯向别人学习，所以得不到提高和进步。所谓"满招损，谦受益"，说的就是这个道理。学习知识，培养能力是没有止境的，若有谦德，既能不断吸收他人所长，可以一生受益无穷。

为官而能谦恭待下，对工作、对自己都是非常重要的。有谦德者必得民心，为下属所敬重，下属信服，必然尽力，必然有益于工作。一个人的能力再大，亦不能撑天，若想做好工作，需有众人辅助，而为人傲慢，必伤下属之心，伤其心，违其情，必生怨恨，心怀怨恨，岂肯尽力；若众人皆怨，无人尽力相辅，又怎能取得赫赫业绩呢？简言之，有谦德，助其治，失谦德，损其政，故为官不可无谦德。

谦恭者，多有深沉之姿；傲慢者，多怀浅薄之气。深沉者有容人之量，无凌人傲气，故能待人谦和恭敬；浅薄者心胸狭窄而好虚荣，故待人不恭亦不谦。

有的人与人交往，总是盛气凌人，夸夸其谈，自吹自擂，自高自大，好像是天下第一，唯我独尊。其实，这是浅薄的表现。正是因为其浅薄，他才只能看到自己的长处，而看不到自己的短处，这是其自吹自擂的内在根源。而真正有能力又取得了巨大成功的人，往往是那些毫不张扬的谦恭之士，因为他们身有谦恭之德，所以他们能够客观地看待自己，既能看到自己的长处，也能看到自己的不足，从而驱使自己不断努力，这是其能够取得成功的内在动力。

无论是为民，还是为官，谦德都是必不可少的，努力培养自己的谦德，当然是非常必要的。

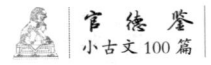

88 曹参为相

　　孝惠元年[1],除诸侯相国法[2],更以参为齐丞相[3]。参之相齐,齐七十城。天下初定,悼惠王富于春秋[4],参尽召长老诸先生,问所以安集百姓[5]。而齐故诸儒以百数,言人人殊[6],参未知所定。闻胶西有盖公[7],善治黄、老言[8],使人厚币请之[9]。既见盖公,盖公为言"治道贵清静而民自定",推此类具言之[10]。参于是避正堂,舍盖公焉[11]。其治要用黄、老术[12],故相齐九年,齐国安集,大称贤相。

　　萧何薨[13],参闻之,告舍人趣治行[14],"吾且入相[15]。"居无何[16],使者果召参。参去,属其后相曰[17]:"以齐狱市为寄[18],慎勿扰也。"后相曰:"治无大于此者乎[19]?"参曰:"不然。夫狱市者,所以并容也,今君扰之,奸人安所容乎?吾是以先之[20]。"

　　始参微时,与萧何善,及为宰相,有隙[21]。至何且死,所推贤唯参[22]。参代何为相国,举事无所变更,壹遵何之约束[23]。择郡国吏长大,讷于文辞,谨厚长者,即召除为丞相史[24]。吏言文刻深,欲务声名,辄斥去之[25]。……

　　参子窋为中大夫[26]。惠帝怪相国不治事,以为"岂少朕与[27]?"乃谓窋曰:"女归,试私从容问乃父[28]曰:'高帝新弃群臣,帝富于春秋,君为相国,日饮,无所请事,何以忧天下?'然无言吾告女也[29]。"窋既洗沐归,时间,自从其所谏参[30]。参怒而笞之二百[31],曰:"趣入侍[32],天下事非乃所当言也!"至朝时，帝让参[33]曰："与窋胡治乎？乃者我使谏君也[34]。"参免冠谢[35]曰："陛下自察圣武孰与高皇帝？"上曰："朕乃安敢望先帝[36]！"参曰："陛下观参孰与萧何贤？"上曰："君似不及也[37]。"参曰："陛下言之是也。且高皇帝与萧何定天下，法令既明具[38]，陛下垂拱[39]，参等守职，遵而勿失，不亦可乎？"惠帝曰："善。君休矣[40]！"

参为相国三年，薨，谥曰懿侯[41]。百姓歌之[42]曰："萧何为法，讲若画一[43]；曹参代之，守而勿失。载其清靖，民以宁一[44]。"

——《汉书·卷三十九》

◆注 释

1. 孝惠：即孝惠帝，刘邦之子，名盈，吕后所生，刘邦死后即位，公元前194年至前187年在位。
2. 汉初，承前制，尽封宗室子弟为王，诸王的封地即是一国，但诸王或年幼，或图安逸，并不都亲政治国，往往由朝廷派人充任诸王的国相，处理政务。除：颁布。法：法令，此句意为：颁布了侯爵充任诸王相国的法令。
3. 高祖六年，刘邦封庶长子刘肥为齐王，即下文所说的悼惠王，刘邦派曹参任齐王刘肥的国相。惠帝六年，刘肥去世，谥号悼惠王。
4. 富于春秋：指年轻，意为还可度过许多年。富：富有。春秋：年。
5. 问安集百姓的策略。安：安定。集：汇集。当时，久经战乱，人民流徙，故曹参务求使人民得以汇集居住，安定生活。集：亦可解为止，即定居，亦通。
6. 言人人殊：每人说的都不同。
7. 胶西：地名，秦汉之际置郡，治所在高密（今山东高密西南），辖境约当今山东胶河以西、高密以北地区。盖：姓。公：敬称。
8. 善：擅长。治：学习，研究。黄、老言：即道家学说，黄指黄帝，老即老子，二人为道家的始祖，黄老之术主张为政贵清静无为。
9. 厚币：很多钱，意为重金。
10. 推此类具言之：根据清静无为的主旨详细解释。
11. 避正堂：自己离开正室。舍：此为动词，意为让人居住。

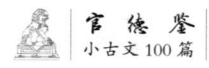

12. 治要：为政的宗旨。
13. 薨：见本书第168页《萧何惜才荐韩信》注1；薨：音 hōng，死。古代等级森严，地位不同，死的说法也不同，天子死称崩，诸侯死称薨，大夫死称卒，庶人死称死。
14. 舍人：家中仆人。趣：急忙，催促。治行：准备行装。
15. 且：将，将要。入相：入朝为相。
16. 居无何：过了不多久。
17. 属：通"嘱"。后相：继他为齐相者。
18. 狱市：狱指监狱，市指集市。寄：托付。
19. 此句意为：政务没有比这更重要的吗？
20. 不然：不对。夫：语助词，无义。并容：共同包容。安：何，怎么。吾是以先之：所以我以此为先。
21. 始参微时：起初曹参微贱的时候。善：友好。及为宰相：指萧何为宰相。有隙：有了隔阂。汉定天下，曹参战功卓著，身被七十余创，功冠群臣之首。而萧何无攻城略地之功，封赏每在曹参之上，是以曹参不满，二人有隙。
22. 萧何病时，惠帝亲临探问，问："君即百岁后，谁可代君？"对曰："知臣莫如主。"帝曰："曹参何如？"何顿首曰："帝得之矣，何死不恨矣！"
23. 这两句意为：曹参代萧何为相后，一切都遵照萧何所定的典章制度来办，没有一点更改。汉初，律令多为萧何所定。
24. 这几句意为：选择各地年长而不善言辞，但堪称谨慎宽厚长者的官吏，召来任命为相国的属官。郡国：朝廷直辖的政区，即地方行政区域。讷：口齿不伶俐。史：赞治的佐官之通称。
25. 言文刻深：说话或写文章刻薄。务：求。辄：通辄，总，都。斥去之：驱逐赶走他。
26. 参子窋为中大夫：曹参的儿子曹窋任中大夫。窋：音 zhú，其子之名。中大夫：官职名。
27. 怪：责怪。不治事：不勤于政务，此前，曹参不仅"举事无所变更，一遵何之约束"，且有饮酒多，治事少之失。少：音 shǎo，轻视。
28. 女：汝。乃：你。私：私下。从容：语气和缓意。
29. 高帝新弃群臣：高帝刚刚离开群臣，这是高帝新死的婉转说法，高帝即指刘邦，弃意为离弃。何以忧天下：怎样忧虑天下。然：不过，但是。无言：

不要说。
30. 洗沐归：古代官员有假日，供官员回家休息、洗沐。间：空隙。时间：意为找个没事的时候。自从其所：颜师古训曰：犹言自出其意也。
31. 笞：音 chī，鞭打、杖击。
32. 趣入侍：快入宫侍奉皇上。
33. 让：责怪。
34. 胡：为什么。治：打、击。乃者：这件事。
35. 免冠：取下帽子，这是一种表示诚恳认错的礼节。谢：道歉。
36. 陛下自察圣武孰与高皇帝：陛下自己认为您与高皇帝相比谁圣哲勇武。圣：圣明。武：威武。孰与：古汉语中表示相互比较的专用词语。安：怎，怎么。望：企及。
37. 观参孰与萧何贤：看我曹参与萧何相比，谁更有才干。似：似乎，好像。不及：不如，赶不上。
38. 明具：明确，具备。
39. 垂拱：垂衣拱手，形容太平无事，可无为而治。又可解为：不需辛劳，垂衣拱手而得天下。
40. 君休矣：你休息去吧。
41. 谥：音 shì，古代在人死以后按其生前事迹及特点评定褒贬给予的称号。懿：音 yì。
42. 歌：歌谣，用歌谣的形式称赞。
43. 为：制定，实行。讲若画一：颜师古训曰："讲，和也，画一：言整齐也。"此言萧何制定的法令，都很公平妥当。
44. 载：颜师古曰："载犹乘也"清靖：清静安定。以：介词，以此。宁一：安宁统一。这两句大意为：萧曹理政，具有使人民得以清静安定的主旨，人民赖以安居。

◇赏 析

曹参继萧何为相后，自知其才不如萧何，故执政一如萧何，而不妄加更改，"守而勿失"，而"民歌之"，这正是曹参为相的可取之处。

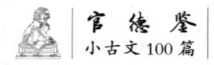

　　曹参守前任良政的态度，确实值得后人学习。有人为官上任之后，就把前任所实行的策略全部推翻，一概否定。如前任所行多有所失，确非良政，予以更改，自然不可非议；若前任所行本是善政，而妄加否定，必为公论所指责。若以为否定前任之成规，行己之新令，可建树自己的威望，亦不尽然，前任之政当非而非之，威望可树，若不当非而非之，必失民心，更谈不上树立威望了。故曹参奉行前政，是值得称道的。

　　当然，他日饮酒而不治事应予以否定。

第十二章 谦恭

89 陈平与周勃让相

太尉勃亲以兵诛吕氏[1],功多;平欲让勃位,乃谢病[2]。文帝初立,怪平病[3],问之。平曰:"高帝时,勃功不如臣;及诛诸吕,臣功亦不如勃。愿以相让勃。"于是乃以太尉勃为右丞相,位第一;平徙为左丞相,位第二。赐平金千斤,益封三千户[4]。

居顷之,上益明习国家事[5],朝而问[6]右丞相勃曰:"天下一岁决狱几何?"勃谢不知[7]。问:"天下钱谷一岁出入几何?"勃又谢不知。汗出洽背[8],愧不能对。上亦问左丞相平[9]。平曰:"各有主者[10]。"上曰:"主者为谁乎?"平曰:"陛下即问决狱,责廷尉;问钱谷,责治粟内史[11]。"上曰:"苟[12]各有主者,而君所主何事也?"平谢曰:"主臣[13]!陛下不知其驽下,使待罪宰相[14]。宰相者,上佐天子理阴阳,顺四时,下遂万物之宜[15],外填抚四夷诸侯,内亲附百姓[16],使卿大夫各得任其职也。"上称善。勃大惭,出而让平曰:"君独不素教我乎[17]!"平笑曰:"君居其位,独不知其任邪[18]?且陛下即问长安盗贼数,又欲强对邪?"于是绛侯自知其能弗如平远矣[19]。居顷之,勃谢免相,而平颛为丞相[20]。

——《汉书·卷四十》

◆ 注 释

1. 勃:即周勃,沛人,从刘邦起兵,曾封为武威侯,后改封绛侯。曾击陈豨,定代地,破燕王,诛诸吕,官至太尉,右丞相。当初,刘邦病时,吕后问萧相国死后,谁可为相,语及周勃,刘邦以为周勃"厚重少文,然安刘氏者必勃也。"故任以太尉之职。早在刘邦取得天下之后，刘邦即与群臣相约：非刘氏不王，非刘氏而王者，天下共诛之。刘邦死后，吕后竟封其族吕产、吕禄等为王，诸吕专权，企图夺取刘氏天下。吕后死，周勃与陈平定计，入北军号召将士拥护刘氏，进而率军诛杀吕产、吕禄等人，乃迎立文帝。

2. 平：即陈平，阳武户牖乡（今河南原阳）人。少贫，初事魏王咎，后从项羽，皆不能用，乃归汉，多次为刘邦设奇谋异策，封曲逆侯。惠帝六年，相国曹参薨，安国侯王陵为右丞相，陈平为左丞相，后为右丞相。诛诸吕，立文帝，皆陈平所谋。谢病：以病为理由辞职。

3. 怪平病：对陈平的病感到奇怪。

4. 益封：加封。

5. 居顷之：过了不久。上益明习国家事：皇帝更加清楚、习惯了国事的处理。

6. 朝而问：临朝而问。

7. 一岁决狱几何：一年审理案件多少。谢：道歉，勃谢不知：周勃因不知道而道歉。

8. 洽背：沾湿了后背，洽：音 qià，沾湿。

9. 亦：又。平：陈平。

10. 主者：专管的人，负责的人。言决狱和钱谷都有人专管。

11. 即：如、若。责：责成。廷尉：官名，掌刑狱、司法。治粟内史：官名，掌租税钱谷盐铁和国家的财政收支，后改名大司农。廷尉、治粟内史，都属九卿。

12. 苟：如果，既然。

13. 主臣：此两字甚为费解，历代训诂学者都对此二字有所解释，然又颇有异同，颜师古等人皆以为是惶恐之词，抑或有不妥，按下文之意分析，"主臣"即是主我自己，因为"我"身为丞相，丞相有丞相的职责，"我要"尽丞相职责，故曰："主臣"即是主我丞相的职责。

14. 其：我。驽：劣马，此自喻为才能低劣。"使"后省"之"字，指我，待罪宰相：谦虚的说法，意为：身任宰相，恐不符皇帝旨意而得罪。

15. 理阴阳：古人以为万物皆由阴阳协调而成，阴阳协调则四时顺，万物宁，诸事理，天下之灾异为阴阳不顺所致，而政事缺失可导致阴阳不调。此处言理阴阳意为合情顺理地处理朝政事务，以使阴阳协调，国泰民安。遂：申。宜：适宜，得体。

16. 填：通"镇"，填抚即镇抚。四夷：四方外族，指四方邻国。亲附：亲之而使之附也。附：依附，归附，指百姓情愿归依朝廷。
17. 独：语气词，表示反问语气，有"竟然"意。素：平时，平常。教我：教给我。
18. 独不知其任邪：难道不知道宰相的责任吗？且陛下即问长安盗贼数，又欲强对邪？意为：再说，如果皇上要问长安城有多少窃贼，也要直接回答吗？强对：勉强回答，正面回答。
19. 绛侯：即指周勃，周勃被封为绛侯。弗如平：不如陈平。远：言其差距之大。
20. 周勃故意以病为借口辞去相位，只有陈平一人为相。此前，汉设左右二丞相，周勃谢免，只剩陈平一相，故曰"专为丞相"。

◇赏 析

　　陈平以功让相于周勃，周勃以才让相于陈平，一人让于前，一人让于后，一人重功，一人重才，二人相互谦让，足以说明二人并有谦让美德。

　　有人无功无劳，无德无才，一旦居要职，往往贪婪权势，知其不称职而不让，阻贤者路，而陈平让功，周勃让才，相比之下，确为难能可贵，值得称道。

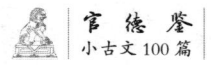

90 袁甫不欲高官

淮南袁甫,字公胄,亦好学,与谭齐名,以词辩称[1]。尝诣中领军何勖,自言能为剧县[2]。勖曰:"唯欲宰县,不为台阁职,何也[3]?"甫曰:"人各有能有不能。譬缯中之好莫过锦,锦不可以为帢[4];谷中之美莫过稻,稻不可以为齑[5]。是以圣王使人,必先以器,苟非周材,何能悉长[6]!黄霸驰名于州郡,而息誉于京邑[7]。廷尉之材,不为三公,自昔然也[8]。"勖善之,除松滋令[9]。

——《晋书·卷五十二》

◆注 释

1. 淮南:地名,即今淮河以南,巢湖、肥西以北,塘河以东,凤阳、滁县以西地区,汉魏时期或为国,或为郡,治所在寿春(今寿县)。谭即华谭,字令思,广陵人,为人好学多才,此文选于《晋书·卷五十二》,《华谭传》在前,《袁甫传》在后,故曰"亦好学,与谭齐名。以词辩称:善于言词、辩论,以此有名"。
2. 中领军:官名,怀帝永嘉中,改中军为中领军,任此职者多为亲信大臣,握有统率军队的实权,当时,何勖任此职。为:治理。剧县:难以治理的大县。
3. 宰:主宰,管辖。台阁:东汉以尚书辅佐皇帝,直接处理政务,因尚书台在宫廷建筑之内,故称台阁。此指朝官,即指国家各机构的长官。
4. 譬:譬如。缯:丝织品的总称。锦:有花纹或图案,色彩艳丽的丝织品。为:作也。帢:音 qià,帽子。
5. 齑:音 jī,此指面粉。
6. 器:器量,器度。苟:如果。周材:全材。悉长:各方面都是其所擅长。
7. 黄霸:字次公,西汉阳夏人,曾任扬州刺史,颍川太守,京兆尹,治州郡政绩卓然,后征为太子太傅,迁御史大夫,丞相,而声名大减。

8. 廷尉：汉代九卿之一，掌管司法刑狱。三公：即司空、司徒、太尉。此三句意为：适合担任廷尉的人才，不宜为三公，这是自古至今皆然的。
9. 善之：以之为善，善：对，正确。除：免去旧官职，任命新官职。松滋：县名，在湖北省南部，长江南岸。令：县令，一县之长。

◇赏 析

　　廉洁不仅指为官清白，不贪财利，也指为人正直，不追求官职和地位，不贪权势。袁甫不欲台阁之职，而愿为县令，这也是廉洁的体现，同时也是他的谦德的体现。他的廉德与谦德是与他的识才相互联系的，他深知，人各有所长，亦各有所短，若非其才而居其位，必致误政害民，亦害自己。自知非台阁才，故不欲为台阁职，这与那种不顾廉耻，无其才而贪其位者相比，其廉德、谦德显得更加高尚、可贵。

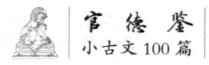

91 文德皇后有贤德

　　太宗文德顺圣皇后长孙氏，长安人，隋右骁卫将军晟之女也[1]。晟妻，隋扬州刺史高敬德女，生后。少好读书，造次必循礼则[2]。年十三，嫔于太宗[3]。……

　　太宗即位，立为皇后。赠后父晟司空、齐献公[4]。后性尤俭约，凡所服御，取给而已[5]。太宗弥加礼待，常与后论及赏罚之事，对曰："牝鸡之晨，惟家之索[6]。妾以妇人，岂敢豫闻政事？"太宗固与之言，竟不之答。时后兄无忌夙与太宗为布衣之交，又以佐命元勋，委以腹心，出入卧内，将任之朝政[7]。后固言不可，每乘间奏曰："妾既托身紫宫，尊贵已极，实不愿兄弟子侄布列朝廷。汉之吕、霍可为切骨之诫，特愿圣朝勿以妾兄为宰执[8]。"太宗不听，竟用无忌为左武侯大将军、吏部尚书、右仆射[9]。后又密遣无忌苦求逊职，太宗不获已而许焉，改授开府仪同三司，后意乃怿[10]。……

　　后所生长乐公主，太宗特所钟爱，及将出降，敕所司资送倍于长公主[11]。魏徵谏曰："昔汉明帝时[12]，将封皇子，帝曰：'朕子安得同于先帝子乎！'然谓长主者，良以尊于公主也，情虽有差，义无等别[13]。若令公主之礼有过长主，理恐不可，愿陛下思之。"太宗以其言退而告后，后叹曰："尝闻陛下重魏徵，殊未知其故。今闻其谏，实乃能以义制主[14]之情，可谓正直社稷之臣矣。妾与陛下结发为夫妇，曲蒙礼待[15]，情义深重，每言必候颜色，尚不敢轻犯威严，况在臣下，情疏礼隔[16]，故韩非为之说难，东方称其不易，良有以也[17]。忠言逆于耳而利于行，有国有家者急务，纳之则俗宁，杜之则政乱，诚愿陛下详之，则天下幸甚[18]。"后因请遣中使赍帛五百匹，诣征宅以赐之[19]。太子承乾乳母遂安夫人常白后曰："东宫器用阙少，欲有奏请[20]。"后不听，曰："为太子，所患德不立而名不扬，何忧少于器物也！"

八年，从幸九成宫，染疾危惙[21]，太子承乾入侍，密启后曰："医药备尽，尊体不瘳，请奏赦囚徒，并度人入道，冀蒙福助[22]。"后曰："死生有命，非人力所加。若修福可延，吾素非为恶；若行善无效，何福可求？赦者，国之大事；佛道者，示存异方之教耳[23]，非惟政体靡弊，又是上所不为[24]，岂以吾一妇人而乱天下法？"承乾不敢奏，以告左仆射房玄龄，玄龄以闻，太宗及侍臣莫不嘘唏[25]。朝臣咸请肆赦，太宗从之；后闻之，固争，乃止。将大渐[26]，与太宗辞诀，时玄龄以谴归第[27]，后固言："玄龄事陛下最久，小心谨慎，奇谋秘计，皆所预闻，竟无一言漏泄，非有大故[28]，愿勿弃之。又妾之本宗，幸缘姻戚，既非德举，易履危机，其保全永久，慎勿处之权要，但以外戚奉朝请，则为幸矣[29]。妾生既无益于时，今死不可厚费。且葬者藏也，欲人之不见。自古圣贤，皆崇俭薄，惟无道之世，大起山陵[30]，劳费天下，为有识者笑。但请因山而葬，不须起坟，无用棺椁，所须器服，皆以木瓦[31]，俭薄送终，则是不忘妾也。"十年六月己卯，崩于立政殿，时年三十六。其年十一月庚寅，葬于昭陵[32]。

——《旧唐书·卷五十一》

◆注　释

1. 长孙皇后之父长孙晟，仕隋，官至右骁卫将军。
2. 造次：意即举止。循：遵循。礼则：礼节，规矩。

3. 嫔：聘，嫁，时隋未灭，李唐未建立，李世民不过是隋朝一官宦子弟，然史官不敢称其名，故用其后来的帝号称之。

4. 时长孙晟已逝，司空、齐献公乃是给他的赠官，古代为尊崇某人，其死后还赠以官爵，称赠官。

5. 凡所服御，取给而已：意为凡是所穿戴和使用的东西，只是满足需要罢了。

6. 牝鸡之晨，惟家之索：语出《书·牧誓》，意为：如果母鸡在早晨鸣叫报晓，这个家庭就完了，索：尽，完了。

7. 长孙无忌（参阅本书第51页《唐太宗封功臣》注4）与李世民未为君臣之前即有旧交，故称为布衣之交。公元626年，他与李世民、房玄龄、杜如晦决策发动了玄武门之变，帮助李世民取得帝位，故称佐命元勋。

8. 乘间：找机会。汉之吕、霍：汉代吕后引用其弟侄，又封诸吕为王，吕氏权势甚盛，吕后死，诸吕谋代刘氏，周勃与陈平灭之。霍氏亦是外戚，霍光秉政二十年，亲戚子弟布列朝廷，霍氏贵盛至极，霍光死后，其子霍禹及诸霍谋逆，汉宣帝腰斩霍禹，其母弃市，株连甚多。吕、霍均以外戚贵盛而亡，故长孙皇后引以为戒，欲抑其兄。宰执：宰相。

9. 左武侯大将军：唐初十二卫统兵官之一，领府兵，皇帝出入时在前后护卫，巡察道路，正三品。吏部尚书：掌全国官吏的任免、升降。右仆射：尚书省副长官。

10. 开府仪同三司：高级散官，用以优待告老的重臣，这是无忌辞去重权，只有散官官衔。怿：音 yì，悦。

11. 长乐公主：下嫁长孙冲。出降：出嫁、下嫁。长公主：先帝之女，即皇帝的姐或妹。敕所司资送倍于长公主：命令主管部门给长乐公主的嫁妆比长公主多一倍。

12. 汉明帝：即刘庄，东汉第二帝，公元58年至76年在位。

13. 长主：即长公主。良：确实，实在。情虽有差，义无等别：义指道理。等别即区别。

14. 以义制主：用大义要求君主。

15. 曲蒙：特别得到，曲指不一般，蒙：得到，承受。

16. 情疏礼隔：情谊疏远，又为礼节所隔。

17. 韩非：战国时思想家，出身韩国贵族，与李斯同师荀卿，著有《说难》，阐述游说，劝谏君王之艰难。东方：即指东方朔，西汉文学家，平原厌次（今山东惠民）人，字曼倩，武帝时，为太中大夫，以诙谐滑稽著称。良：确实。以：原因、根据。

18. 有国有家者急务：意为治国治家者要特别注重听纳忠言。急：重也。务，致力，从事。纳：听取。杜：拒绝。之：指忠言。详：审慎。
19. 中使：宫中派出的使者，多由宦官充任。赍：音 jī，把东西送人。诣：到，去见。
20. 太子承乾乃长孙皇后所生。常：通尝，曾经。白：告知。东宫即太子宫。阙：同"缺"。奏请：奏明并求取器用。
21. 八年：即贞观八年，公元 634 年。从幸九成宫：随太宗驾临九成宫，九成宫乃皇帝避暑之处。染疾危惙：得疾甚危令人担忧。惙：音 chuò，忧。
22. 启：告诉，提议。瘳：音 chóu，病愈。度：使人离俗出家。冀蒙福助：希望得到上天赐福。
23. 此句意为：允许信佛道，不过是表示异方的宗教可以存在罢了。
24. 非惟政体靡弊：不只会败坏政体。靡弊：败坏。又是上所不为：也是皇上所不愿做的。
25. 房玄龄：参阅本书第 50 页《唐太宗封功臣》。闻：奏明皇帝。歔欷：音 xū xī，小声哭泣。
26. 渐：加剧，大渐：病情非常严重。
27. 辞诀：诀别。以谴归第：因受到太宗的指责回家家居。
28. 大故：大的原因。指大的罪过。
29. 本宗：指其长孙氏家族。既非德举，易履危机：既然不是因德行而擢于高位，就容易碰到危机。举：选拔，履：践，此指遇到。奉朝请：古代诸侯春季朝见天子曰朝，秋季朝见天子曰请，汉代对退职大臣、将军及皇室、外戚多给以奉朝请名义，使得参加朝会，此指一般的朝会。
30. 山陵：指帝王陵墓，高大似山，故称。
31. 皆以木瓦：指随葬品不用金玉而从俭。
32. 十年：即贞观十年，公元 636 年，己卯即己卯日，古代日期亦用干支记，庚寅即庚寅日。昭陵：太宗陵墓，在陕西礼泉县东北，长孙皇后崩于太宗前，故先葬于昭陵。

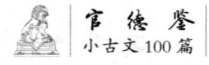

◇赏 析

长孙皇后乃是历史上著名贤后,德才兼备,可称者有四:一曰廉。廉不仅指不贪财物,也包括不贪权势。长孙皇后屡次阻止其兄身任要职,抑其本宗,这与前之吕后,后之武后相比,其廉德显得更高。吕、武二后皆引用本宗,处之权要,故二后之德行远逊于长孙皇后。二曰俭。身为皇后,其所服用,取给而已,又临终约以薄殓俭葬,足见其俭德之高。三曰贤明。褒扬魏征之谏,助太宗奖直臣,确为贤明之举。四曰谦。太宗与谈政事,竟曰"妾以妇人,岂敢豫闻政事",太宗固与之言,竟不置答。其兄长孙无忌乃是太宗布衣之交,又是佐命元勋,本当身居要职,但长孙皇后却一再反对其兄身居要职,临终与太宗辞诀,又言:"妾生既无益于时,今死不可厚费",要求"所须器服,皆以瓦木",这些都说明,长孙皇后虽然地位尊贵已极,但她始终心怀谦虚,不以皇后自居,不以地位凌人,其谦德可谓高矣。

92 岑文本忧惧升官[1]

文本自以出自书生，每怀撝挹[2]。平生故人，虽微贱必与之抗礼[3]。居处卑陋，室无茵褥帷帐之饰[4]。事母以孝闻，抚弟侄恩义甚笃[5]。太宗每言其"弘厚忠谨[6]，吾亲之信之。"是时，新立晋王为皇太子[7]，名士多兼领宫官，太宗欲令文本兼摄[8]。文本再拜曰："臣以庸才，久逾涯分，守此一职，犹惧满盈[9]，岂宜更忝春坊，以速时谤[10]。臣请一心以事陛下，不愿更希东宫恩泽。"太宗乃止。仍令五日一参东宫，皇太子执宾友之礼，与之答拜。其见待如此。俄拜中书令[11]，归家有忧色，其母怪而问之，文本曰："非勋非旧，滥荷宠荣[12]，责重位高，所以忧惧。"亲宾有来庆贺，辄曰："今受吊[13]，不受贺也。"又有劝其营产业[14]者，文本叹曰："南方一布衣，徒步入关，畴昔之望，不过秘书郎、一县令耳[15]。而无汗马之劳，徒以文墨致位中书令，斯亦极矣[16]。荷俸禄之重，为惧已多，何得更言产业乎？"言者叹息而退。

——《旧唐书·卷七十》

◆ 注 释

1. 岑文本：字景仁，南阳棘阳（今河南南阳南）人，他文才出众，下笔成文，辞采甚美，为人谦恭廉洁，不贪权势。
2. 每：常常。撝挹：谦让、谦逊。撝：音 huī，谦逊。挹：通"抑"。
3. 抗礼：施以同等礼节，意为对微贱者也能以礼相待，而无凌微辱贱之态。
4. 居处卑陋：所住的房子低矮简陋。茵：音 yīn：垫子、褥子之类。帷帐：帷幄、帐幕。
5. 笃：情重义深。

6. 弘厚忠谨：宽宏、厚道、忠贞、谨慎。
7. 晋王：即李治，太宗第九子，长孙皇后所生，贞观二年生，五年封为晋王，十七年立为皇太子，二十三年，太宗崩，即位，是为高宗。
8. 兼领宫官：兼任东宫官员，太子所居之宫曰东宫，东宫设许多太子属官以辅佐太子，身任太子属官，太子即位后可得恩宠，故太宗欲让岑文本兼任，兼摄即兼领、兼任。
9. 久逾涯分：早已超过了自己的本分。守此一职：指中书侍郎。满盈：指地位太高，权势太重，古人认为满盈将招致灾祸，故岑文本惧之。
10. 忝：谦辞，多表示无其才而居其职。春坊：此代指东宫，东宫设有左春坊、右春坊机构。以速时谤：以加速时人的攻击。
11. 俄：不久。拜：任命。中书令：中书省最高长官，唐代非有特殊资望者不授此官，而中书省副长官中书侍郎即为宰相。
12. 滥：过分、过度。荷：承受。
13. 吊：慰问。
14. 营产业：指买房购地。
15. 南方一布衣：谓自己本是南方一平民，文本家南阳棘阳，位在南，布衣即平民。徒步入关：步行进入潼关，到京城长安，从南阳到长安，须过潼关。畴昔：以前，往昔。秘书郎：官名，属秘书省，掌管图书收藏及抄写事务。
16. 汗马之劳：指马上征战、军功，唐初，武将征战，乃定天下，之后，功臣多居要职，而岑文本并无军功，故常怀谦退，而以文才致位中书令，确实是地位至高至重了，故曰斯亦极矣。徒：只，仅。斯：此也。极：极点，顶峰。

◇赏 析

为官者多欲升级晋职，而不虑能否胜其任。显然，居其官必谋其政，在其位必尽其职，职升位进，责必加重，若不胜其职，必将害政误民，兼以害己，故须忧惧。若无忧惧，则易疏忽大意；而忧惧在心，方能小心谨慎，大意可铸大错，小心可防细失。故岑文本升官忧惧，确实是有道理的，同时也体现了他的识才和谦恭之德。

93 富弼使辽辞官[1]

会契丹屯兵境上，遣其臣萧英、刘六符来求关南地[2]。朝廷择报聘者，皆以其情叵测，莫敢行，夷简因是荐弼[3]。欧阳修引颜真卿使李希烈事，请留之，不报[4]。弼即入对，叩头曰："主忧臣辱，臣不敢爱其死。"帝为动色，先以为接伴[5]。英等入境，中使迎劳之，英托疾不拜[6]。弼曰："昔使北，病卧车中，闻命辄起[7]。今中使至而君不拜，何也？"英矍然起拜[8]。弼开怀与语，英感悦，亦不复隐其情，遂密以其主所欲得者告曰："可从，从之；不然，以一事塞之足矣[9]。"弼具以闻[10]。帝唯许增岁币，仍以宗室女嫁其子[11]。

进弼枢密直学士，辞曰："国家有急，义不惮劳，奈何逆以官爵赂之[12]。"遂为使报聘。既至，六符来馆客[13]。弼见契丹主问故，契丹主曰："南朝违约，塞雁门，增塘水，治城隍，籍民兵[14]，将以何为？群臣请举兵而南，吾以谓不若遣使求地，求而不获，举兵未晚也。"弼曰："北朝忘章圣皇帝之大德乎？澶渊之役，苟从诸将言，北兵无得脱者[15]。且北朝与中国通好，则人主专其利，而臣下无获；若用兵，则利归臣下，而人主任其祸[16]。故劝用兵者，皆为身谋耳。"契丹主惊曰："何谓也？"弼曰："晋高祖欺天叛君，末帝昏乱，土宇狭小，上下离叛，故契丹全师独克，然壮士健马物故太半[17]。今中国提封万里，精兵百万，法令修明，上下一心，北朝欲用兵，能保其必胜乎？就使其胜，所亡士马，群臣当之欤，抑人主当之欤？若通好不绝，岁币尽归人主，群臣何利焉[18]?"契丹主大悟,首肯者久之[19]。弼又曰:"塞雁门者,以备元昊也[20]。塘水始于何承矩,事在通好前[21]。城隍皆修旧,民兵亦补阙,非违约也[22]。"契丹主曰:"微卿言,吾不知其详[23]。然所欲得者,祖宗故地耳。"弼曰:"晋以卢龙赂契丹[24],周世宗复取关南,皆异代事。若各求地,岂北朝之利哉?"

既退,六符曰:"吾主耻受金帛,坚欲十县,何如?"弼曰:"本朝皇帝言,朕为祖宗守国,岂敢妄以土地与人。北朝所欲,不过租赋尔。朕不忍多杀两朝赤子,故屈己增币以代之。若必欲得地,是志在败盟,假此为词耳[25]。澶渊之盟,天地鬼神实临之。今北朝首发兵端,过不在我。天地鬼神,其可欺乎!"明日,契丹主召弼同猎,引弼马自近[26],又言得地则欢好可久。弼反复陈必不可状,且言:"北朝既以得地为荣,南朝必以失地为辱。兄弟之国,岂可使一荣一辱哉?"猎罢,六符曰:"吾主闻公荣辱之言,意甚感悟。今惟有结昏可议耳[27]。"弼曰:"婚姻易生嫌隙。本朝长公主出降,赍送不过十万缗[28],岂若岁币无穷之利哉?"契丹主谕弼使归,曰:"俟卿再至,当择一受之,卿其遂以誓书来[29]。"

弼归复命,复持二议及受口传之词于政府以往。行次乐寿[30],谓副使张茂实曰:"吾为使者而不见国书,脱书词与口传异,吾事败矣[31]。"启视果不同,即驰还都,以晡时入见,易书而行[32]。及至,契丹不复求婚,专欲增币,曰:"南朝遗我之辞当曰'献',否则曰'纳'[33]。"弼争之,契丹主曰:"南朝既惧我矣,于二字何有[34]?若我拥兵而南,得无悔乎!"弼曰:"本朝兼爱南北,故不惮更成[35],何名为惧?或不得已至于用兵,则当以曲直为胜负[36],非使臣之所知也。"契丹主曰:"卿勿固执,古亦有之。"弼曰:"自古唯唐高祖借兵于突厥,当时赠遗,或称献纳[37]。其后颉利为太宗所擒，岂复有此礼哉³⁸！"弼声色俱厉，契丹知不可夺，乃曰："吾当自遣人议之。"复使刘六符来。弼归奏曰："臣以死拒之，彼气折矣³⁹，可勿许也。"朝廷竟以"纳"字与之。始受命，闻一女卒；再命，闻一子生，皆不顾⁴⁰。又除枢密直学士，迁翰林学士，皆恳辞，曰："增岁币非臣本志，特以方讨元昊，未暇与角，故不敢以死争，其敢受乎⁴¹！"

三年，拜枢密副使，辞之愈力，改授资政殿学士兼侍读学士⁴²。七月，复拜枢密副使。弼言："契丹既结好，议者便谓无事，万一败盟，臣死且有罪。愿陛下思其轻侮之耻，坐薪尝胆，不忘修政⁴³。"以诰纳上前而罢⁴⁴。逾月，复申前命，使宰相谕之曰："此朝廷特用，非以使辽故也。"弼乃受。帝锐以太平责成宰辅，数下诏督弼与范仲淹等⁴⁵，又开天章阁，给笔札，使书其所欲为者；且命仲淹主西事，弼主北事⁴⁶。

——《宋史·卷三百一十三》

◆ 注 释

1. 富弼：字彦国，河南洛阳人，后官至宰相，封郑国公。
2. 契丹：指北宋北面的辽国。境：指边境，时为仁宗庆历二年（1042年）。关南：指今河北白洋淀以东的大清河流域以南至任丘、间一带，因在瓦桥、益津、淤口三关以南，故称关南地。石敬瑭把燕云十六州送给契丹，就包括关南地，后周世宗于显德六年（公元959年）率兵亲征，从契丹收复关南地，宋承周，有其地，至此，契丹又欲求之。
3. 报聘：回报契丹。叵测：不可推测。夷简：即吕夷简，字坦夫，寿州（治今安徽寿县）人，相仁宗，官至司徒、太尉，封申国公，徙许国公。
4. 欧阳修：字永叔，庐陵人，官至枢密副使、参知政事，文学、史学成就甚高。颜真卿：字清臣，唐代京兆万年（今西安）人，官至吏部尚书、太子太师，封鲁国公，德宗时，李希烈叛乱，他被派往劝谕，为李希烈缢死，他书法成就甚高，创颜体，与柳公权齐名。

5. 接伴：负责接待陪伴外国使者的官员。
6. 中使：皇帝从宫中派出的使者。托疾不拜：以有病为托词，不行相见礼。
7. 此前，富弼曾奉使契丹。辄：即、就。
8. 矍然：惊慌貌。
9. 塞：搪塞、应付。
10. 具：详细。以闻：把此事奏明皇帝。
11. 仍：此处意为"及"。宗室：皇族。
12. 枢密直学士：官名。逆：迎，先。赂：此意为送、给。
13. 馆客：在宾馆陪伴外来使者。
14. 塞：堵塞。雁门：关名。增塘水：增加水塘贮量。治：修，开。城隍：护城河。籍：统计在册，意为组织。
15. 章圣皇帝：即宋真宗。澶渊之役：公元1004年，辽军侵宋，寇准力主真宗亲征，在澶州（今河南濮阳）大败辽军，双方议和。苟：若。脱：逃脱。
16. 专：独自占有。任：受。
17. 晋高祖即石敬瑭，初仕后唐为河东节度使，镇守太原，后借契丹力量灭后唐，受契丹册封为帝，都汴（今河南开封），国号晋，割燕云十六州给契丹，年献帛三十万匹，并称契丹王为"父皇帝"，自称"儿皇帝"，后传位于末帝（即出帝石重贵），公元946年，契丹兴兵，攻入汴，灭后晋。物故太半：意损失大半。
18. 所亡士马：战争所损失的军士战马。当：承受。欤：语助词，表疑问语气。抑：用于选择关系复句中，表示选择，意为"还是"。
19. 首肯：点头表示同意。久之：时间很长。
20. 元昊：西夏首领，常挠宋西部边境。
21. 何承矩：字正则，河南人，曾任制置河北缘边屯田使，导易水，资其陂泽，筑堤贮水为屯田。
22. 阙：通"缺"。
23. 微：如果没有。详：实情。
24. 卢龙：在今河北东北部。赂：送。
25. 志：目的。败盟：违背、破坏盟约。假：借。
26. 引弼马自近：拉富弼的马靠近自己。
27. 昏：同"婚"。

28. 长公主：皇帝的姐妹为长公主，皇帝女儿为公主。赍（jī）送：陪嫁的财物，长公主的陪嫁往往多于公主。缗：音 mín，钱的单位。
29. 谕：告诉。俟：音 sì，等。誓书：即国书。
30. 乐寿：地名。
31. 脱：如果，若。败：不成功，办不成。
32. 晡（bū）时，即申时，黄昏时。易：换。
33. 遗：音 wèi，送。献、纳：皆有下送上意，用献或纳都等于承认辽国国君地位高于宋国皇帝，故富弼力争。
34. 于二字何有：用两个字有什么？
35. 不惮：不怕。更成：反复求成。
36. 以曲直为胜负：意为正义则胜，非正义则败。
37. 唐高祖：李渊。突厥：古族名，在西北。
38. 颉利：东突厥可汗，屡次干扰唐境，贞观四年（公元 630 年）被唐将俘送长安。
39. 彼气折矣：契丹的气势被挫败了。
40. 始受命：第一次接受使命。再：第二次。
41. 特：仅，只。未暇与角：没时间与契丹争执。
42. 枢密副使：枢密院副长官。辞之愈力：推辞枢密副使更坚决，力：尽力，坚决。资政殿学士、侍读学士：皆官名。
43. 坐薪尝胆：即卧薪尝胆，春秋时，越国被吴国打败，越王为激励自己不忘国耻，睡于柴草之上，悬胆而尝之，意刻苦自励以图恢复。
44. 诰：诰命，即任富弼为枢密副使的任命书。纳上前：交到皇帝面前。
45. 责成：要求其成。宰辅：宰相，辅臣。范仲淹：字希文，吴县（今属江苏）人，官至参知政事，曾经略陕西，有功于西部边防。
46. 天章阁：北宋宫中藏书阁名，在龙图阁之北，置待制、直学士、学士等官。主：专管、负责。西事：与西夏之间事务。北事：与辽事务。

◇赏 析

关南乃是石敬瑭赂契丹之地，后周世宗复取于契丹，宋承周，有其地。契丹兴兵，又欲求索关南，富弼使辽，拒其十县之求，

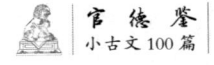

抗其献纳之欲。他知识渊博，才气非凡，旁征博引，思维敏捷，言辞犀利，口才出众，善于答对，理深意明，句句在理，头头是道。故能力挫其气，不负使命，若无超常口才，必然是难胜其任。

富弼奉使辽国之初，朝廷即赐以枢密直学士，不受，出使回来，又赐以官职，复恳辞，可见其谦德甚高。

第十二章 谦恭

94 刘基辞相

刘基，字伯温，青田人¹。……西蜀赵天泽论江左人物，首称基，以为诸葛孔明俦也²。……

初，太祖以事责丞相李善长³，基言："善长勋旧，能调和诸将。"太祖曰："是数欲害君，君乃为之地耶？吾行相君矣⁴。"基顿首曰："是如易柱，须得大木。若束小木为之，且立覆。"及善长罢，帝欲相杨宪⁵。宪素善基，基力言不可，曰："宪有相才无相器。夫宰相者，持心如水，以义理为权衡，而己无与者也⁶，宪则不然。"帝问汪广洋⁷，曰："此褊浅殆甚于宪⁸。"又问胡惟庸，曰："譬之驾，惧其偾辕也⁹。"帝曰："吾之相，诚无逾先生。"基曰："臣疾恶太甚，又不耐繁剧，为之且孤上恩¹⁰。天下何患无才，惟明主悉心求之，目前诸人诚未见其可也。"后宪、广洋、惟庸皆败。三年授弘文馆学士。十一月大封功臣，授基开国翊运守正文臣、资善大夫、上护军¹¹，封诚意伯，禄二百四十石。明年赐归老于乡。

……

基虬髯，貌修伟，慷慨有大节，论天下安危，义形于色¹²。帝察其至诚，任以心膂¹³。每召基，辄屏人密语移时。基亦自谓不世遇，知无不言。遇急难，勇气奋发，计画立定¹⁴，人莫能测。暇则敷陈王道¹⁵。帝每恭己以听，常呼为老先生而不名，曰："吾子房也¹⁶。"又曰："数以孔子之言导予。"顾帷幄语秘莫能详¹⁷，而世所传为神奇，多阴阳风角之说，非其至也¹⁸。所

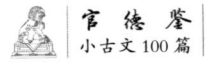

为文章，气昌而奇，与宋濂并为一代之宗[19]。

——《明史·卷一百二十八》

◆ 注 释

1. 青田：今属浙江。
2. 江左：即江东。俦：音chóu，同辈，等同。
3. 李善长：字百室，定远（今属安徽）人，朱元璋称帝后，拜李善长为左丞相，封韩国公，朱元璋曾比之萧何。
4. 是：此人，指李善长。地：余地，意为开脱。行：将。
5. 杨宪：太原阳曲（今山西太原）人，字希武，明初投奔朱元璋，因办事干练，为朱元璋所亲信，洪武元年（1368年）任中书参知政事，二年迁左丞，后因结怨太多，为李善长所劾，被杀。
6. 持心如水：谓秉持公平，像水一样清而平。以义理为权衡：处理事务以大义和公理为标准。而己无与：却像与自己无关一样，不掺杂任何私心和成见。
7. 汪广洋：字朝宗，高邮人，封忠勤伯，官至右丞相，然政无可称。
8. 褊（biǎn）浅：心底狭窄、浅薄。
9. 胡惟庸：濠州定远（今属安徽）人，洪武六年至十二年任丞相，专权树党，后以谋逆罪被杀。譬之驾：以驾车喻之。偾：音fèn，败，覆。
10. 繁剧：指繁重的政务。孤：通"辜"，负也。
11. 三年：即洪武三年。开国翊运守正文臣、资善大夫、上护军：皆官职名。
12. 虬髯：卷曲的胡子，特指颊须。修伟：高大。义形于色：谈及大义，多有激情，且往往表现于脸色。
13. 心膂：意同心腹。膂：音lǚ。
14. 计画：计划，画：通"划"。
15. 暇：音xiá，空闲。敷陈：讲述。王道：儒家崇尚的治国之道。
16. 子房：张良辅刘邦定天下，多有奇谋，此是朱元璋把刘基比为张良。
17. 顾：但是。帷幄语秘莫能详：二人密语密室之中，人不得而知。
18. 风角：本是根据风的观察以卜吉凶的一种形式，此指占卜，推算。非其至也：不是他的最大成就，此指阴阳风角而言。诚然，民间流传的刘伯温是一个善卜吉凶的神话人物，与其真实面貌甚有出入。

19. 气昌：气势宏大。宋濂：字景濂，浦江（今属浙江）人，官至学士承旨知制诰，深得太祖宠信，其文章简洁，有名当时。宗：指宗师。

◇赏 析

朱元璋欲以刘基为相，刘基以为自己不称其职，恐怕辜负皇帝，固辞，说明刘基身有谦德，且又廉洁，不贪权势，谦德与廉德并高。

刘基能够准确地识别杨宪、汪广洋、胡惟庸三人的才德，预见三人为政之将败，堪称有知人之鉴。若朱元璋能够听从刘基，不致用人之误，可免误国害政。此外，杨、汪、胡三人之败，还说明了一个深刻道理，即人之才德与所居职位要统一，要相称，有其才器，可居其位，无其才器，不可贪图权势，以免损政害己，为人所轻。

第十三章

诚 信

诚实守信是为人处世的一种操守，也是一种品德，同时也是为官从政所必备的政治品德之一。为官从政或从事企事业管理工作，必须对上级、同事或下属怀有必要的信任，而且要做到言必行，行必果，守成命，讲信用，言而有信，这都是具有信德的表现。

当前，信誉在商界得到了普遍重视，大多数的企业家都能认识到信誉在商务往来中的巨大作用，的确，信誉是工商企业得以兴旺发达的重要条件和保证，所以，从事工商管理工作的人员必须具备信德。

党政公务人员或企事业管理人员同样必须具备信德。守信是做好政务工作的保证，一个决定的形成，一项命令的发布，当然要经过深思熟虑，反复研究，一旦考虑成熟，做出决定，就应信守成命，不可轻易改变，以免失信于民。为官守信，则民不疑，一有政令，则民奉行照办，而无观望之意，政令可顺利贯彻实行。若为官不守信用，出尔反尔，朝令夕改，言而无信，必使政府失信于民，日后再有政令，民众就会左右观望，而不肯奉行。朝令夕改，妄改成命是一种极为恶劣的行为，必然要引起民众的不满，是公务和管理工作之大忌，不仅损政害民，而且必然要损及官员自身，使自己难以得到民众的信任。党政公务人员或企事业管理人员必须坚决杜绝这种现象，自觉地遵守信用，以便做好工作，取得成就。

信任他人，用人不疑是信德的另一方面的表现。为官就必然有一个用人的问题，用人就必须充分信任别人，做到用人不疑，疑人不用。用而信之，才能使之心悦诚服，而甘心为用，努力做好工作。若用而疑之，被用者一旦知其被疑，必然心怀怨恨，而不肯尽力，是因疑而误其政。故为官用人，应谨防捕风捉影，主观臆测，妄生疑虑，应对别人保持必要的信任。

当然，若发现用人不当，且有可靠的根据，就应该当机立断，予以撤换，而不可瞻前顾后，畏首畏尾，做到疑人不用，以免给工作造成损失。

为官从政必须懂得培养信德的重要性，身有信德不仅有利于为官理政，亦有益于自己为人立身。所以，官员不分大小，都应该注重信德的培养。

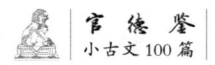

95 周成王桐叶封弟[1]

晋唐叔虞者[2]，周武王子而成王弟。初，武王与叔虞母会时，梦天谓武王曰："余命女生子，名虞，余与之唐[3]。"及生子，文在其手曰"虞"，故遂因命之曰虞[4]。武王崩，成王立，唐有乱，周公诛灭唐[5]。成王与叔虞戏，削桐叶为圭以与叔虞，曰："以此封若[6]。"史佚因请择日立叔虞。成王曰："吾与之戏耳。"史佚[7]曰："天子无戏言。言则史书之，礼成之，乐歌之[8]。"于是遂封叔虞于唐。唐在河、汾之东，方百里，故曰唐叔虞。姓姬氏，字子于[9]。

——《史记·卷三十九》

◆ 注 释

1. 周成王：姓姬名诵，周武王之子，武王驾崩，成王年幼继位，周公姬旦辅政。
2. 晋唐叔虞者：叔虞封于唐，故史称唐叔虞，唐叔虞死后，其子改国号为晋，故称。
3. 女：通"汝"。与之唐：把唐地给他，与：送给，给予，之：指叔虞，唐：指唐地。
4. 文：字。故：因此，所以。遂：就。命之曰虞：给他命名叫虞。
5. 武王死后，成王立，成王年幼，全靠周公辅政。周公是武王的弟弟，也就是成王的叔叔，姓姬名旦，他尽心尽力地辅佐成王，政绩卓然，被后世尊为圣人。
6. 戏：玩耍。削桐叶为圭：拿一片桐树叶削成圭的形状。圭：古代诸侯在大典时所持的一种玉器。若：你。
7. 史佚：也是成王的一名重要辅臣，西周初年，佚任太史令一职，辅佐武王克商，与周、召、太公共辅成王。一生为人严正，后人把他作为史官的楷模，并将他与太公、周公、召公并称为四圣，史佚子孙以官职"太史令"的史字为氏，称史氏。
8. 史书之，礼成之，乐歌之：史官就要把天子的话如实记录下来，然后按礼节完成、落实，并奏乐歌咏。
9. 河指黄河，汾指汾河。虽称唐叔虞，但叔虞并不是姓唐，而是姓姬，字子于。

◇赏　析

　　小孩子在一起玩耍，说了什么，本不必当真。但史佚却看到了成王的另一种身份，姬诵是天子，是王，作为小孩子，你可以随便说，说什么都行，没人跟你较真。但是，作为天子，你就不能随便说，你说了就要算数，就要落实，只有这样，你才能取信于民，你才能得到臣民的信任，你才能更好地为王治国。所以，史佚请求成王落实承诺，这是有道理的。

　　桐叶封弟的故事还告诉我们，任何人说话，都要注意自己的身份，不能信口开河，必须考虑出言的后果，尤其是身居要职的人，更是如此，越是位高权重的人，越要惜言慎言重言，否则，一言既出，驷马难追，一旦言语不当，就要承担后果，轻者有损个人声誉，重者可能造成恶劣的社会影响，甚至会给社会造成损失，故不可不慎。

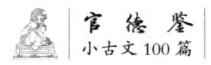

96 魏文侯与虞人期猎[1]

魏文侯与虞人期猎。是日,饮酒乐,天雨。文侯将出,左右曰:"今日饮酒乐,天又雨,公将焉之[2]?"文侯曰:"吾与虞人期猎,虽乐,岂可不一会期哉[3]?"乃往,身自罢之。魏于是乎始强[4]。

——《战国策·魏策》

◆注 释

1. 魏文侯:战国时期魏国国君,在诸侯中有美誉。虞人:管理山泽的官。期:约定,期猎:约定狩猎。
2. 是日:这一天。焉:哪里。之:去。焉之:去哪里。
3. 会期:意为赴约。
4. 乃:于是,就。罢:取消,指亲自去告诉虞人,取消狩猎。始强:开始强大起来。

◇赏 析

守信是一种美德,做人要讲究诚信,在任何情况下都要信守承诺,说到做到,绝不能言而无信。

魏文侯信守约定,冒雨赴约,充分体现了他的诚信。魏文侯之所以能够得到当时各国的普遍尊重,魏国之所以能够成为当时的强国,应该说,都和魏文侯的诚信品德有着密不可分的关系。

魏文侯乃是一国之君,虽与虞人约定了打猎的时间,但遇到雨天,即使不去赴约,也绝对不会有人怪罪他,但他却能对一个普通的管理苑囿的小官信守承诺,冒雨赴约,确实是非常难能可贵。这是一件小事，但从这件小事中，却可看到魏文侯身上的可贵品质，他不仅言而有信，一言九鼎，有诺必行，而且，他没有凭借国君至尊，藐视臣民，即使是对普普通通的下级官吏，也绝不会负约，他没有以尊欺卑，以贵凌贱，懂得尊重别人，这种可贵品德确实值得后人学习。

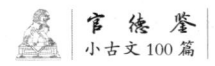

97 张良赴约

良尝闲从容步游下邳圯上¹,有一老父,衣褐,至良所,直堕其履圯下,顾谓良曰:"孺子,下取履²!"良愕然,欲殴之。为其老,乃强忍,下取履,因跪进,父以足受之,笑去,良殊大惊³。父去里所,复还,曰:"孺子可教矣。后五日平明,与我期此⁴。"良因怪,跪曰:"诺。"五日平明,良往,父已先在,怒曰:"与老人期,后,何也?去,后五日早会。"五日,鸡鸣往。父又先在,复怒曰:"后,何也?去,后五日复早来。"五日,良夜半往。有顷,父亦来,喜曰:"当如是⁵。"出一编书,曰:"读是则为王者师。后十年兴⁶。十三年,孺子见我,济北谷城山下黄石即我已⁷。"遂去不见。旦日视其书,乃《太公兵法》⁸。良因异之,常习读诵。

——《汉书·张良传》

◆ 注 释

1. 良:张良,字子房,与萧何韩信并称汉初三杰。尝:曾经。下邳:古地名,故址在今江苏省邳州市。圯:音 yí,桥,圯上就是桥上。
2. 父:音 fǔ,指男性老人。衣:穿。褐:粗布衣。履:鞋子。顾:看着。
3. 愕然:吃惊的样子。父以足受之:老人抬脚让张良给他穿上。殊:特别,非常。
4. 父去里所:老人走到一里以外的地方。孺子:本指幼童,因张良年轻,故老人称其为孺子。期:约定见面,期此即在此相约。
5. 夜半:半夜。有顷:不久,一会儿。当如是:应该这样。
6. 读是:读此书,是:这,此,指这书。兴:指有作为,成功。

7. 济北：郡名，治山东泰安一带。谷城山：在山东东阿。已：语终之辞。
8.《太公兵法》：相传是姜太公所著的兵书。

◇赏 析

　　张良之所以能够运筹帷幄之中，决胜千里之外，为刘邦出谋划策，辅佐刘邦得天下，成为汉初三杰之一，就是因为他得到了《太公兵法》，他之所以能够得到此书，不仅是因为他能够尊重老人，为老人下桥取鞋，又给老人穿上，同时也是因为他信守约定，三次与老人相约，每次都尽早赴约，终于得到老人的信任。可以说，是守信赴约成就了一代人杰。

　　与人相约是常有的事，但约后就必须要信守约定、践行约定，即使遇到困难，也必须想办法克服困难，按时赴约。坚守约定，信守承诺，这既是诚信的要求，也是诚信的表现。诚实守信之人，往往能够得到别人的亲近和帮助，反之，必然遭到别人的疏远和漠视。

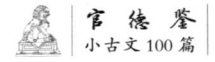

98 郭伋守信

　　郭伋字细侯，扶风茂陵人也[1]。……伋少有志行，哀平间辟大司空府，三迁为渔阳都尉[2]。王莽时为上谷大尹，迁并州牧[3]。更始新立，三辅连被兵寇，百姓震骇，强宗右姓各拥众保营，莫肯先附[4]。更始素闻伋名，征拜左冯翊，使镇抚百姓[5]。世祖即位，拜雍州牧，再转为尚书令，数纳忠谏争[6]。

　　……

　　帝以卢芳据北土，乃调伋为并州牧[7]。过京师谢恩，帝即引见，并召皇太子诸王宴语终日，赏赐车马衣服什物。伋因言选补众职，当简天下贤俊。帝纳之[8]。……始至行部，到西河美稷，有童儿数百，各骑竹马，道次迎拜[9]。伋问："儿曹何自远来？"对曰："闻使君到，喜，故来奉迎。"伋辞谢之。及事讫，诸儿复送至郭外，问："使君何日当还？"伋谓别驾从事，计日告之[10]。行部既还，先期一日，伋为违信于诸儿，遂止于野亭，须期乃入[11]。

——《后汉书·郭伋传》

◆ 注　释

1. 扶风茂陵：今陕西茂陵，因汉武帝的陵墓在此而得名。
2. 哀平间：哀指西汉哀帝，平指西汉平帝，哀平间即指哀帝平帝时期。辟：音 bì，意为征召，受聘。迁：升职。渔阳：古地名，在今北京密云西南。都尉：武官名，西汉时为郡守之辅佐，掌全郡军事。
3. 上谷：秦置上谷郡，即今河北中西部地区。大尹：即太守，王莽改太守为大尹。并州：汉以今山西及陕西延安榆林地区为并州。牧：州的最高长官。

4. 更始新立：更始指更始帝，王莽篡位，众军讨伐王莽，立刘玄为帝，年号更始。三辅：汉代治理京畿地区的三个职官，即京兆尹，左冯翊，右扶风，后指长安附近地区。被：蒙受，遭遇。强宗右姓：指势力庞大的宗族大姓。
5. 更始：此指更始帝刘玄。素：一向，平时。征拜：征召任命。
6. 世祖：即指刘秀，刘秀庙号为世祖。雍州：古九州之一，即今陕西、甘肃一带。尚书令：职官名，秦置，汉沿袭，隶属少府，掌奏章文书。数：多次。
7. 卢芳：字君期，安定郡三水人，后投靠匈奴，反复骚扰汉之边境。
8. 简：选择。纳：采纳，接受。
9. 行部：谓巡行所属部域，考核政绩，即今视察之意。西河美稷：古地名。道次迎拜：站在路边欢迎。
10. 儿曹：即孩子们。使君：对官吏、长官的尊称。讫：完毕，结束。郭：外城。别驾：职官名，汉制，为州刺史的佐官，因随刺史巡行视察时另乘车驾，故称，隋唐时曾改称"长史"，后又复旧称。从事：职官名，亦为刺史佐官。
11. 先期一日：比约定的日子提前了一天。遂：就。止：停止行走。野亭：野外的亭子。须：等待。期：约定的日子。乃：才。此句意为，等到了与孩子们说定的日子才进城。

◇ 赏 析

郭伋与一群孩子相约返回的时间，却因故提前，本可先进城，第二天再出城与孩子们相见，也不为失约，但他宁宿野外，也要按约定时间进城，可见，郭伋是一位言而有信，一言九鼎，信守约定，决不食言的人。尤其是，与他相约的竟是一群孩子，对孩子们如此守信，宁可委屈自己，也绝不会失信于孩子，真是千古少有的信士。

约定相会的日期，就必须如期赴约，这不仅是言而有信的表现，也是对对方的尊重。相约双方，在身份和地位上，可能是平等的，也可能是不等的，难免有高低尊卑之别，有的人与比自己地位和身份低的人相约，尤其是与自己的下属人员相约，往往并不重视，轻易因故失约，视同儿戏，相比郭伋，应该惭然有愧。真的应该好好地向古人学习。

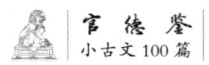

99 亦直亦诚鲁宗道

鲁宗道，字贯之，亳州谯人[1]。……尝言："守宰去民近[2]，而无以区别能否。今除一守令，虽资材低下，而考任应格，则左司无摈斥，故天下亲民者黩货害政，十常二三，欲裕民而美化，不可得矣[3]。汉宣帝除刺史守相[4]，必亲见而考察之。今守佐虽未暇亲见，宜令大臣延之中书，询考以言，察其应对，设之以事，观其施为才不肖，皆得进退之[5]。吏部之择县令放此，庶得良守宰宣助圣化矣[6]。"真宗纳之。

宗道风闻，多所论列，帝意颇厌其数[7]。后因对，自讼曰："陛下用臣，岂欲徒事纳谏之虚名邪？臣窃耻尸禄[8]，请得罢去。"帝抚谕良久，他日书殿壁曰："鲁直"，盖思念之也。寻除户部员外郎兼右谕德。逾年，迁左谕德、直龙图阁[9]。

仁宗即位，迁户部郎中、龙图阁直学士兼侍讲、判吏部流内铨[10]。宗道在选调久，患铨格烦密[11]，及知吏所以为奸状，多厘正之，悉揭科条庑下，人便之[12]。雷允恭擅易山陵，诏与吕夷简等按视[13]。还，拜右谏议大夫、参知政事。

章献太后临朝[14]，问宗道曰："唐武后何如主[15]？"对曰："唐之罪人也，几危社稷。"后默然。时有请立刘氏七庙者[16]，太后问辅臣，众不敢对。宗道不可，曰："若立刘氏七庙，如嗣君何？"帝、太后将同幸慈孝寺，欲以大安辇先帝行，宗道曰："夫死从子，妇人之道也。"太后遽命辇后乘舆[17]。

时执政多任子于馆阁读书，宗道曰："馆阁育天下英才，岂纨绔子弟得以恩泽处邪？"枢密使曹利用恃权骄横，宗道屡于帝前折之[18]。自贵戚用事者皆惮之，目为"鱼头参政"，因其姓，且言骨鲠如鱼头也。再迁尚书礼部侍郎、祥源观使[19]。在政府七年，务抑侥幸，不以名器私人[20]。疾剧，帝临问，赐白金三千两。既卒，皇太后临奠之，赠兵部尚书。

宗道为人刚正，疾恶少容[21]，遇事敢言，不为小谨。为谕德时，居近酒肆，尝微行就饮肆中，偶真宗亟召，使者及门久之，宗道方自酒肆来[22]。使者先入，约曰："即上怪公来迟，何以为对？"宗道曰："第以实言之[23]。"使者曰："然则公当得罪。"曰："饮酒，人之常情；欺君，臣子之大罪也。"真宗果问，使者具以宗道所言对。帝诘之，宗道谢曰："有故人自乡里来，臣家贫无杯盘，故就酒家饮[24]。"帝以为忠实可大用，尝以语太后，太后临朝，遂大用之。初，太常议谥曰"刚简"，复改为"肃简"。议者以为"肃"不若"刚"为得其实云[25]。

——《宋史·卷二百八十六》

◆ 注　释

1. 亳州：在今安徽。亳：音bó，谯（qiáo）县名，即今安徽亳县。
2. 守宰：指地方行政长官。去：离，距离。
3. 守令：州县长官。考任应格：考核时符合为官条件，格：衡量官员的条款。左司：负责考核升降官员的机构。摈斥：摈弃，意为开除。亲民者：接近人民的人，亲，意为接近。黩（dú）货：贪污财物。裕民：富民。美化：使风俗淳美。
4. 汉宣帝：即刘询，公元前73年至前49年在位。刺史守相：州刺史、郡太守、王国相（亦相当于郡太守，地方行政长官）。
5. 守佐：指地方行政长官。未暇：无时间，没空儿。暇：音xiá，空闲。延：引至，领到。中书：即中书省。询考以言：用提问事务的形式考核。设之以事：用处理具体事务形式考核。才：有能力。不肖：无能。

6. 放：通"仿"。庶：希望，差不多。宣助圣化：推行明圣的教化。
7. 风闻：没有亲见的耳闻之事。论列：论奏。厌其数：厌其所论之多。
8. 尸禄：指只贪俸禄而不尽职的人。
9. 抚谕：安抚，安慰，劝谕。书殿壁：在宫殿墙壁上写。右谕德、左谕德、户部员外郎皆官名。龙图阁：阁名，大中祥符中建，阁上以奉太宗御书、御制文集、典籍图画宝瑞之物，及宗正寺所进属籍世谱，有学士、直学士、待制、直阁，为侍从之荣衔，直龙图阁即直阁。
10. 仁宗：赵祯，真宗子，公元1023年至1063年在位。侍讲：官名，职为讲论文史，备君主顾问。判：以大兼小，即以高官兼低职称判。吏部流内铨：自曹魏以后，历朝都把官职分为九品，一至九品官为流内，不入九品者为流外，吏部铨选亦有流内、流外之分。
11. 患：以为有害，担忧。铨格烦密：考核选拔官吏的规定过于繁琐。
12. 厘正：考正，订正。悉：都，全。揭：张榜公布。庑下：屋廊下。
13. 雷允恭：太监，真宗崩，丁谓为山陵使，负责营造真宗陵墓，雷允恭为都监，私自改动选好的墓地，移动约百步，施工时，土石相半，继之以水，太后怒，诛雷允恭。吕夷简：河南人，宰相吕蒙正之侄，亦官至宰相。
14. 章献太后：即刘德妃，真宗后。大中祥符三年（公元1010年），后宫李氏生皇子受益（即后来的仁宗），刘德妃攘为己子，李不敢言，乾兴元年（公元1022年），真宗崩，仁宗立，年幼，章献太后垂帘听政，处置军国事。
15. 唐武后：唐代武则天。
16. 请立刘氏七庙者：古代天子七庙，太祖庙居中，左右三昭三穆，共为七庙，若立刘氏七庙，即意为刘氏要夺赵宋天下，故下文曰如嗣君何，请立刘氏七庙者，乃是小臣方仲弓。
17. 慈孝寺：寺名。大安辇（niǎn）：太后所乘车。先帝行：在皇帝前走。辇后乘舆：太后的大安辇走在皇帝的乘舆后面。
18. 曹利用：参阅本书第130页《寇准刚直尽职》注13。
19. 祥源观使：宫观使名，天圣六年，以参知政事鲁宗道充祥源观使。
20. 务抑侥幸：致力抵制贪图侥幸而冒进者。名器：指官爵。私人：私自授人。
21. 疾恶少容：疾恶如仇，不宽容邪恶。
22. 酒肆：酒店。亟召：急召。
23. 先入：指先进宫。约：商量，约定。即：若，如果。第：但，只管。

24. 就：去，到。
25. 太常：主管礼仪音乐的官署。议谥：议论评定给鲁宗道什么谥号。云：语末助词。

◇赏　析

　　有人为官，阿谀上司，曲意奉承，不进规劝之言，一味谄媚取悦，这种人虽可得到昏聩上司的宠爱，但不为睿达者所喜，纵然可得一时之器爱，而日久必败。而为官正直敢言，甚而勇于犯颜直谏者，虽往往为庸俗者所憎，但却常为明智之人所重；纵然一时不为人所悦，日久必为人所敬重。故曰，作人为官，莫似前者，当如后者。

　　鲁宗道就是后者的典范。

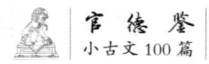

100 方克勤信治济宁

方克勤,字去矜,宁海人。元末,台州盗起,吴江同知金刚奴奉行省命,募水兵御之。克勤献策弗纳,逃之山中。洪武二年辟县训导[1],母老辞归。四年征至京师,吏部试第二,特授济宁知府[2]。

时始诏民垦荒,阅三岁乃税[3]。吏征率不俟期[4],民谓诏旨不信[5],辄弃去,田复荒。克勤与民约,税如期。区田为九等,以差等征发,吏不得为奸,野以日辟[6]。又立社学数百区,葺孔子庙堂,教化兴起[7]。盛夏,守将督民夫筑城,克勤曰:"民方耕耘不暇,奈何重困之畚锸[8]。"请之中书省[9],得罢役。先是久旱,遂大澍[10]。济宁人歌之曰:"孰罢我役?使君之力。孰活我黍[11]?使君之雨。使君勿去,我民父母。"视事三年,户口增数倍,一郡饶足[12]。克勤为治,以德化为本,不喜近名[13],尝曰:"近名必立威,立威必殃民,吾不忍也。"自奉简素,一布袍十年不易[14],日不再肉食。太祖用法严,士大夫多被谪,过济宁者,克勤辄周恤之[15]。永嘉侯朱亮祖尝率舟师赴北平,水涸,役夫五千浚河[16]。克勤不能止,泣祷于天。忽大雨,水深数尺,舟遂达,民以为神。八年入朝,太祖嘉其绩,赐宴,遣还郡。

——《明史·卷二百八十一》

◆ 注 释

1. 洪武:明太祖朱元璋年号,洪武二年即公元 1369 年。辟:聘。训导:官职名,属学官,掌教育生员。

2. 济宁：今属山东。
3. 诏：皇帝命令。下文诏旨意同。阅：通"越"，过也。三岁乃税：三年后才征税。
4. 率：常。俟：音 sì，等待，按照。期：时候。
5. 不信：不讲信用，不可信。
6. 区：分。以差等征发：按田地的等级征税。野以日辟：田野一天天开垦出来，辟：开垦。
7. 社学：乡村学校。区：处，所。葺：修葺。教化：教育、风化。
8. 守将：济宁驻军将领。耘：音 yún，除草。不暇：没有空闲。重：又。畚：音 běn，畚箕，运土的器具。锸：音 chā，锹。
9. 明初，设中书省，置丞相，洪武十三年（1380年），丞相胡惟庸谋反，朱元璋乃鉴前代之失，罢中书省，废丞相，权归六部。
10. 澍：音 shù，及时而需要的雨。
11. 使君：对州府长官的尊称。黍：农作物名。
12. 饶足：富足。饶，富。
13. 德化：道德教化。近名：追求名誉。
14. 自奉：自养，指衣食的供养。简素：俭朴。不易：不换。
15. 谪：贬。周恤：周济，供养。
16. 朱亮祖：六安（今属安徽）人，初仕元，后降明，从战，有功，洪武三年封为永嘉侯，后于洪武十二年出镇广东，多为不法，又诬番禺知县道同致死，帝召朱亮祖，鞭死。舟师：水军。涸：音 hé，枯干。

◇赏 析

　　方克勤治济宁，劝民垦荒，注重信用，按期征税，野以日辟。此事表明，为政必须守信，若无信，则令不行，禁不止。朝令夕改，出尔反尔，乃是为政之大忌，不可不引以为戒。

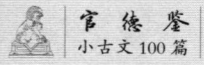

后 记

向古人学官德

在五千年的文明历史中,中华民族创造了灿烂的文化,形成了许多传统美德,那些广受颂扬的古人都是民族美德的传承者,当然,这其中也包括那些受人民怀念的古代官员。

有人流芳百世,有人骂名千载,根本的原因就在于有德与无德。德是立身之本。有德之人,必然得到人民的敬重和怀念,无德之人,肯定要遭到人民痛恨和鄙视;德高才能望重,无德必然声名狼藉,此乃万世不变之理,故人生在世,不可不重德行。无论是为官还是为民,莫不如此。

为官与为民不同,为民无德,受其害者是少数人,故其害尚小;为官无德,受其害者是广大的人民群众,故其害甚大。因而,无德者不可为官,为官者不可无德。

历朝历代都有名垂青史、深得人民敬仰和怀念的优秀官员,他们之所以能够光耀古今,就是因为他们身上有着广为赞颂的为官做人的可贵品德,也就是说,凡是受人民爱戴的官员,都是因为他们身有官德。

后记
向古人学官德

　　官德是从政者必须具备的为官做人的品德，包括清廉、公正、勇为、宽厚、耿直、爱民、惜才、纳谏、疾恶、勤政、俭朴、谦恭、诚信等十三个方面。这些官德是中华民族的宝贵财富，也是中华民族的优良传统，这是值得后人发扬光大的。

　　部分官德同时也属于民德，也就是说，作为官员应该具备这些美德，作为普通民众，为人处世也应该具备这些道德品质。像宽厚、耿直、勤政、俭朴、谦恭、诚信等品德都是如此，这是为官与做人的统一，官德与民德的统一。但清廉、公正、爱民、惜才、纳谏、疾恶、勇为等品德，为官相较于为民，显得更为重要。

　　当然，十三官德在一位官员身上不可能样样都达到极高的境界，除非少数圣贤和伟人，一般官员不可能样样超群。但是，任何一位优秀官员都应该是在官德的十三方面有所称而无所失的。若有一二德彰显，其余无所失，则是一位值得称道的官员，若三四德高于常人，而其余亦无所失，则这样的官员就会得到广泛赞誉；若其五六德显赫，其余无所失，则堪称优秀官员；若其七八德为世人所称，其余无所失，则堪称德高望重，大贤大德了；至于十三德样样优良而无所失者，实在是旷世难寻的。反之，若十三德皆无所称而失其一二，则此人的政治声誉必然不佳；若失其三四，余无所称，则必然声名狼藉；若失其五六，余无所称，则必然是为人民所唾弃，为天下所不耻；至如所失更多者，恐怕就是遗臭万年，骂名千载了。此外，一位官员从政数十年，如果十三官德中既有所称，又有所失，也必然难得嘉誉。纵然是所称者多，所失者少，亦为不可，所称者如美味，所失者为泥沙，两者混杂在一起，难成佳肴，人所不食。至如所失大于所称，那就不言自喻了。历史足以证明，为官从政就必须注重培养自己的官德，十三官德中不可有失，有一分失，即有一分辱，为官切不可

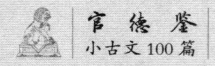

失德，且不可自辱。

有德才能行端言正，行端言正者必然会得到民众的支持，民众支持方能倾心顺从，这样方可令行禁止，政务顺畅，从而取得辉煌政绩；反之，为官无德，必然是名不正言不顺，政务必难推行，政令不行，诸务壅滞，这样的官员，必然难以久居其位。所以说，为官从政必须身有官德，必须十分重视自身官德的培养。

纵观历史可知，为官从政者身有官德，不仅利国利民，也有利于官员自身。身有官德，必然得到赞誉，进而可以得到重用，职务得以升迁。反之，身无官德，必然蠹国害民，蠹国害民者，绝不能久居其位，必然丢官罢职，身败名裂。也就是说，为官有德，利国利民，也利自身；为官无德，祸国殃民，亦害自身。人民的利益和官员自身的利益，是相辅相成、紧密联系的，因而，为官从政者必须十分注重自身官德的培养。有官德的官员，是人民的益友，国家的柱石；没有官德的官员，则是社会的蠹虫，害国祸民的败类。为官必须身有官德，无官德者决不可为官。一旦为官，就必须十分注重自身官德的培养。

那么，怎样才能培养自己的官德呢？

任何一种道德情操的培养，都不是一朝一夕所能奏效的，其中，既有天赋的原因，又受环境的影响，官德的培养也是如此。但只要思想重视，立志培养官德，时时用各种官德来规范自己的言行，严格要求自己，"勿以善小而不为，勿以恶小而为之。"符合道德标准的，当仁不让，尽力而为，不符合官德标准的勇于抵制，除恶务尽，久而久之，即可在潜移默化中成就官德。如要培养自己的廉德，那就时刻警诫自己不谋私利，久而久之，即可养成廉洁的美德。若要培养自己的谦德，那就要时刻把自己看成人民中的一员，不以权势自居，不以地位凌人，久而久之，即可养成谦德。当然，向古代优秀官员学习，也是培养官德的一条重要途径。

　　翻开史书，历朝历代都有官德显赫、广受颂扬的官员，他们在为官做人上都是值得称颂的，也是值得后人学习的。本书选取了若干典型事例，以供读者欣赏和学习，借以弘扬官德，使官德得以发扬光大。

　　因为选文故事距今久远，许多古代官员的为官环境与做法也与今日大为不同，故书中所论官德仅倡其原则，至于做事尺度，应据今日之实际情况另行取舍。书中不足之处，还望读者朋友批评指正。

作者

2021年6月30日